2021包头统计年鉴

BAOTOU STATISTICAL YEARBOOK

包头市统计局 编

Compiled by Bureau of Statistics of Baotou

（总第20期 NO.20）

中国统计出版社
China Statistics Press

图书在版编目（CIP）数据

包头统计年鉴. 2021 = Baotou Statistical Yearbook 2021 / 包头市统计局编. -- 北京：中国统计出版社, 2021.11
ISBN 978-7-5037-9694-4

Ⅰ. ①包… Ⅱ. ①包… Ⅲ. ①统计资料－包头－2021－年鉴 Ⅳ. ①C832.263-54

中国版本图书馆CIP数据核字(2021)第204131号

包头统计年鉴—2021

作　　者/ 包头市统计局
责任编辑/ 钟　钰　刘美霞
装帧设计/ 吕小林
出版发行/ 中国统计出版社有限公司
地　　址/ 北京市丰台区西三环南路甲6号
邮政编码/ 100073
电　　话/ 邮购（010）63376909 书店（010）68783171
网　　址/ http://www.zgtjcbs.com
印　　刷/ 包头市三泰印务有限责任公司
经　　销/ 新华书店
开　　本/ 890mm × 1240mm 1/16
字　　数/ 1100千字
印　　张/ 44.3
版　　别/ 2021 年 11 月 第1版
版　　次/ 2021 年 11 月 第1次印刷
定　　价/ 300.00元

《包头统计年鉴》编辑委员会

编 辑 说 明

一、《包头统计年鉴—2021》系统收录了2020年包头市及各旗县区经济、社会发展方面的统计数据以及历年和重要历史年份的主要统计数据，是一部国内外各界人士了解包头、认识包头的重要资料工具书。

二、年鉴全书分为两部分。第一部分为特载，载入了2020年包头市党政部门重要文件和2020年国民经济和社会发展统计公报。第二部分为统计资料，分为21个细目，即：1.行政区划和自然资源；2.综合；3.国民经济核算；4.人口；5.就业与工资；6.价格指数；7.人民生活；8.财政；9.能源与环境；10.城市概况；11.农业；12.工业；13.投资和建筑业；14.运输和邮电；15.国内贸易；16.对外经济贸易和旅游；17.金融和保险；18.教育、科技和文化；19.体育、卫生、社会福利；20.旗县区资料；21.附录。

三、本年鉴中部分数据合计数或相对数由于单位取舍不同而产生的计算误差，均未作机械调整。

四、符号使用说明：年鉴各表中的“空格”表示该项统计指标数据不足本表最小单位数，不详或无该项数据；“#”表示其中的主要项。

五、本年鉴的统计数据来自政府统计部门和业务部门年度统计报表，在编辑过程中，得到了有关单位和国家统计局、自治区统计局的大力支持与协助，在此表示衷心感谢。

六、限于编辑水平，对于年鉴存在的差错和缺点，敬请广大读者和统计战线的各位同仁提出宝贵意见。

目　　录
CONTENTS

第一部分　特载
PART ONE　SPECIAL ARTICLES

第二部分　统计资料
PART TWO　STATISTICS

一、行政区划和自然资源
Divisions of Administrative Areas and Natural Resources

二、综合
General Survey

三、国民经济核算
National Accounts

四、人口
Population

五、就业与工资
Employment and Wages

六、价格指数
Price Indices

七、人民生活
People's Living Conditions

八、财政
Government Finance

九、能源与环境
Energy and Environment

十、城市概况
General Survey of Cities

十一、农业
Agriculture

十二、工业
Industry

十三、投资和建筑业
Investment and Construction

十四、运输和邮电
Transportation, Postal and Telecommunication Services

十五、国内贸易
Domestic Trade

十六、对外经济贸易和旅游
Foreign Trade, Economic and Tourism

十七、金融和保险
Finance and Insurance

十八、教育、科技和文化
Education, Science and Technology, Culture

十九、体育、卫生、社会福利
Sports,Public Health, Social Welfare

二十、旗县区资料
Statistics of Banners, Counties and Districts

二十一、附录
Appendix

第一部分 特 载

PART ONE SPECIAL ARTICLES

政府工作报告

——2021年2月22日在包头市第十五届人民代表大会第四次会议上

包头市人民政府代市长 张锐

各位代表：

现在，我代表市人民政府向大会报告工作，请予审议，并请市政协各位委员和其他列席人员提出意见。

一、2020年和“十三五”时期工作回顾

刚刚过去的2020年极不寻常。我们在以习近平同志为核心的党中央坚强领导下，坚持以习近平新时代中国特色社会主义思想为指导，深入贯彻党中央、国务院和自治区党委、政府及市委各项部署要求，统筹推动新冠肺炎疫情防控和经济社会发展，扎实做好“六稳”工作，全面落实“六保”任务。特别是四季度以来，全市上下以坐不住的紧迫感、慢不得的危机感、等不起的责任感，全面提振干事创业精气神，全力以赴抓营商环境和招商引资，有力有效推动重大项目建设，积极谋划“十四五”发展布局，扎实推进民生保障、文明城市整改提升等工作，经济社会各项事业发展取得新成效，“十三五”圆满收官！

一是众志成城做好疫情防控。我们坚持人民至上、生命至上，第一时间建立了指挥体系，迅速启动一级响应，团结带领全市各族干部群众共克时艰，构筑起了疫情防控钢铁防线。累计争取、拨付2.2亿元抗疫资金，排查重点人员32.2万人次。实现了全市11例确诊病例、4例疑似病例“双清零”，确诊病例“全治愈”，一线医护人员“零感染”。231名医护人员白衣为甲、逆行出征，驰援湖北等抗疫一线，圆满完成援助任务。全面强化疫情常态化防控措施，严防疫情输入反弹。着力抓好鼠疫防控，13个鼠间鼠疫疫点、2例人间鼠疫病例得到有效处置。

二是全力保持经济平稳运行。实行市级领导干部包联、互派干部挂职、派驻联络员制度，促进企业复工复产，为企业减负83亿元，降低用电成本28.8亿元，发放援企稳岗资金6.4亿元，全年地区生产总值增长3%，分别高于国家、自治区0.7和2.8个百分点。工业经济提质增效，规模以上工业增加值增长11%，分别高于国家、自治区8.2和10.3个百分点，其中高技术产业增加值增长65.5%，民营工业增加值增长17.8%，规模以上工业企业利润总额增长44.2%。消费市场持续恢复，支持发展“互联网＋教育”等新型消费和夜间经济，创新开展“百日万店”亿元折扣消费季等活动，累计拉动消费近40亿元，社会消费品零售总额降幅较上半年收窄9.8个百分点。农牧业丰产增收，粮食产量达到24亿斤，生猪存栏增长52.5%，建成高标准农田31.1万亩，新增市级以上龙头企业30家，“两品一标”达到176个，达茂牛羊肉等6个农畜产品获得“全国名特优新农产品”称号。

三是全面推动重点项目建设。组织实施亿元以上重点项目629个，竣工280个，固定资产投资增长1.6%、高于全区3.1个百分点，总量位居全区第一。国家可再生能源示范区160万千瓦风电等项目全面启动，弘元新材料二期、天和磁材深加工等一批产业转型升级项目正式投产，国道335线百灵庙至黄家滩、满都拉口岸至白云等公路顺利通车。大数据存储等新基建快速布局，5G站址落地数全区第一。大力推动“双招双引”，累计对接企业2337家，签约落地项目397个，协议总投资2691亿元，完成年度目标的224%，引进国内（区外）资金249.5亿元。培育国际认证技能人才124人，新增高技能人才3576人、高层次和紧缺急需人才4542人。成功举办中国新产业峰会、稀土国际论坛等重大活动，城市“磁吸力”不断增强。

四是全力打好三大攻坚战。土实施脱贫攻坚“百日攻坚”行动，“两不愁三保障”和安全饮水问题全部解决。投资2.7亿元实施扶贫项目362个，帮助2632名贫困劳动力务工就业，各项目标任务全部完成。打好蓝天、碧水、净土保卫战，372个环保治理项目全部完工，516户“散乱污”企业整治和扬尘污染整治任务全面完成，实施原煤散烧污染治理7.8万户。封停关闭城区自备井65眼，“千吨万人”水源地专项整治全部完成，9个城市集中式饮用水水源地水质100%达标，获评国家节水型城市。“无废城市”试点取得阶段性成果，全国首家实现工业固废全过程、闭环式、智能化监管，土壤环境质量总体保持稳定。积极防范化解金融债务风险，化解政府隐性债务完成年度任务的134.8%，蒙商银行开业运营。

五是全力打造一流营商环境。聚焦提升企业投资贸易自由化便利化程度和居民工作生活品质化便利化程度，全力打造审批和备案事项最少、政务服务最好、审批和服务速度最快的全国一流营商环境。制定实施《打造一流营商环境若干措施》《关于打造一流营商环境、加快民营经济高质量发展的实施意见》等系列政策，各类证明材料减少60%，企业开办时间压缩至半天，60%的服务事项实现“一窗受理”，政务服务事项网上可办率达95.1%，新增市场主体33200户，营商环境评价跃居全区前列，荣获2020年度中国企业营商环境（案例）十佳城市称号。

六是加快提升城市品质。编制完成中心城区总体城市设计。沼南大道、110国道改造项目建成通车，一批公园绿地完成改造升级。25.4公里雨污、再生水管线铺设完成，水污染控源截污问题得到解决。新增机动车、非机动车停车泊位近3万个，市区至固阳公交正式开通。改造老旧小区261.6万平方米，依法拆除违法建筑15.3万平方米，清理“六乱”1.7万处，蝉联国家卫生城市三连冠。累计解决房地产历史遗留问题项目291个、17.64万套，产权遗留问题解决率位居自治区首位。持续开展农村牧区人居环境整治，卫生户厕普及率达到71.1%，影响饮水安全的72个建制村全部完成整治，东河区获评全国村庄清洁行动先进县（区）。实施国家林业重点工程94万亩、草原生态修复86.8万亩，治理二道沙河、四道沙河10.6公里，新增水土流失治理面积62万亩。

七是不断增进民生福祉。出台稳就业28条，城镇新增就业4.56万人。启动商业保险补充工伤保险改革试点，社会保险实现法定人员全覆盖。新增公办幼儿园学位11470个，新改扩建中小学校48所，包一中整体搬迁，高考一本率、本科率和平均分保持全区第一。加强国家通用语言文字教育，推行使用国家统编教材。95种抗癌药、恶性肿瘤“日间病房”纳入基本医保报销范围，建成国家级重点医学专科3个，自治区首家中医院士工作站成功落地，获评国家医联体建设试点城市。组织创作抗击疫情文艺作品182部，开展文化艺术活动2500余场。加强改进民族工作，进一步铸牢中华民族共同体意识。开展“解决信访问题年”专项行动，信访总量持续下降。启动安全生产专项整治三年行动，安全生产事故下降25.4%。扫黑除恶专项斗争圆满收官，累计打掉涉黑涉恶团伙175个，社会大局保持和谐稳定。荣获全国双拥模范城“九连冠”、自治区双拥模范城“十连冠”。

八是持续加强政府自身建设。旗帜鲜明讲政治，增强“四个意识”、坚定“四个自信”、做到“两个维护”，自觉把党的领导落实到政府工作各领域各方面各环节。主动接受人大、政协监督，人大代表建议和政协提案全部办结。压减一般性支出25.6%、“三公”经费11.1%，全市性会议和“四类”文件进一步精简。坚持依法行政，获评全区法治政府建设示范市。煤炭资源领域违规违法问题专项整治和人防系统腐败问题专项治理取得阶段性成效。首次举办市政府部门“向市民报告、听市民意见、请市民评议”活动，政民互动渠道更加畅通，政府执行力进一步增强。

各位代表！“十三五”时期是全面建成小康社会的决胜阶段。五年来，我们深入贯彻党的十九大和十九届二中、三中、四中、五中全会及习近平总书记对内蒙古重要讲话重要指示批示精神，统筹推进稳增长、调结构、促改革、惠民生、防风险、保稳定各项工作，全面建成小康社会取得了决定性成就。**经济发展质量效益稳步提升。**地区生产总值按可比口径计算年均增长5.7%，规模以上工业增加值年均增长9.6%。战略性新兴产业增加值年均增速超过15%，占全市规模以上工业比重达到20%，获批国家可再生能源示范区、国家应急产业示范基地。会展、旅游、电子商务等服务业得到长足发展，产业格局正在发生深刻变化。**创新驱动战略深入实施。**高新技术企业达到215户，较“十二五”翻了两番。国家稀土功能材料创新中心、内蒙古数字经济技术创新研究院正式挂牌。全球首个5G无人驾驶矿用车应用落地，稀土、装备制造等领域多项技术走在国际前沿，获评全国第二家标准国际化创新型城市。**三大攻坚战取得显著成效。**区贫县固阳摘帽，27个贫困村全部出列，17796名建档立卡贫困人口全部脱贫，脱贫攻坚战取得决定性胜利。主要污染物排放总量持续下降，地表水劣五类断面全部消除，危废垃圾全部得到安全处置，获批全国黑臭水体治理示范城市。积极化解政府隐性债务，民营企业中小企业无分歧账款全部清偿，包商银行风险得到有效化解。**改革开放实现重大突破。**机构改革全面完成，驻市国有企业剥离办社会顺利完成，市直国有企业实现集中统一监管。在自治区率先完成全国农村牧区集体产权制度改革整市推进试点。京包高铁开通运行，达茂、石拐通用机场具备通航条件。保税物流中心（B型）封关运营，包头机场航空口岸获批对外开放。**城市宜居水平稳步提升。**全市公路总里程达到9500公里，环城、沿黄、出口、旅游、跨河五大通道基本建成，城区路网体系进一步完善。人均公园绿地面积达到15平方米，建成区绿化覆盖率达到44.6%。新都市区建设和北梁腾空区主体框架基本形成，城镇化率达到85%，走在全国前列。**乡村振兴战略深入推进。**农作物标准化生产面积达到332万亩，高效设施农业面积达到5万亩，农畜产品加工转化率达到70%。农村牧区危房改造全面完成，所有行政村（嘎查）通硬化路、通客车，人居环境整治取得显著成效。**生态环境质量持续优化。**国土空间总体规划编制工作全面启动，国家林业重点工程、草原生态保护修复等项目加快推进，荒漠化土地年均减少36万亩，森林覆盖率达到18.3%，草原植被盖度达到36.6%。**人民生活水平不断提高。**城乡常住居民人均可支配收入年均分别增长6%和8.7%。城乡低保标准提高三成，企业退休人员养老金人均提高567元/月。义务教育提前实现基本均衡，异地就医实现全国联网直接结算。全民健身活动广泛开展，群众精神文化生活进一步丰富。审计、外事、侨务、气象、人防、地震、统计、史志、档案、仲裁、双拥和预备役等工作全面加强，妇女儿童、青少年、老龄、残疾人、红十字、慈善等事业全面发展。

各位代表！回顾过去的工作，我们深切地体会到，这些成绩的取得，是习近平新时代中国特色社会主义思想科学指引的结果，是党中央国务院、自治区党委政府和市委坚强领导的结果，是市人大、市政协和社会各界监督支持的结果，是全市人民团结奋进的结果。在此，我代表市人民政府，向全市各族人民，向人大代表、政协委员，向各民主党派、工商联、人民团体和社会各界人士，向驻包部队和武警官兵，表示衷心的感谢，致以崇高的敬意！

在总结成绩的同时，我们也清醒地认识到，前进的道路上仍然面临不少困难和挑战：疫情冲击和外部环境存在诸多不确定性，支撑高质量发展的大项目好项目不够多，投资规模和质量有待提升，营商环境还需进一步优化，对外开放程度不高，节能减排面临较大压力。传统发展路径依赖尚未有效破解，产业"四多四少"问题仍旧突出，数字经济发展滞后，有竞争力的新增长极尚未形成，科技创新能力提升缓慢，高端人才引进培养不足，人才外流问题不容忽视。财政收入总量相对较小，政府还债压力依然较大，市政基础设施、公共服务投入不足，社会治理、民生保障与群众期盼还有差距。政府治理能力亟需提高，政府公职人员开放意识、创新能力、担当作为和干事创业的精气神还需进一步提升。对此，我们一定高度重视、认真解决，决不辜负人民的重托。

二、"十四五"时期经济社会发展主要目标任务

今根据市委《关于制定国民经济和社会发展第十四个五年规划和二〇三五年远景目标的建议》，我们编制了《包头市国民经济和社会发展第十四个五年规划和二〇三五年远景目标纲要（草案）》，提出了"十四五"时期经济社会发展主要目标、重点任务和政策措施，提请本次大会审议。

"十四五"时期是开启全面建设社会主义现代化国家新征程、向第二个百年奋斗目标进军的第一个五年，也是我们走好以生态优先、绿色发展为导向的高质量发展新路子，打造新时代中国特色社会主义现代化新包头的关键时期。市委十二届十三次全会确定了"十四五"时期经济社会发展的指导思想，擘画了未来五年的宏伟蓝图，我们将一以贯之抓落实、一张蓝图干到底。

我市"十四五"时期经济社会发展的主要目标是：经过五年不懈奋斗，转变经济发展方式取得重大突破，改革开放实现新跨越，生态文明建设取得重大成效，社会文明程度明显提高，人民生活更加富裕，治理效能不断提升，主要领域现代化进程位居全区前列，综合实力在全国大中城市中位次不断前移，城市整体竞争力、影响力、辐射力持续增强，打造新时代中国特色社会主义现代化新包头取得系统性突破性标志性成果。**一是区域性经济中心城市基本建成。**现代化经济体系建设取得重大进展，成为全区高质量发展的先行者、示范区、驱动器。**二是创新创业城市建设取得突破。**营商环境达到全国一流水平，高标准市场体系基本建立，"四新"经济竞相迸发，建成让各类创新创业主体都能够施展才华、实现价

值的活力之城、创造之城。**三是美丽宜居城市建设实现跨越。**主要污染物排放总量和单位 GDP 能耗持续下降，城市绿化覆盖率、森林覆盖率分别提高到 45% 和 19%，生态环境持续改善，生态安全屏障更加牢固，基本建成绿色化、智能化、人文化城市。**四是幸福平安城市建设全面提升。**就业更加充分更有质量，教育更加公平更加优质，基本公共服务均等化水平明显提高，多层次社会保障体系、卫生健康体系、公共文化服务体系、文化产业体系更加健全完善，城市发展安全保障更加有力。

“十四五”时期，我们要突出建设**“四基地两中心一高地一体系”**。

“四基地”：**即建设全国重要的新型材料产业基地，**加快采掘业和原材料工业高端化、智能化、绿色化转型，做大做强若干个材料产业集群，推动优势材料产品进入全国乃至全球供应链体系，实现产值 4000 亿元，其中稀土新材料产业实现产值 1000 亿元以上、年均增长 30%，稀土新材料及应用产业占比提高到 60% 以上。**建设全国重要的现代能源产业基地，**提高传统能源综合利用效率，构建新能源优势产业集群，成为新能源生产领域的领军者、新能源消费领域的先行者、绿色生产生活方式的践行者，力争新能源装机占比超过 56%，可再生能源占全社会电力消费总量 35% 以上，实现产值 1000 亿元以上。**建设在全国有重要影响力的现代装备制造业基地，**推动优势领域产品竞争力进入全国领先行列，形成一批有影响力的产业集群、领航型企业和知名品牌，实现产值 1000 亿元。**建设在全国有重要影响力的农畜食品产业基地，**加快一二三产业融合发展，形成种养加、产供销一体化的农畜食品产业新体系，打造绿色农畜食品产业生态圈，实现产值 1000 亿元。

“两中心”：**即建设区域性服务业中心，**形成物流、金融、商贸流通、文化旅游、健康、养老等一批服务业支柱产业和品牌，打造优质高效、充满活力、竞争力强的现代服务业体系，服务业增加值年均增长 8.5%。**建设区域性创新中心，**全面提升自主创新能力，建成稀土新材料国家技术创新中心，成为国家西部地区创新要素集聚区和技术成果转移转化辐射源，进入国家创新型城市前列。

“一高地”：**即建设对外开放新高地，**构建集公路、铁路、航空、无水港等陆海空铁多式联运为支撑，物流、贸易、加工、商贸服务等多种业态相互支持的开放型经济体系，外贸进出口总额五年累计达到 1000 亿元人民币。

“一体系”：**即建设现代化经济体系，**加快建设实体经济、科技创新、现代金融、人力资源协同发展的现代产业体系，构建高水平社会主义市场经济体制，不断提高经济质量效益和核心竞争力。

实现“十四五”发展目标，将会面临很多困难、迎来不少挑战，我们必须以奋发有为的精神状态、超越常规的工作举措、改革创新的干事激情、真抓实干的担当勇气，把各项工作抓紧抓细、抓实抓好。

我们要提高站位、坚定信心。增强政治意识，立足“两个大局”，心怀“国之大者”，不断提高政治判断力、政治领悟力、政治执行力。坚决落实习近平总书记对内蒙古重要讲话重要指示批示精神和党中央决策部署，积极适应新发展阶段，全面贯彻新发展理念，主动融入新发展格局，更加坚定走在前列的信心和决心，乘势而上、聚势而强，全力在城市竞争中创造一流、争先进位。

我们要更新观念、提升境界。始终保持清醒头脑，增强忧患意识，坚决打破传统思维上的定势，突破已有经验上的局限，跳出包头看包头，站在未来看现在，按照全区最好、国内一流的标准来谋划推进工作，用新思想、新理念、新要求武装头脑，用新思路、新办法、新机制破解难题，把思想打开、事业敞开、手脚放开，惟实励新、奋勇前进，闯出一条高质量发展的新路来。

我们要瞄准一流、真抓实干。坚持目标导向、问题导向、结果导向，摒弃小富即安、小进则满的思想，秉持持之以恒、精益求精的工作态度，学习借鉴先进地区、发达城市经验做法，坚持“流程再造、顶格推进、突出重点、闭环工作、‘四不两直’、挂图作战、日清月结”工作方法，以上率下、同心协力，干就要干成先进、做就要做到最好、争就要争当第一。

我们要振奋精神、担当作为。主动适应时代发展的新要求和人民群众的新期盼，加强前瞻性思考、全局性谋划、战略性布局、整体性推进，该做的事知重负重、攻坚克难，顶着压力也要干；该负的责挺身而出、冲锋在前，冒着风险也要担，驰而不息、久久为功，坚定不移地把新时代的发展蓝图一步步变为现实。

三、2021 年工作安排

综合分析各种因素，今年发展预期目标是：地区生产总值增长 7% 以上，固定资产投资增长 10% 以上，社会消费品零售总额增长 8% 左右，一般公共预算收入增长 6% 以上，城乡居民人均可支配收入增长与经济增长基本同步，城镇登记失业率控制在 3.9% 以内，消费价格涨幅控制在 3% 以内，完成自治区下达的节能减排目标任务。在实际工作中，我们力争取得更好的成果，为“十四五”开好局、起好步。

（一）铆足劲头建设“四基地两中心一高地一体系”，着力推动高质量发展取得新成效。坚持把着力点放在实体经济上，筑牢产业“顶梁柱”，打造创新“主引擎”，下好开放“先手棋”，全力构建多元发展、多极支撑的现代产业体系。

大力发展新型材料产业。加快提升传统金属材料产业层次，实施总投资 200 亿元的绿氢直接还原铁及铁素体不锈钢、总投资 25 亿元的万州特钢稀土轴承钢、总投资 35.8 亿元的华云三期轻合金等项目。着力壮大非金属新材料产业规模，大力发展纤维及复合材料、高分子材料等产业，谋划培育超导、纳米等前沿新材料，实施总投资 21 亿元的中远防务超高分子聚乙烯膜、总投资 20 亿元的光威碳纤维、总投资 7 亿元的瀚海半导体碳化硅等项目。做强做精稀土新材料产业，实施总投资 5.8 亿元的金力永磁材料、总投资 100 亿元的正威稀土小镇等项目，推动稀土新材料国家技术创新中心尽快落地，推进钕铁硼磁粉表面改性等一批技术成果加快转化，扩大稀土新材料应用领域，带动制造业高质量发展。

不断做强现代能源产业。推动可再生能源综合应用示范区首期 160 万千瓦风电、华电“源网荷储一体化”等项目，实施总投资 180 亿元的新疆特变电工高纯多晶硅及配套产业、总投资 140 亿元的双良集团拉晶切片及配套产业等项目，不断完善光伏和风电装备研发、设计、生产一体化产业链。开工建设国际氢能产业示范基地，实施总投资 160 亿元的杰瑞集团风电、电解水制绿氢、燃料电池全产业链等项目，加强工业副产氢回收提纯，谋划布局充换电网、加氢站等基础设施，加快构建“制、储、运、加”氢能源产业体系。启动总投资 324.6 亿元的核产业创新示范园建设，改扩建重水堆燃料元件生产线，推动清洁核供热、核装备制造等相关产业发展。实施常规火电替代计划，加快智能电网和电力通道建设，提升新能源就地消纳能力。

加快发展现代装备制造业。实施总投资 3 亿元的北方矿用车电驱动系统、总投资 1 亿元的北奔新能源电动卡车等项目，建立涵盖设计研发、关键部件、整车制造、市场服务的完整产业体系，打造重型卡车、工程机械产业集群。实施总投资1亿元的一机特种专用车等应急装备产业项目，加快建设国家应急产业示范基地。大力发展数字经济，实施上云用数赋智计划，推动总投资10亿元的均和云谷产业园、总投资15亿元的G7智慧物流、大数据综合服务园区等项目建设，促进互联网、物联网、大数据、区块链、人工智能与传统产业深度融合，助力传统产业提档升级。依托内蒙古网络协同制造云平台、华为云工业互联网创新中心、海尔卡奥斯工业互联网平台等，建设一批智能工厂，推动产业数字化、数字产业化。支持工业设计产业发展，促进制造业与服务业深度融合，塑造“包头制造”新优势。

着力发展农畜食品产业。严守耕地红线，贯彻藏粮于地、藏粮于技战略，进一步优化种植结构，建设20万亩高标准农田，新增现代设施农业1万亩，加大盐碱地改造利用，力争农作物播种面积达到470万亩。推进国家农业科技园区建设，引进推广新品种50个、新技术30项。建设3个万头高标准奶牛牧场，加快提升生猪产能，牲畜存栏达到500万头（只）。加快发展5个现代农业产业园区和3个食品加工园区，积极引进中粮、正大等行业领军企业，实施总投资195亿元的35个农牧业产业化项目，培育发展中央厨房、线上消费等新模式新业态，打造10个产值超亿元的农畜产品品牌。

推动现代服务业提档升级。加快建设万科印象城、富力凯悦酒店等50个重点商贸项目，提升改造一批大型商场、农贸市场。实施固阳秦长城、北方兵器城等国家文化公园新改扩建工程，推动小白河温泉水世界等一批文旅项目建成运营。支持五当召国家森林公园创建5A级景区、达茂旗创建国家全域旅游示范区。挖掘工业、黄河、军工、乡村等特色旅游资源，打造一批精品旅游线路。鼓励发展文化创意等新兴产业，建设国家文化大数据中心，支持会展中心、敕勒川文化产业园申报国家文化产业示范园区。制定大健康产业发展规划和行动计划，积极发展休闲康养、体育健身、医疗保健等多元服务业态。推进全国商贸物流节点城市建设，加快推动传化交投公路港、城市共同配送物流园区建设，积极发展冷链物流、智慧物流、应急物流。完善各类电商服务平台，做大做强稀土交易所。推动内蒙古金融租赁公司落地、平安银行和浙商银行设立分支机构，支持蒙商银行发展壮大，设立产业升级、生态环保等基金，推动天和磁材、朝聚医疗等企业挂牌上市。

深入实施创新驱动战略。突出企业创新主体地位，支持北重、包钢、东宝生物申报建设国家重点实验室，支持包铝、二冶申报创建国家企业技术创新中心，培育各类创新平台20家。开展“科技型中小企业—高新技术企业—创新型领军企业”梯次培育行动，年内新增科技小巨人企业3家、创新引领型民营企业10家，新认定高新技术企业50家。加强重点领域技术攻关和成果转化，实施国家级高新区“提质进位”行动，支持稀土高新区承担更多稀土领域技术攻关，创新稀土轻量化应用。推进产学研深度融合，组建创新联合体，实施高端硅钢等57个融合项目和北奔氢燃料重卡整车等60个技术攻关、成果转化项目。营造科技创新良好环境，深入推进“科创中国”试点城市建设，制定研发投入补助等普惠政策，鼓励支持企业加大研发投入。建立健全支持技术攻关和产业化政策体系，强化首台（套）政策落实和知识产权保护，营造有利于科技成果转化和迭代升级的市场环境。加大招才引智力度，健全人才引育工作体系，给各类人才提供“看得到、能落实、反响好”的居住、就医、社保、子女就学等优惠政策，鼓励更多包头籍大学生、优秀人才返乡创业，努力引进外来人才、留住现有人才、用好本土人才。

全面扩大对外开放。积极发展对外贸易，组织参与进博会、中俄蒙工商论坛等国际贸易活动，拓展转口贸易、离岸贸易等新业态新模式，支持包钢、鹿王等企业建立全球研发、生产和营销体系，推动重型卡车、高速钢轨、稀土永磁材料等优势产品打入国际市场，加快申报国家跨境电商综合试验区，力争外贸进出口总额达到165亿元。提高外资利用水平，加大对北美、欧盟、日韩等发达地区外资外企的招引力度，建立完善外资项目储备库，引进美国空气化工产品制造等企业开展合作，推动有条件的企业在境外上市。扩大对外合作交流，深度融入“一带一路”和中蒙俄经济走廊建设，建立起与更多国外城市稳定便捷的交往机制，开展更大范围、更广领域和更高层次的对外交流合作，持续推动亚洲开发银行区域合作贷款等项目，加快市场国际化、产业国际化、企业国际化、园区国际化和城市国际化进程。强化开放平台建设，积极参与自治区自贸试验区建设，探索保税物流中心（B型）与满都拉口岸联动发展模式，申报综合保税区、中蒙俄跨境产业园。推进航空口岸货运监管场地、满都拉口岸跨境铁路建设，实现进口肉类指定监管场所封关运营，促进泛口岸经济发展。

（二）深入贯彻落实扩大内需战略，主动融入新发展格局再筑新优势。充分发挥投资的关键作用和消费的基础作用，进一步挖掘释放有效需求，努力为经济平稳运行夯实基础。

大力开展招商引资。突出招商引资在推动发展中的关键地位，主动对接世界500强、中国500强、民营500强和行业龙头企业，抓紧抓实19条重点产业链招商，顶格推进精准招商，建立市直部门与基层联建联创机制，集中力量推动项目落地。实施工业园区规范化标准化三年行动，强化园区服务功能，推动土地节约集约利用，完善创新要素、用地用能、污染排放与“亩均效益”绩效挂钩激励约束机制，对好项目、大项目优先供地，对效益低下的工业用地腾笼换鸟，加快处理批而未供和闲置土地，提升园区承载和集聚发展能力。

积极扩大有效投资。组织实施总投资4550亿元的重大项目714个，确保竣工200个以上。突出抓好产业投资，推动三次产业协同发力，着力优化投资结构，加快传统产业高端化、数字化、智能化、绿色化改造进程，扩大战略性新兴产业投资规模，不断增强经济高质量发展后劲。激发民间投资活力，实施市场准入负面清单制度，推动“非禁即入”普遍落实，建立健全向民间资本推介项目长效机制，完善合理投资回报机制，争取更多的民营企业在包头投资兴业。加强基础设施投资，加快建设包银高铁。开工建设210国道白云至固阳一级公路，推动110国道北绕城公路、包茂高速改扩建工程和国道335线白云至明安公路建设，确保省道315线东河至托县一级公路建成通车。开展新型基础设施建设三年行动，建成5G基站3400个、充电桩740个，实现主城区5G信号全覆盖，加快补齐基础设施网络“前后一公里”和关键节点短板，促进传统和新型基础设施融合发展。

加快推动消费提升。深入研究消费需求，优化消费供给，增加适销对路产品，促进消费回暖。促进线上线下融合发展，组织开展各类线下促销活动，支持实体商业企业发展线上经济。推动农贸市场升级改造和数字化改革，完善主城区点对点物流配送体系，推广“生鲜电商＋冷链宅配”“云逛街”等服务新模式。完善线上“包头特产馆”服务功能，推动“金翠九源”区域消费品牌建设。

加快新型消费扩容提质，鼓励首店经济、体验经济等消费新业态发展，培育旅游、教育、托幼、文体等消费热点。健全城乡流通体系，发展农村牧区电子商务，充分挖掘县乡消费潜力。完善产品质量追溯体系，开展“放心消费在包头”活动，有效保障消费者合法权益。

积极推动区域协同发展。加强与京津冀、长三角等城市群的产业合作，承接新材料、装备制造等产业转移，主动融入国内大循环产业链供应链。深化黄河“几”字弯都市圈、呼包鄂榆城市群建设和呼包鄂乌协同发展，积极推动包西高铁、呼包高铁建设，健全完善区域生态保护和环境治理联防联动机制，推动呼包鄂乌区域政务服务标准化协同化智能化，共同推进黄河流域生态保护和高质量发展。统筹推动市区县域协同发展，用好“飞地经济”政策，引导工业项目向外围旗县布局。推进县城市政公用设施提档升级、公共服务设施提标扩面、产业配套设施提质增效，增强对农村牧区转移人口吸纳能力。

（三）聚焦聚力优化营商环境，推动改革纵深发展增添新活力。瞄准最高标准、最高水平，优化政务服务，加快打造市场化、法治化、国际化一流营商环境。

以最快速度推动营商环境跨越式发展。不断深化“放管服”改革，全面推动行政审批流程再造，大力推行“一窗受理、集成服务”，推动更多政务服务事项同城通办、全程网办、智能导办，进一步精简审批环节、压缩办理时限。深化工程建设项目审批制度改革，完成相对集中行政许可权改革，建立健全“审管分离”新机制。严格落实国家减税降费政策，梳理修订涉企行政事业性收费目录清单，强化中介机构运营管理，降低企业制度性交易成本。实施涉企经营许可事项清单管理，深化“证照分离”改革。加强事中事后监管，对新业态新模式实行包容审慎监管。加快基层审批执法力量便民化改革，推动99项行政权力向基层大厅下沉，推出企业群众“一件事一次办”服务100个，梳理公布2021版“马上办、网上办、一次办、就近办”事项和“容缺受理”“告知承诺”事项清单，力争政务服务事项全部实现网上办。着力构建亲清政商关系，鼓励引导干部坦荡真诚同民营企业交往，主动了解企业诉求，帮助解决实际困难，让企业家专心创业、安心发展。

千方百计释放市场主体活力。加强对企业的全生命周期服务，做好水电油气运等要素保障，深化“我为企业找订单”活动，助力企业降本增效、拓展市场。实施融资畅通工程，建立驻市金融机构评价机制，强化政银企对接，帮助企业争取各类政策资金，支持企业扩大直接融资。深化信用包头建设，健全失信行为认定、失信联合惩戒、信用修复等机制。建设“政策宣传查询兑现”平台，完善涉企优惠政策落实常态化监督体系，建立拖欠民营企业账款行为约束惩戒机制，着力营造良好的政务环境、法治环境、市场环境和城市环境。弘扬企业家精神，鼓励支持企业家争做创新发展的引领者、高质量发展的生力军。

持续深化重点领域改革。落实国企改革三年行动方案，深化市直国有企业改革，加快平台公司市场化实体化转型。稳妥推进混合所有制改革，支持国有企业、民营企业开展战略合作，深入推进“个转企、企升规、规改股、股上市”。强化农村承包地确权成果应用，引导承包经营权规范流转。全面启动自然资源统一确权登记，率先开展林权类不动产登记。推动统计现代化改革，加强高质量发展统计监测，进一步夯实统计基层基础建设。持续深化金融、财税、执法等重点领域改革，推动改革和发展深度融合、高效联动。

（四）统筹推进以人为核心的新型城镇化，

不断提升城市品质再塑新形象。树立城市全周期管理意识，以先进理念推进规划建设，以绣花功夫实施精细化管理，着力提升城市品质化便利化水平。

加快实施城市更新行动。依托良好的城市规划基础，编制面向2035年的国土空间总体规划，制定新型城镇化规划（2021—2035），科学指引城市未来发展的空间布局。加快主城区重点区域更新改造，加大老旧小区、地下管网、城市内涝点等改造力度，加快推进人防工程新建补建工作，不断提升城市服务功能。加强保障性租赁住房建设，新增发放1584户公租房补贴，筹集人才房1.5万套以上。开展城市交通提升行动，实施白云路、站前路等主干道改造和人行地下通道、过街天桥工程，畅通主城区九横十纵骨干路网。新增通航城市，加密航班线路和进京高铁车次，开通市区至萨拉齐镇城乡公交线路，方便群众出行。打通民族西路等10条断头路，实施一批路口渠化改造，合理规划布局停车场、停车位，缓解城区交通拥堵和“停车难”问题。建设奥运冰雪中心等6个“鹿城客厅”，有序开展重点区域绿化提升工程，加快建设美丽宜居城市。

深入实施乡村振兴战略。开展乡村建设行动，完善基础设施和公共服务配套。实施农村牧区人居环境整治提升五年行动，加强生活垃圾处理、污水治理，建立人居环境长效管护机制，提升农村牧区宜居水平。调整完善土地出让收入使用范围，优先支持乡村振兴，增加对农业农村投入。统筹做好巩固拓展脱贫攻坚成果同乡村振兴有效衔接，建立健全防止返贫动态监测和帮扶机制，保持过渡期内帮扶政策总体稳定。深化龙头企业与农牧民利益联结机制，大力培育家庭农场、农民合作社等新型经营主体，发展壮大嘎查村集体经济，把小农户生产经营引入现代农业发展大格局，促进农牧民稳定增收。加强农村牧区思想道德建设，推进移风易俗，形成文明乡风、良好家风、淳朴民风。

全面提升城市管理水平。加大精细化管理力度，建成智慧城市大脑，整合交通、治安、环保、社会等信息资源平台，推动城市管理智能化。加快建立“街长制”等长效举措，常态化开展“马路办公”，实施网格化巡查，不断优化城市管理秩序。深入开展文明城市综合整治行动，集中力量推进机场、火车站周边及沿线综合改造和环境整治，启动实施背街小巷综合治理三年行动，依法治理私搭乱建、占道经营等行为，提升住宅小区物业管理水平，扩大道路机械化清扫覆盖面和日常保洁密度，扎实推进生活垃圾分类处理，持续推进“厕所革命”，着力改善城市环境，努力让群众看到变化、得到实惠。培育践行社会主义核心价值观，深入实施公民道德建设工程，大力倡导全民阅读、礼让行人、光盘行动、规范停车、爱护环境等文明新风，引导广大群众成为文明城市建设的参与者、见证者、监督者。

（五）持之以恒抓好生态环境保护，倾力打造美丽包头彰显新面貌。牢固树立绿水青山就是金山银山的理念，在推动碳达峰碳中和上迅速行动、在改善环境质量上久久为功，共同建设青山常在、绿水长流、空气常新的美丽家园。

加快推进碳达峰碳中和。编制碳达峰三年行动计划，鼓励冶金、稀土、化工等碳排放大户加快节能减排技术改造，实施一批低碳示范项目，建成工业能耗智慧监管平台，严格控制高能耗项目准入，完成能源“双控”目标。加快推动低碳城市建设，探索运用市场化手段创新城市用能管理模式，扩大清洁能源应用领域，构建低碳便捷交通运输体系，加强碳捕集封存及开发利用能力和体系建设，加速生产生活方式绿色化变革。持续推进“无废城市”建设，推动冶金渣、尾矿、粉煤灰综合利用和城市矿产等示范基地建设，努力实现资源循环利用、经济绿色发展。

系统推进生态修复。推行“林草长制”，加强大青山南北麓生态修复与保护，实施京津风沙源治理、天然林保护、退耕还林等重点工程30万亩以上，开展退化林修复和森林抚育，提升森林碳汇能力，守住健康高效的森林生态系统。实施草原生态修复工程40万亩以上，严格执行基本草原保护制度，落实草原生态保护补助奖励政策，完善草畜平衡和草原禁牧休牧制度，新建3个自治区级绿色矿山，巩固健康稳定的草原生态系统。全面落实“河湖长制”，坚决做好黄河“清四乱”工作，高质量建设黄河国家湿地公园，建成小白河防凌应急分洪工程，实施水土保持综合治理60万亩，推动湿地生态系统持续好转，建设沿黄绿色生态走廊。

持续打好污染防治攻坚战。实施总投资70亿元的环保治理项目100个。严格执行“转型、治气、减煤、降尘、控车、严管”六项措施，深入推进钢铁行业治理，加快包钢超低排放改造，推动神华煤化工甲醇中心尾气净化等项目建设。巩固扩大城中村、城边村清洁取暖改造成果，持续强化汽车尾气、扬尘等污染治理。建立网格化空气质量监测系统，提高精准治污水平。落实“清源、活水、减负、节流、严管”十字方针，加快实施包钢酚氰废水深度处理、神华煤化工废水脱盐达标改造项目，推动三电厂废水资源化利用、北郊污水处理厂扩容改造等工程建设，对违法排放“零容忍”。新建改造雨污水管网、中水管网17.1公里，深入推进雨污分流，大幅提升再生水利用率。建立全市污染地块、风险管控名录，严格管控重金属污染，防治农业面源污染。

（六）全力以赴做好民生保障工作，持续增进民生福祉再交新答卷。坚持以人民为中心的发展思想，完善制度、兜好底线，精心做好各项民生工作，以民生福祉的不断改善托起群众的幸福平安。

扎实做好就业和社会保障工作。坚持创业带动就业和产业支撑就业并重、大力发展“四新”经济和精准强化就业政策并举，努力创造更多就业岗位，力争全年城镇新增就业4.2万人以上。织密扎牢社会保障网，持续扩大社会保险覆盖范围，全面落实降低社会保险费率政策，提高退休人员养老金和城乡低保标准，健全商业保险补充工伤保险制度。完善老年人、残疾人关爱服务体系和设施，加强社会福利制度建设，支持社会力量开展农村牧区留守儿童关爱保护等专业服务。探索社会化养老服务模式，在一半以上的社区建成居家社区养老服务站点，积极引导社会力量参与养老服务，免费为60周岁（含）以上户籍人口办理意外伤害保险，营造养老孝老敬老的社会环境。

加快推进教育强市建设。实施“五育并举”育人工程，深化中小学思政课程改革，健全学校家庭社会协同育人机制。新建、改扩建一批中小学和幼儿园，严格落实新建小区配建幼儿园政策。启动实施国家义务教育优质均衡发展旗县区创建工作，持续深化集团化、联盟制、城乡结对共建办学机制改革，扩大优质资源覆盖面。持续改善普通高中办学条件，鼓励高中阶段学校多样化发展。提升职业教育、高等教育水平，不断深化产教融合。办好特殊教育，鼓励支持民办教育规范发展。做好国家通用语言文字教育和国家统编教材使用工作。深化教师绩效工资、教学评价体制改革，强化师德师风建设和教育教学管理，办好人民满意教育。

深入推进健康包头行动。深化疾控体制改革，建立疾控长效投入机制，强化实验检测能力，提升突发公共卫生事件应急处置水平。加快改善医疗卫生机构条件，改扩建传染病医院，推动旗县区医院发热门诊建设，积极创建自治区西部区域医疗中心。全面深化医药卫生体制改革，落实国家医保政策，把更多救急救命的好药纳入医保。合理配置城乡医疗资源，深化“医联体”“医共体”建设，落实分级诊疗制度，完善全民健康信息平台功能，重视精神卫生和心理健康，为群众看病就医提供全面保障。推动全民健康和全民健身深度融合，不断完善体育设施和公共服务体系，精心打造一批品牌赛事，广泛开展大众冰雪运动，推进足球改革发展。

不断繁荣发展文化事业。加强历史文化街区和历史建筑保护，开展黄河流域文物资源调查研究，启动国家历史文化名城创建工作。加强城市宣传推介，通过短视频、网红直播等新型媒介，展现城市新形象、唱响包头“好声音”。办好第三十六届鹿城文化艺术节等大型群众文化活动，举办首届赛汗塔拉草原音乐节，组织开展“百团千场下基层”“弘扬乌兰牧骑精神”等文化惠民演出，排演话剧《为正义辩护》、大型音乐会《赞歌》等一批红色精品剧目，为庆祝建党100周年营造良好氛围。

持续加强和创新社会治理。统筹发展和安全，抓好市域社会治理现代化试点工作，不断完善城乡社会治理服务体系。持续推进扫黑除恶常态化，加大缉枪治爆和黄赌毒、电信网络诈骗打击力度，保持对各类违法犯罪的严打高压态势，确保命案发生率低于全国平均水平，全力保障群众生命财产安全。畅通群众诉求表达渠道，充分发挥“24小时警局”、12345市长热线等平台作用，完善接诉即办、闭环办理机制，推进“治理重复信访、化解信访积案”专项行动，有效解决群众合理诉求。全力推动韧性城市建设，完善应急管理体系，严格落实安全生产责任制，坚决遏制重特大安全事故。加强食品药品安全监管，保障群众饮食用药安全。深入贯彻党的民族政策，认真落实《内蒙古自治区促进民族团结进步条例》，铸牢中华民族共同体意识。加强国防教育和民兵预备役工作，完善强边固防制度机制，做好双拥共建和优抚安置，巩固双拥模范城创建成果。

各位代表！民之所望就是施政所向。围绕群众关心关注的热点难点问题，今年市委、市政府确定了20项重点民生实事。我们将尽心竭力把实事办实，把好事办好，努力让这座城市更有温度！

（七）深入开展党史学习教育，全面加强政府自身建设展现新作为。提高政治判断力、政治领悟力、政治执行力，发扬孺子牛、拓荒牛、老黄牛精神，全面提升政府治理体系和治理能力现代化水平，努力建设人民满意的服务型政府。

突出加强政治建设。始终把政治建设摆在首位，增强“四个意识”，坚定“四个自信”，做到“两个维护”，在思想上政治上行动上同以习近平同志为核心的党中央保持高度一致。加强理论武装，学深悟透习近平新时代中国特色社会主义思想，以理论上的清醒强化政治上的坚定。坚决贯彻落实党中央重大决策部署，切实把习近平总书记对内蒙古重要讲话重要指示批示精神转化为推动发展的生动实践。扎实开展党史学习教育，引导党员干部学党史、悟思想、办实事、开新局。坚决抓好中央第八巡视组巡视内蒙古自治区反馈问题及自治区党委第二巡视组优化营商环境专项巡视反馈问题的整改落实。

全面推进依法行政。深入贯彻习近平法治思想，带头尊法学法、守法用法，严格规范文明执法。认真执行市人大及其常委会决议、决定，落实重大事项向人大及其常委会报告、向政协通报制度，自觉接受市人大法律监督、工作监督和市政协民主监督，高质量办好人大代表建议、政协提案。严格落实重大行政决策程序规定，推进“开门决策”，民生决策尽可能多请群众代表参与，专业决策尽可能多请专家学者参与，社会治理决策都要进行风险评估，公益性决策原则上要实行公开听证。强化地方性法规执行力度，坚持行政机关负责人出庭应诉制度，推进行政复议体制改革，争创全国法治政府建设示范市。大力推进政务公开，深化市政府部门“向市民报告、听市民意见、请市民评议”活动，主动回应社会关切，广泛接受社会监督。

着力转变工作作风。大力发扬蒙古马精神，坚持真抓实干、务实高效的工作作风，深入开展“我为群众办实事”实践活动，切实解决好群众的操心事、烦心事、揪心事。扎实推进“担当作为、狠抓落实”行动，坚持领导干部带头，以上率下履职尽责，持之以恒提升执行力。进一步强化政府履约践诺意识，实施破解政策“兑现难”攻坚行动，建设诚信政府。持续改进文风会风，不断为基层减负。健全常态化督查督办机制，形成闭环管理，强化追踪问效，确保各项决策部署落地落实。

始终保持清正廉洁。压紧压实全面从严治党主体责任，认真履行“一岗双责”，支持纪检监察、审计机关依法开展工作，强化公共资源、国资国企、社会民生等重点领域监管，筑牢反腐防线。模范践行中央八项规定及其实施细则精神，树牢过紧日子思想，严格控制“三公”经费和一般性支出。深入贯彻落实“两准则四条例”，持续纠治形式主义、官僚主义问题，始终做到知敬畏、存戒惧、守底线，永葆为民务实清廉的公仆本色。

各位代表！当前疫情防控形势依然严峻，我们要抓紧抓实抓细常态化疫情防控各项举措，坚决守好疫情防线，保护好全市人民的生命安全！

各位代表！蓝图绘就正当乘风破浪，重任在肩更需策马扬鞭。让我们更加紧密地团结在以习近平同志为核心的党中央周围，在自治区党委、政府和市委的坚强领导下，知责于心、担责于身、履责于行，以真抓的实劲、敢抓的狠劲、常抓的韧劲，把各项工作不断推向前进，以优异成绩庆祝中国共产党成立100周年，为打造繁荣昌盛、欣欣向荣的新时代中国特色社会主义现代化新包头不懈奋斗！现代化国家新征程中再铸辉煌！

包头市2020年国民经济和社会发展计划执行情况与2021年国民经济和社会发展计划草案的报告

——2021年2月22日在包头市第十五届人民代表大会第四次会议上

包头市发展和改革委员会

各位代表：

受市人民政府委托，现将全市2020年国民经济和社会发展计划执行情况与2021年国民经济和社会发展计划草案提请大会审议，并请各位政协委员和列席人员提出意见。

一、2020年国民经济和社会发展计划执行情况

2020年，面对极其复杂严峻的国内外形势，全市上下以习近平新时代中国特色社会主义思想为指导，深入贯彻党的十九大和十九届二中、三中、四中、五中全会精神，全面落实习近平总书记对内蒙古重要讲话重要指示批示精神，统筹疫情防控和经济社会发展，扎实做好“六稳”工作，全面落实“六保”任务，全市经济稳定恢复，社会大局和谐稳定。

全年地区生产总值完成2787.4亿元，增长3%，增速分别高于全国、全区0.7和2.8个百分点。固定资产投资增长1.6%，增速高于全区3.1个百分点，总量位居全区第一。社会消费品零售总额下降4.7%。一般公共预算收入145.2亿元，下降4.3%。城镇常住居民人均可支配收入50981元，增长1.1%，总量保持全区第一；农村牧区常住居民人均可支配收入20710元，增长8%。居民消费价格上涨1.1%，分别低于全国、全区1.4和0.8个百分点。

（一）三次产业发展取得新进展

工业转型有序推进。全面落实《包头市传统工业转型升级三年行动方案》，实施了总投资137亿元的75个传统产业改造升级项目，完成投资65亿元。其中，包钢无缝管生产线升级改造、亚新隆顺烧结机升级改造、吉峰年产40万吨焊管等重点项目有序推进。实施了总投资1174亿元的179个工业战略性新兴产业项目，完成投资297亿元。其中，盛泰汽车零部件年产60万只卡巴轮、南通新诚电子40条中高压化成箔生产线等20个项目投产运行，中科院稀土特钢、北奔新能源重卡汽车、5G技术无人驾驶矿用车等项目加快推进。建成5G基站2500座。规模以上工业增加值增长11%，增速分别高于全国、全区8.2和10.3个百分点，战略性新兴产业增加值占规模以上工业比重达到20%。编制完成《包头市一般工业固废物综合利用发展规划（2020-2025年）》，新增2个绿色园区、8家绿色工厂、2个绿色设计产品。

现代服务业发展步伐加快。市县乡三级电商扶贫网络服务平台和市县乡村四级电商物流配送体系全部建成，固阳县获批国家电子商务进农村示范县。达茂旗列入首批自治区级全域旅游示范区名单，石拐区开通全域旅游直通车，土右旗美岱召镇楼房沟村列入第二批全国乡村旅游重点村名录。全年接待游客1186.7万人，旅游综合收入234.9亿元。

农牧业综合生产力不断提升。农作物播种面积461.6万亩，增长3%；粮食总产量24亿斤，增长3.8%。农畜产品加工转化率达到70%，提高2个百分点。龙头企业与农牧户利益联结比例达到90%。“两品一标”认证产品达到176个。

（二）重大项目建设和招商引资取得新成效

重大项目建设进展顺利。全市629个投资亿元以上项目开复工628个，开复工率99.8%，提高2.6个百分点；完成投资1000亿元，完成投资率102.8%，提高9.8个百分点。投资40亿元的阿特斯太阳能铸锭、投资30.3亿元的国道210线满都拉口岸至白云鄂博、投资30亿元的弘元5GW单晶、投资10亿元的晶澳单晶硅二期、投资10亿元的震雄10万吨铜拉丝、投资20亿元的开元商住小区等280个重点项目实现竣工或投产。

招商引资工作成效明显。出台《包头市招商引资工作方案》，建立招商引资顶格推进工作机制，系统梳理全市重点产业链上下游、左右侧各环节，对标世界500强、中国500强、民营500强等重点企业，开展全员全域全要素全产业链精准招商。全年对接企业2337家，签约项目397个，完成目标的198.5%；协议总投资2691亿元，完成目标的224%。实施招商引资项目182项，引进国内（区外）资金到位249.5亿元，增长1.1%。成功举办“2020年中国新产业峰会”，达成合作意向项目80个，协议总投资1390亿元，为高质量发展进一步夯实基础。

（三）三大攻坚战取得新成就

脱贫攻坚取得决定性成果。安排扶贫专项资金2亿元，组织全市239个机关单位及社会组织、182个驻村工作队、2506名帮扶责任人进行全覆盖帮扶。投资2.7亿元实施扶贫项目362个。全市425名义务教育阶段贫困家庭学生无一人因贫失学辍学。“两不愁三保障”和饮水安全问题得到全面解决，全市建档立卡贫困人口实现全部脱贫。

防范化解重大风险工作持续加强。蒙商银行平稳开业运营。超额完成化解政府隐性债务年度任务。“优质粮食工程”21个项目全部完工，获批“全国粮食和物资储备系统先进集体”荣誉称号，获评全区粮食安全盟市长责任制考核优秀等次。全年电力总装机1673万千瓦，全年发电量761.8亿千瓦时，增长9.2%。

污染防治攻坚战完成阶段性目标。完成总投资52亿元的310个工业深度治理工程，治理禁燃区原煤散烧7.8万户，整治516户“散乱污”企业和752个建筑、拆迁工地、裸露渣土堆场扬尘污染。全市空气优良天数291天，达标比例79.5%。9个城市集中式饮用水源地水质全部达标，全市污水集中处理率达97%。受污染耕地、污染地块安全利用率分别达到98%和100%。

（四）改革开放取得新成果

营商环境持续优化。制定出台《包头市打造一流营商环境若干举措》《包头市打造一流营商环境绩效考核办法（试行）》等文件，顺利完成2020年全国全区营商环境评价工作，营商环境评价跃居全区前列，入选2020年度中国企业营商环境十佳城市。“放管服”改革深入推进，公布新一版权责、政务服务、公共服务、中介服务、“马上办、网上办、一次办、就近办”等事项清单。开展“六减两优”改革，各类证明材料减少

60%、办理时限减少 54%。网上政务服务能力进一步提升，服务场景更加丰富，行政许可事项占比、办理时限压缩比、网办占比等指标居自治区前列，网上可办率达 95.1%，应用服务接入自治区“蒙速办”数量全区第一，荣获社科院“全国数字政府政务服务创新奖”。四级政务服务体系集约化、信息化、便利化、规范化水平大幅提升，118 个高频事项向基层服务站点下沉集中，形成“500 米、一刻钟”便民服务圈。全面推行“一窗式”综合受理，单个事项平均办理周期缩短 33%，群众满意率达 99.6%。

重点领域改革深入推进。支持 209 户企业加入自治区电价多边交易市场，为 183 户企业减免基本电费 9067.6 万元。稳步推进全市国有资产集中统一监管，国有企业剥离办社会职能基本完成，全市 15.5 万名国有企业退休人员实现社会化管理。

对外贸易不断加强。积极发展泛口岸经济，包头保税物流中心（B 型）正式运营，铁路口岸申报获自治区政府同意。出台《应对疫情影响稳外贸稳外资相关措施》等政策，加大重点外贸企业包保服务力度，组织企业参加 127 届线上广交会、第三届进博会等活动，全市外贸进出口总额 157.3 亿元。

创新创业基础不断夯实。全年新增自治区企业技术中心 13 家，自治区级以上研发平台总数达到 224 家。高新技术企业达到 215 家。包头大型科学仪器设备协作共享平台累计加入 50 余家企业 971 台（套）设备，技术合同成交额 4.8 亿元，增长 235%。成立自治区首家人力资本产业园，入驻企业 51 家。培育国家级、自治区级知识产权优势示范企业 25 家。获批全国“标准国际化创新型城市”，是继深圳之后全国第二个获此荣誉的城市。

（五）城乡区域协同发展迈出新步伐

城市功能品质不断提升。实施总投资 112.4 亿元的 47 项城建重点项目，启动道路管网探测修复等 2 项城市体检工程，推进 110 国道等 20 项道路工程，老旧管网改造等 8 项管网工程，滨河绿道等 9 项园林工程，停车场等 8 项基础设施工程。完成老旧小区改造 261.6 万平方米，既有居住建筑节能改造 40.3 万平方米。棚改安置房开工建设 539 套，建成保障性安居房 3075 套。新建及改造公厕 148 座。开通包头至固阳公交线路。

乡村振兴战略深入实施。旗县区乡村建设规划全部完成。511 个行政村（嘎查）建成农村牧区生活垃圾收运处置体系，绿化率达 30%，行政村公路通村率达 100%。73 个试点村污水处理率达到 60%。累计新建、改造卫生户厕 4.5 万户，普及率达到 71.1%，位居自治区前列。97% 的嘎查村成立了集体经济组织。在自治区率先完成全国农村牧区集体产权制度改革整市推进试点任务、土地草牧场确权登记颁证和农牧业综合行政执法改革。投资 2466 万元建设各类工程 307 项，解决和改善 26 万人的饮水安全问题。农村公路完成投资 5.4 亿元。农村牧区危房改造全面完成。

区域协同发展水平持续提高。包银高铁完成沿线地上物征拆 80%，包西高铁启动前期工作，呼包、包鄂高铁项目完成预可行性研究。国道 210 线满都拉至白云鄂博一级公路、国道 335 线黄家滩至百灵庙二级公路和省道 315 托克托至东河一级公路土右段基本建成，国道 335 线白云鄂博至明安二级公路开工建设，国道 210 线白云鄂博至固阳已完成立项及设计招投标，包茂高速包头段完成征拆工作 71.6%。101 个事项在呼包鄂乌四市实现互办互认，与五省九市签订政务服务“跨省通办”合作协议。

（六）民生保障能力实现新提升

生态环境建设持续加强。完成林业生态修复任务 94 万亩、草原生态保护修复任务 86.8 万亩，治理二道沙河、四道沙河10.6公里，新增水土流失治理面积62万亩，完成矿山地质环境治理面积11.9平方公里。昆都仑河国家湿地公园试点建设顺利通过国家验收。建成建筑垃圾（固废）资源化综合利用项目，处理建筑垃圾约70万吨。在全国率先实现对一般工业固废全过程、闭环式、智能化监管。总投资171亿元的80项固废治理和综合利用工程加快推进。中央环保督察和“回头看”反馈问题全部完成整改。自治区生态环保督察反馈的26个问题完成整改17个。

社会保障体系日臻完善。全年城镇新增就业4.56万人，城镇登记失业率在3.9%以内。民生支出239.4亿元，增长2.5%。全市养老保险参保153.3万人，工伤保险参保50.9万人，失业保险参保43.5万人，均超额完成目标任务。城镇低保标准达到750元/月/人，增长5.6%；农牧区低保标准达到6644元/年/人，增长10%；低收入家庭中的重残、重病患者等特殊困难人员可申请单独纳入低保范围。全市二级专科以上67家医疗机构全部接入国家跨省异地就医平台。

公共服务水平稳步提高。完成城镇小区配套幼儿园治理项目48个，新建改扩建幼儿园18所。全市高考600分以上人数、一本率、本科率位居全区第一。创作抗击新冠肺炎疫情等各类文艺作品212部，开展百团千场下基层惠民演出100场。完成22个卫生健康领域能力提升建设项目，全面提升基本公共卫生服务质量，居民规范化健康档案建档率达到90.5%。蝉联国家卫生城市三连冠。

社会治理能力不断加强。全市信访总量6310批件次、19902人次，分别下降9.9%和40.9%。中小学和城市幼儿园专职保安员配备率、封闭化管理达标率、一键式报警和视频监控系统达标率均实现100%。为1777名农民工清欠工资2568万元。城区全面禁止燃放烟花爆竹。获评全区法治政府建设示范盟市，蝉联全国双拥模范城“九连冠”和自治区双拥模范城“十连冠”。

总之，过去一年，在市委、政府的坚强领导下，全市上下积极应变，有效克服了新冠肺炎疫情等不利影响，实现了经济稳定复苏和社会民生各项事业协调推进。2020年是“十三五”规划收官之年，经过5年的艰苦奋斗，我市经济社会发展也取得了重大成就，全市地区生产总值年均增长5.7%，城镇化率达到85%，全体居民人均可支配收入持续提高，生态环境质量、基础设施保障能力、基本公共服务水平稳步提升，这些都为我们在新发展阶段全面推进新时代中国特色社会主义现代化新包头建设奠定了重要基础。

同时，我们也清醒认识到在转型发展过程中还存在不少困难和挑战。主要表现在：**一是经济总量小**。包头的经济总量在全国地级以上城市中位次偏后，努力把包头建设成为富有影响力的区域性经济中心城市还需付出更大努力。**二是结构不优**。冶金、电力、煤化工等高耗能、重化工产业比重偏高，原材料就地转化率和产品的精深加工水平不高，产业链条短且成龙配套不够。产业层次偏低，工业资源型、粗放型发展方式还没有根本扭转。**三是投资规模小**。尽管固定资产投资增速由负转正，但投资规模偏小，对经济增长的拉动不强，特别是工业投资持续下滑，占全部投资的比重下降，影响工业发展后劲。**四是重大项目储备不足**。主要是促进产业结构调整的项目储备不多，能够在短期内落地建设、形成投资增量的“四新”项目不多。同时，围绕建设“四基地两中心一高地一体系”的项目策划储备还需加强。**五是招商引资项目签约落地率有待进一步提升**。目前全市顶格推进招商引资机制已全面实施，但全年的项目签约落地率不高，后续跟进工作还需要进一步加强。**六是营商环境还需进一步优化**。

尽管我市入选2020年度中国企业营商环境十佳城市，但从自治区党委第二巡视组巡视反馈和市委巡察工作领导小组组织34个督查组督查发现的问题来看，我们在对标一流营商环境若干措施、对标全国先进方面还存在差距。**七是发展要素制约趋紧**。我市能耗、水耗、土地等生产要素保障空间不足，特别是在全国碳达峰、碳中和目标大背景下，全市高耗能主导的产业结构需加快转型。同时，R&D经费投入不足，人口增长缓慢，经济社会发展面临较大挑战。**八是财政收支压力较大**。我市财政收入长期低位运行，刚性支出有增无减，财政收支矛盾突出。同时，社会民生等领域还存在许多短板。我们将认真对待这些问题，采取更加有力的措施，加快推进解决。

二、2021年经济社会发展总体要求和主要预期目标

2021年是建党100周年，是“十四五”规划和实现第二个百年奋斗目标的开局之年，做好今年各项工作，意义深远、责任重大。

全市经济社会发展工作的总体要求是：以习近平新时代中国特色社会主义思想为指导，全面贯彻党的十九大和十九届二中、三中、四中、五中全会精神，深入贯彻习近平总书记对内蒙古重要讲话重要指示批示精神，认真落实中央经济工作会议、自治区党委十届十三次全会和市委十二届十三次全会精神，围绕“四基地两中心一高地一体系”发展定位，坚持稳中求进工作总基调，全面把握新发展阶段的新任务新要求，坚定不移贯彻新发展理念，主动融入以国内大循环为主体、国内国际双循环相互促进的新发展格局，运用系统观念，统筹推进全市发展和改革各项工作，持续抓好“六稳”工作，全面落实“六保”任务，努力推动经济运行实现合理预期，确保“十四五”开好局、起好步，为建设新时代中国特色社会主义现代化新包头贡献力量。

今年面临的发展环境更加复杂，全球疫情形势仍然不容乐观，“外防输入，内防反弹”压力依然较大，国际国内宏观经济形势依然严峻复杂。但我们仍要看到，当前和今后一个时期面临的积极利好因素：一是党的十九届五中全会着眼长远发展作出加快构建新发展格局的重大决策部署，国家、自治区及各行业、各领域，将陆续出台一系列推动供给创造和引领需求的配套政策举措。二是黄河流域生态保护和高质量发展、新一轮西部大开发、呼包鄂榆城市群等一系列国家及区域发展战略，为我们推动高质量发展带来积极利好的政策机遇。三是入选2020年度中国企业营商环境十佳城市和一系列打造一流营商环境政策措施的出台落实，将为各类市场主体提供更加便利、宽松的服务环境，将吸引更多企业及投资者来包投资兴业，为包头的发展注入新的动力与活力。四是随着打造一流营商环境、顶格推进招商引资等一系列举措的精准有效实施，全市上下抓项目、抓招商、抓发展的思路目标和路径更加明确，全市干部群众凝心聚力、只争朝夕、奋起赶超的氛围已经形成。这些都将成为做好今年经济工作的强大内生动力。

为更好地贯彻市委十二届十三次全会精神，落实十四五规划《建议》和《政府工作报告》决策部署，建议2021年全市经济社会发展主要预期目标如下：

（一）预期目标

——地区生产总值增长7%以上。

——规模以上工业增加值增长8%以上。

——固定资产投资额增长10%以上。

——社会消费品零售总额增长8%左右。

——地方一般公共预算收入增长6%左右。

——居民消费价格涨幅控制在3%以内。

——新增就业人数4.2万人以上，城镇登记失业率控制在3.9%以内。

——居民人均可支配收入增长与经济增长基本同步。

（二）奋斗目标

——力争地区生产总值增长9%。

——力争规模以上工业增加值增长10%。

——力争固定资产投资额增长15%。

三、2021年经济社会发展主要任务和重点措施

围绕上述既定目标，全力落实六个方面重点工作。

（一）聚焦“四基地两中心一高地一体系”，加快建设区域性经济中心城市

一是建设全国重要的新型材料产业基地。整合资源、产业和科技优势，以重点项目为抓手，推动材料产业基础再造，促进新材料产业高端化、产业基础高级化、新兴产业规模化。稀土新材料产业，深入实施“稀土+”协同创新战略，出台支持稀土产业创新发展的政策意见，围绕稀土金属、磁性、储氢、抛光、催化助剂、新型稀土功能材料等领域，加快实施北方稀土2万吨稀土金属、天和磁材高性能钕铁硼、中科宇航高性能抛光粉、英思特3C磁材产业园等一批重点项目，尽早实现产业化、规模化。先进钢铁材料产业，依托包钢集团、中科院，加快稀土钢关键技术研发，重点发展稀土钢、高端模具钢、齿轮钢、弹簧钢、新型高强度汽车钢、高强度耐磨板等产品；依托北重集团，重点发展高品质热模具钢、高热强性钢、大口径后壁无缝钢管、钛合金管材等特种钢产品；加快实施威丰高磁感取向硅钢和超薄取向硅钢带项目。先进有色金属材料产业，依托包铝、希铝等龙头企业，发展高性能铝合金、高品质铝铸件、高纯铝等高附加值产品，重点实施包铝1万吨高纯铝、北方稀土平源20万吨稀土铝合金、常铝稀土铝合金研发制备关键技术与产业化应用等项目。依托震雄、华鼎铜业，加快发展稀土铜合金、电子铜箔、特种电缆、高精度铜材等新材料。依托汇豪镁业、包头稀土研究院，加快发展稀土镁系列中间合金、汽车零部件等深加工产品。先进化工新材料产业，优化工业园区规划布局，将现有化工板块和功能区申报自治区认定；围绕发展高端聚烯烃、特种工程塑料、可降解塑料、聚氨酯材料、氟硅材料、高性能橡胶、电子化学品等先进化工材料，加快实施神华二期、浦景可降解塑料、磐迅先进高分子材料、国储能煤制乙二醇、郑州中远防务超高分子量聚乙烯薄膜等项目；发挥萤石资源优势，打造千亿级氟化工产业基地。先进无机非金属材料产业，拓展耐高温微晶玻璃、超白太阳能压延玻璃等特种玻璃制造领域，壮大单晶硅、多晶硅、蓝宝石等晶体制造、特种陶瓷、特种水泥、隔热保温节能材料等产业。加快实施通威二期4万吨晶硅、晶澳、阿特斯、美科硅能源、弘元新材料等项目。培育发展集成电路材料，加快发展碳化硅、有机硅、硅橡胶等产业。加快建设高纯石墨、可膨胀石墨、高功率石墨电极等石墨碳素制品新材料项目，做大石墨产业。先进高性能纤维及复合材料产业，围绕碳纤维、聚苯硫醚纤维等领域，加快实施光威复材万吨碳纤维、青岛高泰碳碳复合材料等项目。前沿新材料产业，围绕核电产业园建设，推动中核北方重水堆燃料元件生产线改扩建、压水堆燃料元件生产线适应性改造、AP1000核电燃料生产线共享兼容、先进四代核电技术配套融合建设、天然铀一体化产业区域链发展。

二是建设全国重要的现代能源产业基地。出台《包头市现代能源产业基地“十四五”发展规划》，围绕碳达峰、碳中和总体目标，加快风、光、

氢、核、储各领域发展。风电、光伏产业，加快推进可再生能源综合应用示范区首期160万千瓦风电项目建设，实施新疆特变电工新能源装备项目，推动华电等企业“源网荷储一体化”“风光氢储一体化”，集约化推动风电、光伏开发建设。因地制宜建设一批分散式风电、分布式光伏和风电清洁供暖项目，力争年内全市新能源装机规模占比达到40%。同时，加快跨大青山500kV输电通道工程建设，解决山北地区新能源电力难以外送的难题。统筹推动包铝、希铝共303万千瓦自备火电机组参与电网调峰，有序推进690万千瓦公网火电机组灵活性改造。氢能，依托北奔重汽、中氢汽车等整车制造企业，推动氢燃料电池汽车整车制造和配套产业集聚。重点发展车用燃料电池、便携式氢燃料电池，以及氢燃料电池研发与检测产业。加强工业副产氢提纯利用技术应用，围绕氢冶金、氢化工和氢交通等领域，发展绿氢经济，推进美国空气产品公司、清华工业研究院、明拓集团和金风科技的合作，着力建设国际氢能冶金产业示范区。拓展氢能推广应用领域，加快发展氢气制取储运产业、氢能冶金化工工业、制氢成套装备产业。核能，启动总投资324.6亿元的核产业创新示范园区建设，引进落地一批核产业项目。推动重水堆燃料元件生产线改扩建和压水堆燃料元件生产线适应性改造，服务华龙一号、海洋核动力平台、核动力破冰船、小型核反应堆需求。推动清洁核供热、核医学、核医疗、核装备制造、核环保治理等相关产业发展。储能，推进内蒙古电力公司及三峡集团共同投资的美岱抽水蓄能电站建设。加快布局建设不同技术类型、不同应用场景的储能试点示范项目，建设储能配套新能源一体化绿色供电示范项目。联合储能企业、高校、研究机构、能源企业等共同组建储能技术研发中心，开展储能技术攻关、试点示范，重点开展储能应用基础研究、核心技术攻关、关键工艺试验、重大装备样机及其关键部件的研制。

三是建设在全国有重要影响力的现代装备制造业基地。坚持军民融合和两化深度融合，大力发展通用和专用设备制造业、汽车及零部件制造业、铁路运输设备制造业，培育壮大电气机械和器材制造业、通信设备制造业、仪器仪表制造业等高端装备制造业，推动优势领域产品竞争力进入全国领先行列，形成一批影响力强的产业集群、领航型企业和知名品牌。汽车制造业，抓住《国家新能源汽车产业发展规划（2021-2035年）》和呼包鄂乌联合申报国家氢能源汽车示范城市群的机遇，支持北奔集团与顺丰运力等企业合作，推进实施车辆管理平台、油箱制造、汽车涂装、车架制造、充换电设备等项目。支持北创专汽、北方专汽等专用车企产品升级换代和系列化发展，积极引进陕汽5万台中卡、宝能集团、深圳氢蓝时代动力、硅谷天堂充换电网等自卸车、中轻型卡车、特种作业车、新能源汽车和轻量化改装车及零部件生产项目，努力建设西部汽车（新能源专用车）及零部件生产基地。通用设备制造业，依托一机路通弹簧、华新机械、昊天装备、北工机械、蓝光齿轮等通用设备制造企业，在扩大现有装备供应领域和生产规模的基础上，深化对外合作、重组、联合研发制造等，实施北重液压中心、众力工程机械整机与零部件再制造中心等项目，壮大装载机、大马力推土机、液压驱动系统、特种车轮胎、装载机、挖掘机、机械再制造中心、多线切割机等产业集群。专用设备制造业，支持北方股份、天盛重工、稀宝博为、大青山机械、久益环球、大地石油、一机瑞特、泽润机械等传统装备企业转型升级。加大矿用自卸车、工程车等大型成套设备、节能环保装备、高端数控精密加工、齿轮箱、工业机器人等企业的引进力度。

铁路运输设备制造业。抓住国家大力发展城市轨道交通的机遇，依托北方创业、一机林峰等企业，提升通用和专用型铁路货运车辆及零部件生产制造能力，加快新产品开发和市场销售，实施中国铁建重工集团等项目，引进铁路货车及零部件生产、盾构机、高铁空心轴装备、重载列车钩缓系统、摇枕、侧架加工项目，拓展铁路列车、铁路轨道装备、轨道交通组装和维保等领域，并向轻量化、系列化和智能化方向发展。安全应急救援装备产业，抓住国家应急产业示范基地建设的机遇，依托一机、北重、北奔等企业，以关键共性技术为突破口，大力推进应急工程抢险装备、草原森林消防应急装备、高机动应急救援系统装备、社会安全保障装备、自然灾害救援装备、矿山救援装备、医疗救援装备等七大安全应急产业集群化发展。同时，加快发展节能环保设备、关键基础零部件、大型重型成套设备、智能装备等装备制造业，巩固提升工业制造基础地位。

四是建设在全国有重要影响力的农畜食品产业基地。加大土地流转、农田基础设施建设力度，建设高标准农田20万亩、高标准现代设施农业基地1万亩，改良盐碱地3万亩，建成10万亩玉米大豆复合种植优势区、集中连片全程机械化的马铃薯集群发展区10个，10万亩小麦、葵花、油菜籽种植基地3个，5万亩荞麦、燕麦、甜菜、黄芪种植基地4个，力争农作物播种面积达到470万亩；推广自研西红柿、草莓、黄瓜等优势品种和樱桃、无花果等高附加值品种，打造机械化玉米大豆带状复合种植基地和万亩设施农业示范区。推动畜牧业集群发展，加快推动草原立新与北京保华集团百万头、东方希望集团50万头生猪养殖加工项目落地，建设3个万头高标准奶牛牧场，加快打造一批标准化现代化奶牛、肉羊、肉牛、生猪、蛋鸡生产基地。围绕进一步完善5个现代农牧业园区和3个食品加工园区功能，延长农畜产品产业链条，统筹推动初级加工、精深加工、综合利用加工协同并进，力争农畜产品加工转化率达73%左右。加强与中储粮合作，加快包头粮食加工贸易物流园项目建设。做大做优现有品牌，以骑士乳业、二子鲜味首、敕勒金薯、青山雪白糖、铁木真等本土品牌为依托，力争打造产值亿元以上特色品牌10个。加大种子研发力度，培育优良新品种，强化与中国农大、四川农大、中科院等科研院校合作，组建蔬菜、玉米、马铃薯、肉牛、肉羊等农牧业科技服务团队10支，力争推广优质品种50个、实用技术30项；引进生物菌剂抗重茬、玉米大豆复合种植等8项领先技术，培育良种肉牛种母牛1万头、培育戈壁短尾羊核心群30个，力争优质种猪达到10000头以上。

五是建设区域性服务业中心。制定出台《包头市“十四五”服务业规划》，滚动推进314个服务业重点项目，力争全年完成投资500亿元以上，加快建设区域性服务业中心。推动生产性服务业向专业化、高端化发展。大力发展现代物流业，改造升级现有物流园区和基地，发展多式联运物流和“互联网+”高效物流、供应链物流。开展品牌示范企业创建活动，发挥“包头制造+包头服务”集合效应，推动先进制造业和现代生产性服务业融合发展。大力发展电子商务，做大做强稀土、钢铁、煤炭等工业产品交易平台，支持发展农村电商，创建区域电子商务示范基地，力争全年重点监测电商企业实现交易额增长8%以上。提升金融现代化发展水平，引进平安银行包头分行，设立内蒙古金融租赁有限公司、融资性担保公司、小额贷款公司。落实企业上市奖补政策，力争培育上市公司2家，进一步提高直接融资比重。推动生活性服务业向精细化、高品质发展。推进文化旅游业融合发展，推动创建国家、自治区全域旅游示范区4个，推动小白河温泉水世界、达茂旗库烈古城等一批文旅项目建成运营。推动昆区茂业、东河区吾悦广场开业运营。培育商贸流通骨干企业2家以上。大力发展会展产业、家政服务业、市场化养老产业等现代服务业，搭建智慧社区便民服务平台，收储家政服务业项目10个，举办各类大型专业性、综合性展会60场以上。

六是建设区域性创新中心。出台《关于加快建设区域性创新中心的若干意见》。深入实施“科技兴蒙”行动，设立“创新中心”引导基金，重点支持新型研发机构建设和科技成果转移转化。组织实施60项关键技术攻关和成果转化重大项目，解决一批“卡脖子”技术难题，取得一批国际国内领先的创新成果，开发一批填补国内空白的首台套、首批次产品，全面增强我市科技硬实力。推动“4+8+N”主体在我市新建院士工作站、共建新型研发机构、创新战略联盟，打造更多创新共同体。高标准建设稀土新材料国家技术创新中心、国家农业科技园区，支持北重、包钢、中核北方等自治区级实验室创建国家重点实验室。以创建呼包鄂国家自主创新示范区为核心，促进包头稀土高新区“提质进位”，引导全市工业园区积极创建自治区级高新技术产业开发区。完善促进军民融合、企地融合、校地融合发展的政策举措，支持一机、北重和五二研究所与包钢、包铝合作开发军民两用新型金属材料，推动中小装备制造企业与军工企业上下游产品成龙配套。加强公共技术服务平台、技术交易市场、技术转移机构等服务机构建设，完善企业技术共享机制，促进新技术快速大规模应用和迭代升级。加强知识产权保护，申报中国（包头）知识产权保护中心，制定出台《包头市知识产权奖励激励办法》，力争培育20家具备知识产权综合实力的优势企业。加速科技成果转化，依托自治区、包头市科技大市场和稀土高新区创新服务中心等服务机构，积极培育创建国家科技成果转移转化示范区，力争新增国家、自治区级科技企业孵化器和众创空间10家以上，不断提高科技成果本地转化率。

七是建设对外开放新高地。推动包银高铁全面开工，确保呼包高铁纳入国家规划，同步开展包西高铁前期工作，加快融入全国“八纵八横”高铁网络。加快包头航空口岸货运监管场地建设，完成验收准备工作，争取将包头机场改扩建项目列入国家民航专项规划。加快包头“B型”保税中心建设，积极申报综合保税区；推动传化公路港和包头国际陆港资源整合，建设大型现代物流园区；创建跨境电商综试区，更好推动我市产业链融入国内国际双循环；积极参与自治区自由贸易试验区申报建设，打通全市贸易新通道。推动满都拉至蒙古国赛音山达、塔温陶勒盖跨境公路和满都拉至蒙古国赛音山达跨境铁路建设，积极开展前期工作。推动满都拉口岸基础设施、小尾羊隔离场及种羊繁育基地一体化、北方国际公司大宗商品物流园等项目建设，打通TT矿至满都拉口岸货运通道，进一步提升过货量；加快满都拉铁路口岸申报审批进程，推动进口肉类指定场所投入运营，进一步优化口岸管理服务水平。力争全年实现满都拉口岸过货量达到150万吨。

八是建设现代化经济体系。着力聚焦新旧动能转换，加快建设多元发展、多极支撑的现代化产业体系。加快传统产业改造升级。重点实施包钢生产线自动化及智能化改造、一机压力机自动化生产线智能制造和精密铸造技术改造等总投资910.6亿元的212个传统产业改造项目，力争当年完成投资236.6亿元。支持包钢、包铝、北方稀土等企业生产和管理的高端化、智能化、数字化升级改造，支持一机、北重、北奔等企业数字化设计和制造，加快提升产品核心竞争力，支持亚新隆顺、大安钢铁等民营企业升级改造。加快培育壮大新兴产业。围绕新材料、新能源、高端装备制造、农畜产品加工、高技术、数字经济等相关产业，全力抓好谋划布局，培育引进一批优质项目，加快形成产业集群，厚植发展新动能。重点实施神华煤制烯烃升级示范项目（二期）、一机工业互联网平台试验测试体系、宝能汽车30万套新能源汽车永磁电机、北重集团超高压钢管等总投资1729.4亿元的174个战略性新兴产业项目，力争当年完成投资356亿元。大力发展数字经济，实施国家文化大数据中心、大数据综合服务园区、均和云谷产业园、G7智慧物流以及华为云工业互联网创新中心等项目，着力打造一批样板工程，推动数字产业化、产业数字化。

（二）着眼稳外需扩内需，主动融入“双循环”发展新格局

一是精准加力有效投资。抓项目建设。实施总投资4550亿元的714个重大项目建设，全面落实《全市招商引资、重大项目和固定资产投资工作机制》，当年完成投资1000亿元以上，拉动固定资产投资增长10%以上。抓基建投资。实施总投资253.5亿元的109个基础设施项目建设，重点推进省道315线托克托至东河一级公路、国道110线包头北绕城一级公路、国道335线白云鄂博至明安段公路、包茂高速公路包头至东胜改扩建工程、国道210线白云鄂博至固阳一级公路5个项目建设及国道210古城湾黄河大桥通道工程、国道210线固阳至东河一级公路项目前期手续办理工作。大力推进“新基建”投资，新建5G基站900座，实现5G信号市域全覆盖。抓要素保障。出台关于构建更加完善的要素市场化配置体制机制的实施方案，全力做好煤电油气运水土地等各类要素保障。多渠道搭建银企对接平台，发展壮大我市重点产业基金。全年争取中央预算内资金、转移支付、地方政府专项债券等各类资金200亿元以上。抓项目储备。围绕锻长板补短板，结合“十四五”规划，进一步梳理优化总投资1.4万亿元2000个储备项目，深入谋划储备一批打基础、利长远的高质量项目，促进投资稳定增长。

二是加快建设区域性消费中心城市。加快包百步行街、乔家金街、横竖街等步行街和老商业区改造升级，推动传统商圈丰富原有业态。加快推动新型消费扩容提质，发展消费新场景，鼓励首店经济、夜间经济、平台经济、共享经济、网红经济、体验经济等消费新业态发展，打造高端化个性化消费中心。完善商贸流通体系，推进物流城乡配送体系建设和物流标准化项目建设，支持传统商贸流通企业利用先进信息技术实现线上线下深度合作，培育区域性流通行业知名品牌，壮大本土实体企业，提升全市商贸流通业发展水平，全年实施重点商贸项目50个。鼓励发展区域电子商务示范基地，引导电商企业、快递企业改造升级农村消费服务网点，开展农畜产品电商赋能行动，引导农牧民积极利用电商平台拓宽销售渠道。

三是多措并举稳外资稳外贸。落实外商投资负面清单管理制度，加大外商投资项目跟踪服务力度，谋划对接一批外资重点项目，积极引导和鼓励外资投向高新技术、先进制造、节能环保、新能源、现代服务业等领域，力争全年实际利用外资到位1.8亿美元，增长30%。积极培育外贸综合服务企业，扩大对重点外贸企业包保服务范围，推动重汽、稀土及其应用等优势产品扩大出口；加大对外贸易竞争新优势培育力度，引导企业通过参加广交会、进博会等线上线下重点展会，开拓新兴国际市场，不断扩大国内外市场份额；继续推进跨境电子商务综合试验区申报工作，拓展国际市场份额，力争全年对外贸易总值增长3%。

四是全力抓好“双招双引”工作。认真落实《包头市招商引资工作方案》，顶格推进20个招商工作组和19个产业集群及产业链；建立并完善招商引资目标企业清单和产业招商地图，主动对接世界500强、中国500强、民营500强和行业龙头企业，力争引进一批技术水平高、投资规模大、投入产出效益好、引领产业上层次、辐射带动力强的“高、大、好、上、强”项目。实行统计通报和考核奖励制度，对洽谈、签约、落地项目实行分类管理，对项目引进情况、开工率、投产率等主要指标进行定期考核。对标先进地区，出台加快引进培育重点产业中高端人才、吸引青年人才来包就业创业、高层次人才服务保障等一系列人才政策，力争引进各层次人才2万人，其中引进博士、硕士以上高层次人才1000人、技能人才3000人，加快打造人才集聚“高地”和“工匠之都”。

（三）强化地区综合承载力，着力提升城乡治理水平

一是突出规划引领作用。围绕“四基地两中心一高地一体系”发展定位，高质量完成“十四五”规划纲要及各类专项规划。编制完成市县两级国土空间总体规划，划定并落实“三条控制线”，统筹做好适用性村庄规划和重要河湖岸线保护利用规划。

二是加强城市建设管理。实施城建项目九大类70项，总投资112亿元，年内完成投资39亿元。围绕提升城市功能品质，新建、改造20处街头景点，实施3个重点区域夜景照明提升工程，完成滨河绿道、北梁绿道建设，持续推进海绵城市建设。整治完成城区剩余18处易涝点，管道直饮水设施覆盖比例达到85%以上。围绕提升道路通行能力，开通包头至土右旗城际公交路线，完成白云路改造、站前路延伸等城区骨架路网畅通工程，打通断头路10条，新建过街天桥（地下通道）8处，新增智慧停车场5个以上。围绕提升智慧管理水平，实施“城市大脑”工程，从城市建设智慧化、基础设施智能化、公共服务便捷化、城市运维精准化四大领域着手，推进黑臭水体整治、综合管廊、燃气热力管线、排水管网等综合监管平台建设，全面提升综合监管水平，加快建设智慧包头。

三是全面推进乡村振兴战略。统筹抓好巩固拓展脱贫攻坚成果同乡村振兴有效衔接，严格落实“四个不摘”要求，健全防止返贫动态监测和帮扶机制，坚决守住不发生规模性返贫的底线。深化龙头企业与农牧民利益联结机制，发展壮大嘎查村集体经济，千方百计提高农牧民收入。实施农村牧区人居环境整治提升行动，全力推进“四好农村路”建设，加快推进“厕所革命”等农村牧区环境整治重点工程，提升农村牧区宜居水平。抓好基层组织、平安乡村建设，不断提升乡村治理水平。

（四）不断深化改革开放，持续增强经济发展活力

一是打造一流营商环境。坚持市场化、法治化、国际化营商环境原则，在入选中国企业营商环境十佳城市的基础上，深入落实《包头市打造一流营商环境若干措施》《关于打造一流营商环境加快民营经济高质量发展的实施意见》等政策举措。对标国内国际先进，重点在准入、成本、税费融资、基础设施、产业配套、产权保护、人力资源、公共服务、社会治理等方面综合施策，激发企业和企业家创新创业激情。深化“放管服”改革，以提升企业群众办事便利度、获得感和满意度为导向，聚焦企业群众办事难点、政务服务堵点痛点，加快推进政务服务便利度改革。发布2021版“马上办、网上办、一次办、就近办”事项及“容缺受理”“告知承诺”“一件事一次办”

等事项清单。大力提升政务信息共享水平，扩大电子证照、电子印章、电子材料应用，推动更多政务服务事项全城通办、全程网办、智能导办。深化“一门一网一次一窗一评”改革，各级政府60%以上事项实行“无差别综合受理”。进一步完善政务服务代办帮办，各级政府、工业园区要组建专兼职代办帮办队伍，在企业开办、工程建设、不动产等事项方面提供全程无偿代办帮办服务。完成相对集中行政许可权改革，建立健全“审管分离”新机制，不断提升市场主体和群众办事的便利度、满意度，全力打造审批事项最少、政务服务最好、审批速度最快的全国一流营商环境。

二是推进重点领域改革。深化国资国企改革，落实《包头市国企改革三年行动方案》，不断完善国资监管体制，积极稳妥推进混合所有制改革。深化电力体制改革，严格落实自治区差别电价制度和阶梯电价制度，推动更多战略性新兴产业、高技术企业优先列入电力多边交易范围。深化财税体制改革，全面推开预算绩效管理，理顺税收征管机制，稳步推进财政事权与支出责任改革，持续完善市县财政管理体制。深化医药卫生体制改革，加快现代医院管理制度建设，推进“互联网+医疗健康”服务，提升医疗卫生服务水平。深化自然资源产权制度改革，加强自然资源调查评价监测和确权登记，形成归属清晰、权属明确、保护严格、流转顺畅、监管有效的自然资源资产产权体系。

三是加快区域协同发展。认真落实国家《黄河流域生态保护和高质量发展规划纲要》，培育壮大高端装备制造、新能源汽车、特色优质农产品加工等绿色生态产业，深入推进包头与深圳碳交易试点建设。加强与黄河“几”字弯都市圈城市协作，加快融入呼包鄂榆城市群建设，全面参与呼包鄂及乌兰察布区域一体化协同发展，承办好呼包鄂榆城市群及呼包鄂乌协同发展第二届党政联席会议，召开新产业峰会、区域性招商大会等会议，推动产业升级协作互补、基础设施互联互通、生态环境共建共保、对外开放合作共赢、公共服务一体共享。推进蒙西（包头－鄂尔多斯）产业转型升级示范区和国家生态文明试验区创建工作。

（五）加快美丽包头建设，持续提升生态文明建设水平

一是加强污染防治。打好蓝天保卫战，大力推进重污染企业和工段搬迁改造、整合重组，努力破解重化企业围城难题。加快实施包钢、神华煤化工等企业深度治理。巩固扩大原煤散烧治理成果。持续深化机动车、扬尘等污染综合治理。打好碧水保卫战，推进黄河流域水资源、水生态、水环境 “三水统筹”。深入实施包钢酚氰废水、神华煤化工废水脱盐达标改造等治理工程。推动主要支流开展生态治理工程建设，完善城市雨污水管网、中水回用管网等基础设施建设。加强地下水污染防治和饮用水水源保护区规范化建设。打好净土保卫战，持续推进工业、农业、生活领域废弃物源头减量、资源化利用和无害化处置，加强农业面源污染防治和工业固废利用处置监管，持续推进重点企业、工业园区周边土壤及地下水常态化监测，防范建设用地新增污染，确保全市土壤环境质量总体稳定。打好问题歼灭战，按时整改完成环保督察反馈问题。

二是加快推动绿色低碳发展。强化资源高效利用，编制碳达峰三年行动计划，严格执行能源、水资源消耗、建设用地等总量和强度双控制度。加强碳捕集封存及开发利用能力和体系建设。实施工业低碳行动和绿色制造工程，推进昆区冶金渣综合利用、白云区和固阳县尾矿综合利用、九原区粉煤灰和脱硫石膏综合利用等示范基地建设，

充分发挥工业能耗智慧监管平台作用，确保单位GDP能耗强度下降3.2%以上，新增能耗控制在95万吨标煤以内。全面推进以绿色产品、绿色工厂、绿色园区、绿色供应链创建为主要内容的绿色制造体系建设。深化全民绿色行动，开展节约型机关、绿色学校、绿色社区、绿色商场、绿色家庭等创建活动。实现500米公交站点覆盖率100%，公交万人拥有率提高至7%，生态文明理念和绿色生活方式深入人心。

三是打造高品质生态空间。深入落实黄河流域生态保护和高质量发展重大国家战略，坚决守好“三红一绿一蓝”五条线，重点围绕“一河、一山、一草原”，统筹推进山水林田湖草沙系统治理。推行林草长制，实施京津风沙源治理、天然林保护、退耕还林等重点工程30万亩以上，实施草原生态修复工程40万亩以上，提升森林质量和生态系统碳汇能力。高起点高标准高质量建设包头黄河国家湿地公园，打造宜居宜业宜游的城市新名片，建设沿黄绿色生态走廊。

（六）增进社会民生福祉，不断增强人民群众获得感、幸福感和安全感

一是全力稳就业保民生。深入落实就业优先政策，持续推进“稳就业28条”等稳定和扩大就业政策实施，加速释放惠企惠民政策红利，力争全年城镇新增就业4.2万人以上，登记失业率控制在3.9%以内。加大对劳动者平台就业扶持力度，支持“夜经济”“街边经济”“网红经济”等多渠道就业形态，积极打造促进就业创业新的增长点。推广使用“四位一体”公共就业服务平台，实现“一网通办、一窗受理”。深入落实大学生“就业启航”计划，确保高校毕业生高质量就业。落实就业困难人员帮扶举措，确保零就业家庭动态清零。加快农牧民工就业管理服务综合平台建设，确保农牧民工稳定就业。集中财力保障普惠性、基础性、兜底性民生支出。

二是加大社会保障力度。完善覆盖全民、统筹城乡的社会保障体系，做到应保尽保。落实调整退休人员养老金标准，进一步提高城乡低保和特困人员救助供养标准。加快推进医疗救助全市统筹，不断完善医保缴费筹资机制，确保实现“四统一”。优化医疗保障经办服务，扩大门诊慢性病向基层医联体下沉范围，推动落实分级诊疗制度，全面实现系统即时结算和建档立卡人员市域内定点医疗机构“一站式”结算。加强社保基金监管，守护好老百姓的“救命钱”“养老钱”。

三是扩大优质公共服务供给。坚持教育优先发展。新建改扩建幼儿园16所、中小学10所，加快智慧校园建设；落实立德树人根本任务，健全学校家庭社会协同育人机制，加强和改进学校体育、美育工作；启动实施义务教育优质均衡达标工作，探索普通高中分类办学改革，深化新时期基础教育评价改革，推动基础教育高质量发展；深化职普融通、产教融合、校企合作，增强职业教育适应性。推进健康包头建设。启动包头市传染病医院改扩建工程，改造升级各级各类医疗卫生机构，提高基层医疗卫生机构疫情监测预警、检验检测、应急处置能力和水平。统筹推动优质医疗资源、医疗服务下沉。积极争取建设省级区域医疗中心。构建居家社区机构相协调、医养康养相结合的养老服务体系。完善公共文化服务。实施好文化惠民工程，不断升级各类公共文化服务设施使用与服务效能。推动文化与旅游融合发展，科学谋划实施一批高质量的文旅综合体项目。加快发展重点文化产业，启动文化产业园区建设。完善全民健身公共服务体系，重点推进公共体育基础设施建设，举办好包头国际马拉松赛等高水平赛事活动。

四是维护社会安全稳定。持续抓好社会治安

综合治理，深入开展公共安全隐患排查，保障居民生命财产安全。加大食品、药品监管和市场价格监测力度，构建线上线下一体化新型市场监管机制，确保入场销售经营户档案建档率100%，专职食品安全管理人员配备率100%。健全应急管理体系，强化应急物资保障和应急队伍建设，提升应急救援处置能力。落实党政领导干部安全生产责任制和企业安全生产主体责任，扎实推进安全生产专项整治三年行动计划，坚决杜绝重特大安全生产事故发生。

在做好以上工作的同时，我们还要更进一步做好公安、外事侨务、民族团结、气象、审计、档案等各方面工作，实现平衡地充分地协调发展。

各位代表，做好2021年经济社会发展工作，任务艰巨、责任重大，我们要在市委的坚强领导下，在市人大及其常委会的监督指导下，立足新发展阶段，贯彻新发展理念，融入新发展格局，不负殷切嘱托，强化使命担当，持续做好“六稳”工作、落实“六保”任务，保持经济持续健康发展，确保“十四五”规划开好局、起好步，以优异成绩庆祝建党100周年！

包头市2020年预算执行情况与2021年预算草案的报告

——2021年2月22日在包头市第十五届人民代表大会第四次会议上

包头市财政局

各位代表：

受市人民政府委托，向大会提交2020年预算执行情况与2021年预算草案的报告，请予审议，并请市政协委员和列席人员提出意见。

一、2020年预算执行情况

2020年，面对国内外风险挑战明显增多的复杂局面，全市上下深入贯彻落实习近平总书记对内蒙古重要讲话重要指示批示精神，认真落实市委十二届十一次、十二次全会精神，严格执行市十五届人大三次会议决议，加力提效落实更加积极有为的财政政策，统筹推进疫情防控和经济社会发展，扎实做好“六稳”工作，全面落实“六保”任务，经济持续恢复向好，财政收支运行总体平稳。

（一）2020年预算收支情况

1. 一般公共预算执行情况

全市一般公共预算收入完成145.2亿元，完成预算的90.6%，同比减少6.6亿元，下降4.3%；加新增债券、自治区税收返还及补助、上年结转等收入280.8亿元，收入合计426亿元。一般公共预算支出完成379.1亿元，同比增加14.6亿元，增长4%；加上解自治区、补充预算稳定调节基金等3.4亿元，支出合计382.5亿元。收支相抵，年终结转43.5亿元，主要是跨年度延续性项目，按规定结转下年继续使用。

市本级一般公共预算收入完成25亿元，同比减少1.7亿元，下降6.4%；加新增债券22.1亿元和自治区税收返还及补助、上年结转、调入资金等146.3亿元，收入合计193.4亿元。市本级一般公共预算支出160.9亿元，同比增加2.4亿元，增长1.5%；加上解自治区、补充预算稳定调节基金等2.8亿元，支出合计163.7亿元。收支相抵，年终结转29.7亿元，按规定结转下年继续使用。

2. 政府性基金预算执行情况

全市政府性基金收入79.4亿元，同比减少15.8亿元，下降16.6%，主要是旗县区土地出让收入减少所致；加新增债券、自治区补助、上年结转等收入81.4亿元，收入合计160.8亿元。政府性基金支出138.6亿元，同比增加39.5亿元，增长39.9%；加调出资金11.9亿元，支出合计150.6亿元。收支相抵，年终结转10.2亿元，按规定结转下年继续使用。

市本级政府性基金收入68.7亿元，完成预算的126.8%，与上年持平；加转贷新增债券27.4亿元和自治区补助、上年结转等收入7.5亿元，收入合计103.6亿元。政府性基金支出91.7亿元，同比增加26亿元，增长39.6%；加调出资金5.6亿元，支出合计97.3亿元。收支相抵，年终结转6.3亿元，按规定结转下年继续使用。

3. 国有资本经营预算执行情况

市国有资本经营预算收入0.14亿元，同比减少0.09亿元，下降39.1%，主要是市本级清算收入减少所致；加自治区补助、上年结转等收入0.82亿元，收入合计0.96亿元。国有资本经营预算支出0.5亿元，主要用于解决历史遗留问题及改革成本支出；加调出资金0.1亿元，支出合计0.6亿元。收支相抵，年终结转0.36亿元，按规定结转下年继续使用。

市本级国有资本经营预算收入0.12亿元，完成预算的100%，同比减少0.11亿元，下降47.8%；加自治区补助、上年结转等收入0.66亿元，收入合计0.78亿元。国有资本经营预算支出0.42亿元；加调出资金0.08亿元，支出合计0.5亿元。收支相抵，年终结转0.28亿元，按规定结转下年继续使用。

4. 社会保险基金预算执行情况

全市社会保险基金收入95.5亿元，完成预算的111%，社会保险基金支出88.1亿元，完成预算的99%，当年收支结余7.4亿元，累计结余79.9亿元。

市本级社会保险基金收入70.9亿元，完成预算的114%，社会保险基金支出64.8亿元，完成预算的101%，当年收支结余6.1亿元，滚存结余74亿元。

需要说明的是，上述数据在地方财政决算编制完成后，还会有所变动，决算结果届时报市人大审批。

（二）地方政府债券使用情况

自治区代发我市地方政府新增债券80.1亿元，较2019年增加34.4亿元。市本级留用49.5亿元，其中一般债券22.1亿元、专项债券27.4亿元，重点用于支持“三大攻坚战”、城市建设维护管理、乡村振兴战略实施及包银高铁、公共卫生、管网改造、重点公路建设等方面。

（三）2020年财政主要工作

2020年，各级财政部门迎难而上，担当作为，深入推进财税改革，持续提升保障能力，重点做了以下工作。

1. 坚持开源节流，确保预算收支平衡。积极应对新冠疫情对经济发展、企业运行和财政税收的冲击，多措并举保持财政收支平稳运行。一是立足自身努力增收。在积极落实新增减税降费6.4亿元的同时，有效落实再贷款贴息、保供补贴、减免房租等扶持政策，全力支持广大市场主体复工复产、复商复市，推动全市经济企稳回升。5月份以来，全市一般公共预算收入降幅持续收窄，到12月底较一季度末回升35个百分点，有效稳住了财力基本盘。同时，加大政府性基金征管力度，市本级土地出让收入64亿元，实现收益15亿元，增强了财政统筹能力。二是持续争取用好外力。全年累计争取上级补助资金202.9亿元，同比增加20.5亿元，增长11.2%，其中新增一次性财力补助3亿元，有效缓解了旗县区财政运行困难；在已确定4亿元的基础上，新增黑臭水体治理专项1亿元。此外，争取到抗疫特别国债13.2亿元，分配额高于盟市平均水平，资金直达基层，直接惠企利民。三是盘活存量强化统筹。执行更加严格的盘活存量资金制度，收回2019年存量资金2.8亿元，统筹用于全市债务化解及经济社会发展亟需支持的领域，提高资金使用效率。四是节用裕民压减支出。严格落实过紧日子要求，全市一般性支出8.7亿元，较上年减少3亿元，压减25.6%。其中：“三公”经费支出0.8亿元，较上年减少0.1亿元，压减 11.1%。同时，对部门预算工作经费、专项业务费及非刚性、非重点专项资金分别压减 10% 和 20%，并削减低效绩差和长期闲置沉淀资金，把更多的资源和财力用在推动发展和改善民生上。

2. 坚持提质增效，促进经济高质量发展。一是全力保障疫情防控。按照“特事特办、急事急办”的原则，积极筹集资金 2.2 亿元，建立资金拨付和政府采购“绿色通道”，坚决做好疫情防控经费保障工作。二是支持打赢“三大攻坚战”。投入扶贫专项资金 2 亿元，创新涉农资金管理，实施扶贫项目绩效管理，为决胜脱贫攻坚提供了强有力的财政支持。落实生态优先、绿色发展理念，全年节能环保、农牧林水支出 36.1 亿元，有力支持了环境污染治理、草原生态奖补、退耕还林等生态项目建设。通过预算安排、专项债券等多渠道筹措资金 2.7 亿元，推动农村环境整治、地下水饮用水水质提升、矿山复绿、水体保护等行动，推动全市水质、空气环境质量持续改善。三是支持培育壮大新动能。安排资金 1.7 亿元，重点支持包头装备制造产业园区、金属深加工园区、金山工业园区等基础设施建设。投放重点产业发展投资基金 4.9 亿元，支持科锐微磁等一批项目，撬动社会资本、技术、人才支持企业发展。全年为企业争取工业、商贸物流、科技等资金 9.8 亿元，支持科技成果转化、服务业发展及战略性新兴产业等。四是大力优化营商环境。积极推进政府采购“全区一张网”建设，实现政府采购工作网络化、标准化、电子化运行和上下级政府采购信息系统的一体化管理，促进实现信息共享。全面梳理国家、自治区和我市涉企政策 47 项，有针对性地做好自查和落实，公开涉企行政事业收费目录清单，接受监督。通过为百佳和农牧业融资两个担保公司充实资本金、鼓励企业上市等措施，帮助中小企业解决融资难问题。

3. 坚持民生优先，促进社会事业全面发展。贯彻落实以人民为中心的发展思想，财政支出始终向民生领域倾斜，民生支出占比近 70%。一是坚决兜牢“三保”底线。加强资金调度，建立工资专户，保障旗县区工资发放和机构运转。优先足额落实对个人补贴性民生政策，城乡低保等各项惠民补贴及时发放。累计向自治区争取企业养老保险基金 93.8 亿元，确保 35 万企业退休人员养老金正常发放。二是落实政策稳就业。筹集就业资金 13 亿元，较上年增长近两倍，支持和带动高校毕业生、退役军人、转移劳动力、失业人员等 11.5 万人享受就业政策，为 2149 户企业发放援企稳岗补贴 6.4 亿元，惠及职工近 30 万人。三是稳步改善困难群众基本生活。城乡居民最低生活人均保障标准增加到 750 元 / 月，较 2019 年增长 5.6%；农村牧区低保人均保障标准增加到 6644 元 / 年，较 2019 年增长 10%。全年累计拨付城乡低保补助资金 1.6 亿元，累计保障人数 3.2 万人。四是大力支持科技教育事业。全年科技教育投入 57.7 亿元，重点推进普通高中分层教学、义务教育阶段学生课后服务、班主任职级制三项惠民教育改革工作，引领推动高等教育改革发展，实施好学前教育三期行动计划。强力推动科技创新、科技成果转化、应用技术研究与开发，带动全社会研发投入增长。五是全力支持社会事业发展。安排公共安全支出 5.8 亿元，提升人民群众安全感。投入专项资金 1 亿元，积极支持文化惠民工程、文艺精品创作、全域旅游示范区创建、文物保护项目，助推文化旅游事业加快发展。同时，全力落实各项民族政策，巩固我市民族团结进步示范市荣誉。

4. 坚持多措并举，有效防范化解债务风险。统筹做好化解存量和严控增量工作，平衡好稳增长与防风险的关系。一是全力化解隐性债务。通过整合资金、盘活资产及与金融机构合作展期、续贷、降息、PPP项目合规退出等方式，超额完成年度隐性债务化解任务，实现民营企业中小企业无分歧账款全部清零，守住了不发生系统性金融风险的底线。二是分步降低债务风险等级。通过提升综合财力、合规剥离部分企业债务等举措，降低债务风险预警等级，2个旗县区实现债务预警水平由红转橙。

5. 坚持改革创新，不断提升依法理财能力。 一是预算绩效管理全面推开。全面实行了部门预算绩效运行与预算执行“双监控”机制，并加大绩效目标审核结果同预算安排挂钩力度，推进重大民生项目第三方机构评审工作。2020年编制1561个预算项目绩效目标，实现了市本级一般公共预算项目绩效目标编制全覆盖，绩效目标与预算同步公开。二是稳步推进财政事权和支出责任划分改革。制定了《包头市基本公共服务领域市与旗县区共同财政事权和支出责任划分改革实施方案》，推进旗县区公共服务均等化，逐步建立权责清晰、财力协调、区域均衡的基本公共服务制度体系和保障机制。三是严格规范资产管理。盘活市本级行政事业单位出租、出借、闲置资产，规范国有资产经营行为，制定了《关于盘活行政事业单位资产分类处置的方案》《包头市本级行政事业单位资产处置化解政府债务实施方案》等制度性文件，进一步提高国有资产效益和收益率。此外，认真履行国有金融资本监管职责，首次向市人大报告履职情况。积极推进国库集中支付和非税收入缴库等电子化管理改革，构建常态化财政资金直达机制，财政改革工作取得实效。

总的看，2020年在市委的坚强领导下，在市人大、市政协的监督支持下，通过全市上下的不懈奋斗，克服了新冠疫情和减税降费政策影响，顶住了经济下行压力，实现了财政收支平稳运行，为全市经济社会发展提供了有力支撑，也为“十三五”收官奠定了坚实基础。

在总结成绩的同时，我们也清醒地认识到，当前财政工作面临的困难和挑战依然较多。主要表现在：财源建设滞后，新增财源不足，财政收入增长乏力，GDP对财税贡献率不高，财政收支规模偏低，与我市在全区的经济体量不相适应；财力水平偏低，刚性支出持续加大，财政运行紧平衡特征凸显；地方债务负担重，企业养老保险支出缺口大，财政收支矛盾突出；财政管理科学化精细化水平还有待提升，财政资金引导撬动作用不够凸显，全面绩效管理亟待进一步加强，财政资金使用效益有待进一步提高，等等。对此，我们将高度重视，采取切实有效措施加以解决。

二、2021年预算草案

按照中央、自治区经济工作会议精神和市委的有关要求，预算编制的指导思想是：以习近平新时代中国特色社会主义思想为指导，深入贯彻习近平总书记对内蒙古重要讲话重要指示批示精神，认真落实中央和自治区经济工作会议以及市委十二届十三次全体会议暨全市经济工作会议精神，坚持以人民为中心的发展思想，坚决贯彻新发展理念，积极的财政政策要提质增效、更可持续，推动经济高质量发展；强化零基预算管理，调整优化财政支出结构，牢固树立过紧日子思想，扎实做好“六稳”工作，全面落实“六保”任务，持续推进全面脱贫与乡村振兴有效衔接，继续支持打好污染防治攻坚战，抓实化解地方政府隐性债务风险工作；深化财税体制改革，创新财政资金投入方式，聚焦全市“四基地两中心一高地一体系”发展战略，支持财源建设和经济发展，为实现“十四五”良好开局提供有力支撑和保障。

基于以上指导思想，2021年预算编制遵循以下原则：

——积极有为、更可持续。提质增效落实积极的财政政策，保持适度支出强度，合理安排部门年度支出总量，既要与市委有关要求相统一，又要兼顾支出保障与可用财力相适应，做到积极有为，更可持续。

——优化结构、有保有压。牢固树立党政机关带头过紧日子思想，严格实施零基预算管理，打破基数加增长的固化模式，加大低效无效项目清理力度，一般性支出压减10%以上，非重点、非刚性支出压减20%以上，优先保障“三保”支出和到期政府债务本息，加大农业农村、环境治理等重点领域投入力度，着力保障教育、社保、医疗、住房等民生支出，切实兜牢民生底线。

——加强统筹、突出重点。加力争取上级资金、用足用好新增债券资金、盘活财政存量资金，挖掘潜力、强化统筹，创新财政投入方式，聚焦全市“四基地两中心一高地一体系”发展战略，支持财源建设和经济发展。

——强化责任、注重实效。强化部门预算编制和执行的主体责任，深入实施预算绩效管理，规范绩效目标设置，强化评价结果应用，推行绩效目标公开，突出预算绩效导向，切实做到“花钱必问效、无效必问责”。

（一）一般公共预算收支草案

1. 全市一般公共预算安排草案。综合考虑当前的经济形势和我市经济社会发展预期，以及财源建设贡献等因素，2021年全市一般公共预算收入预期目标153.9亿元，增长6%左右。其中：税收119.3亿元（不含教育费附加收入），增长7%左右，占比78%；非税34.6亿元，增长2.7%左右，占比22%。

全市一般公共预算总收入265.9亿元，其中当年一般公共预算收入153.9亿元，中央、自治区税收返还和体制结算补助、调入资金以及需列入2021年预算的提前下达转移支付资金112亿元。一般公共预算总支出265.9亿元，其中一般公共预算支出262.9亿元，上解自治区支出3亿元。

2. 市本级一般公共预算安排草案。2021年市本级一般公共预算收入预期目标26.5亿元，增长6%左右。

市本级一般公共预算总收入102.7亿元，其中当年一般公共预算收入26.5亿元，中央、自治区税收返还和体制结算补助净额11.5亿元，调入资金5亿元，旗县区上解收入38.5亿元，市本级留用提前下达转移支付资金21.2亿元。一般公共预算总支出102.7亿元，其中一般公共预算支出99.7亿元（含提前下达转移支付支出21.2亿元），上解自治区支出3亿元。

（二）政府性基金预算安排草案

综合考虑2021年房地产政策和土地出让市场形势以及污水处理费、城市基础设施配套费、车辆通行费等收入情况，市本级政府性基金预算总收入58.2亿元，其中当年政府性基金预算收入拟安排57.9亿元，主要为国有土地使用权出让收入53.9亿元、污水处理费1亿元、城市基础设施配套费2亿元、车辆通行费1亿元；市本级拟留用提前下达转移支付资金0.3亿元。按照“以收定支”原则，政府性基金总支出58.2亿元，其中征地和拆迁补偿成本33.9亿元、债务还本付息9亿元、支持农业农村发展1亿元、稀土新材料创新中心3亿元、产业发展引导资金2亿元、其他相关支出4.3亿元、调出资金5亿元。

（三）国有资本经营预算安排草案

市本级国有资本经营预算收入拟安排1,350万元。其中：股息利息收入755万元，利润收入595万元。按照“收支平衡”的原则，对应安排国有资本经营预算支出1,350万元，重点用于解决历史遗留问题及改革成本支出。

（四）社会保险基金预算安排草案

市本级社会保险基金预算收入安排69.2亿元。其中：机关事业单位基本养老保险基金收入20亿元、城镇职工基本医疗保险基金收入30.6亿元、城乡居民基本医疗保险基金收入10.7亿元、城乡居民基本养老保险基金收入5.2亿元、失业保险基金收入2.7亿元。

市本级社会保险基金预算支出安排66.7亿元。其中：机关事业单位基本养老保险基金支出20亿元、城镇职工基本医疗保险基金支出29.8亿元、城乡居民基本医疗保险基金支出10.3亿元、城乡居民基本养老保险基金支出4.3亿元、失业保险基金支出2.3亿元。当年收支结余2.5亿元，滚存结余71.8亿元。

（五）市本级支出预算汇总安排情况

1. 预算资金安排情况。汇总以上一般公共预算、政府性基金预算和国有资本经营预算，2021年市本级预算总财力为97.6亿元，其中一般公共预算78.5亿元、政府性基金预算19亿元、国有资本经营预算0.14亿元。据此，按照“优化结构、重点突出”的原则统筹安排。

（1）基本支出51.6亿元。主要包括：人员经费48.3亿元、部门基本运转支出3.3亿元。

（2）保障基本民生6.5亿元。主要包括：

——养老、医疗、社区综合补贴等社会保障类资金4.31亿元。

——高校、中职、普高助（奖）学金、义务教育、幼教补贴等教育类资金1.33亿元。

——困难群众救助及帮扶慰问资金0.85亿元。

（3）防范化解政府债务15亿元。主要为到期政府债务利息。

（4）全面脱贫与乡村振兴有效衔接1.55亿元。主要包括：巩固脱贫攻坚成果和推进乡村振兴战略1亿元，草原生态建设资金0.28亿元，农业保险等农牧业发展资金0.21亿元，林业管护和水利监管等资金0.06亿元。

（5）支持生态环境治理1.21亿元。主要包括：污水处理费返还1亿元，生活垃圾处理资金0.15亿元，环保监控等资金0.06亿元。

（6）“四基地两中心一高地一体系”战略实施9亿元。主要包括：

——四个基地建设及功能提升1.22亿元。其中招商引资激励扶持资金1亿元，企业上市奖补资金0.22亿元。

——区域性服务中心和创新中心安排6.26亿元。其中稀土新材料技术创新中心3亿元，产业发展引导资金2亿元，人才引进资金1亿元，规划编制资金0.2亿元，应用研发0.06亿元。

——对外开放新高地安排1.52亿元。其中公共交通0.58亿元，民用航空发展0.5亿元，城市形象宣传0.44亿元。

（7）支持社会事业发展方面7.79亿元。主要包括：

——教育发展资金1.13亿元。其中教育三项改革0.74亿元，教育质量提升及职教园区运行等项目0.39亿元。

——文化体育发展资金0.38亿元。包括创建全国文明城市、公共文化、新闻宣传、院团改革及体育事业发展等项目。

——卫生健康发展资金0.38亿元。包括基层卫生服务奖补、计划生育奖励扶助、基本公共卫生服务等项目。

——社会保障和就业资金1.84亿元。其中环卫工工资补贴0.35亿元，社区工作者薪酬0.2亿元，殡葬基本服务0.15亿元，“三支一扶”及创业担保贷款贴息资金0.11亿元，农牧民工工资应急周转金0.05亿元，福利院及老年大学等工作者薪酬

0.61 亿元，重点优抚及五险扩面等项目支出 0.37 亿元。

——民族事业发展资金 0.08 亿元。包括民族团结进步创建、民族专项工作、民族教育等项目。

——强化社会治理 2.46 亿元。其中公共安全支出 1.76 亿元，驻包部队保障支出 0.5 亿元，司法及网络安全等支出 0.2 亿元。

——改善营商环境 0.22 亿元。主要包括政务服务及食药监管等项目。

——综合治税保障 0.65 亿元。

——其他社会事业 0.65 亿元。包括人防、团妇、应急保障、自然资源、住房管理、国有企业改革成本等项目。

（8）城市更新和功能提升 2.18 亿元。主要包括：园林绿化及城市基础设施维护 1.18 亿元，公路通行费返还 1 亿元。

（9）党政机关履职及事业单位专项工作经费 1.48 亿元。

（10）预备费及中央自治区配套资金安排 1.3 亿元。其中预备费 1 亿元用于应对自然灾害、突发事件等不可预见事项。

2. 拟争取和统筹资金安排计划。结合近两年争取及统筹资金情况，预计可争取到一般债券资金 30 亿元（其中市本级拟留用 22 亿元、拟转贷旗县区 8 亿元）、可统筹转移支付资金 7.4 亿元、结转结余及存量资金 5 亿元，共计 42.4 亿元。为此，对未能纳入预算资金安排范围的必保重点项目，拟统筹上述财政资金予以安排，预算执行中根据资金实际到位情况按程序拨付。

（1）“四基地两中心一高地一体系”战略实施 17.52 亿元。主要包括：

——四个基地建设及功能提升资金 6 亿元。其中转贷旗县区用于基地建设及功能提升 4 亿元，农产品食品加工示范基地 1 亿元，稀土产业发展扶持资金 1 亿元。

——区域性服务中心 4.49 亿元。其中城市公共服务和品质提升 3 亿元，促进就业资金 1 亿元，高技能人才实训基地项目 0.3 亿元，规划编制及云计算发展资金 0.19 亿元。

——区域性创新中心 3.57 亿元。其中稀土新材料创新中心 2 亿元，科技兴蒙 1 亿元，应用研发 0.57 亿元。

——打造对外开放新高地 3.46 亿元。其中公共交通 1.56 亿元，民用航空发展 1 亿元，陆路口岸经济发展建设 0.5 亿元，京包高铁 0.3 亿元，城市形象宣传 0.1 亿元。

（2）城市更新和功能提升 10.36 亿元。主要包括：

——城市更新及城乡经济发展 5 亿元。

——城市基础设施建设及城市管理 5 亿元。

——城市维护 0.36 亿元。其中市政维护 0.32 亿元，城中草原维护 0.04 亿元。

（3）生态环境治理 1.73 亿元。主要包括：高污染治理 1 亿元，污水处理 0.37 亿元，污染防治 0.18 亿元，垃圾处理及环保监控等 0.18 亿元。

（4）全面脱贫与乡村振兴有效衔接 4.81 亿元。主要包括：转贷旗县区用于乡村振兴战略实施 4 亿元，大青山应急水源工程 0.65 亿元，农村牧区饮水安全工程等项目 0.16 亿元。

（5）防范化解政府债务 5 亿元。主要为到期政府债务利息。

（6）社会事业发展 2.98 亿元。主要包括：信创工程 0.7 亿元，教育三项改革及中职实训基地等项目 0.47 亿元，党报覆盖及文化场馆建设 0.36 亿元，医养结合 0.19 亿元，解困维稳 0.17 亿元，公立医院改革等 0.13 亿元，民族专项资金 0.04 亿元，公安监管场所整合等强化社会治理 0.65 亿元，自然资源等其他社会事业 0.27 亿元。

三、“十四五”时期财政工作思路和2021年重点任务

“十四五”时期是开启全面建设社会主义现代化国家的重要时期，是经济社会发展的重要历史性窗口期，财政工作要紧紧围绕市委确定的“十四五”时期经济社会重点任务，坚持稳中求进工作总基调，贯彻新发展理念，对标一流，创新思路，担当进取，为我市经济高质量发展提供有力的财政保障。一要在做强财政实力上狠下真功夫。围绕“十四五”期间经济社会发展目标、任务和工作思路，按照国内大循环、国内国际双循环的新发展格局要求，立足“四基地两中心一高地一体系”战略，突出抓好财源建设，构筑有助于财力持续稳定增长的税源结构和财政体制，实现一般公共预算收支增幅与质量双提升。二要在推动经济高质量发展上展现新作为。全力打造一流营商环境，支持重大项目建设和“双招双引”，加强财政资金资产资源统筹，促进稀土、钢铁、制造、军工、铝业等优势产业全产业链发展，加快发展战略性新兴产业，支持创新驱动和科技创新战略实施，全力发展新技术、新产品、新产业、新业态，支持碳达峰碳中和，用足用好国家重要战略政策机遇，推动包头在新一轮发展中争先进位，弯道超车。三要在改善民生福祉上再上新水平。注重加强普惠性、基础性、兜底性民生建设，建立健全基本公共服务保障标准体系。按照“坚守底线、突出重点、完善制度、引导预期”的要求，努力实现民生保障水平和经济增长基本同步，推动实现更加充分、更高质量就业，持续完善公共服务体系建设，巩固拓展脱贫攻坚成果，全面推进乡村振兴战略实施。四要在财政治理效能上持续有提升。坚持目标导向和问题导向相结合，加快建立现代财政制度，推进财政支出标准化，强化预算约束和绩效管理，加强中期财政规划管理，提高财政资源配置和使用效率。不断完善市与旗县区财政体制，促进各旗县区均衡发展，推进市与旗县区事权和支出责任合理划分，提高两个积极性，加强地方政府债务管理，切实防范和化解重大风险，推进财政制度和治理能力现代化。

2021年是实施“十四五”规划的开局之年，做好财政工作意义重大。我们将深入贯彻落实党的十九届五中全会精神，按照市委关于经济社会工作的有关要求，着力做好以下工作。

（一）把加快发展作为第一要务，更好发挥财政引导调控作用。

重点把支持招商引资、招才引智和打造一流营商环境，作为加快新旧动能转换、推动转型升级的破题之策，作为壮大财源基础、促进财力增长的根本举措。通过大力招商引资，新打造若干亿元以上纳税企业，筑牢财政持续增收基础。创新财政投入方式，运用贷款贴息、保费补贴、企业上市奖补、设立产业投资基金并优化投放模式等方式，充分发挥财政资金倍数效应，支持打造四个基地、两个中心、一个对外开放新高地，建设现代化经济体系。

（二）把开源节流作为常态举措，不断提高财政保障能力。

在认真落实减税降费政策基础上，依法加强组织收入工作，建立总部经济、来包结算、股权交易等项目激励机制，支持包钢、蒙商、神华等重点税源企业发展，年内实现一般公共预算收入增长6%左右，确保“十四五”开门好。继续借用外力增强财力，争取用好新增债券资金，特别是抢抓国家“十四五”政策窗口期机遇，紧紧围绕黄河流域生态保护和高质量发展、呼包鄂榆城市群建设等重大战略实施，准确把握国家和自治区的政策资金投向，对小而散、条块分割的项目包装打捆，力争在沿黄生态、国家稀土创新中心、国家重大示范项目、山水林田湖草、工业转型升级、城市更新等重大专项资金争取上取得新突破。同时，严格执行盘活存量资金政策，贯彻落实过紧日子的要求，集中财力保障“三保”及市委确定的重点支出。

（三）把理财为民作为首要责任，持续保障和改善民生福祉。

自觉扛起公共财政支出责任，集中财力支持普惠性、基础性、兜底性民生支出，保持民生支出占一般公共预算支的比重达到70%以上，不断提高人民群众获得感、幸福感、安全感。要优先“三保”支出，认真落实各项惠民补贴政策，不断提高养老、低保等民生补助标准，建立完善工资合理增长机制，促进居民收入增长和经济增长基本同步。大力支持民生实事项目，确保件件落地落实。落实土地出让收益改革政策，大力支持乡村振兴战略。继续支持生态环境治理和污染防治，打好蓝天、绿水、净土保卫战，不断走好生态优先、绿色发展新路子。着力稳企业保就业，加大创业担保贴息政策支持，健全公共卫生服务体系和多层次社会保障体系，做好常态化疫情防控工作，优化公共服务供给。持续推动教育高质量发展，着力提升公共文化服务水平，不断满足人民对美好生活的向往。

（四）把防范风险作为重大任务，积极稳妥化解政府债务。

依靠全市之力，并借助上级和金融机构等外力，落实旗县区、主管部门和平台公司责任，合力打好化债攻坚战。通过预算安排、盘活处置各类资产等方式偿还到期刚性利息，用好政府性资金存放、集中支付代理业务等工具，进一步加强金融合作化债举措，加大展期降息力度，拉长“时间换空间”的期限。探索资产证券化、股权置换、银行不良资产与政府债务置换等多种方式有效降低政府债务刚性兑付风险，稳妥化解存量债务。严格执行地方政府债务限额管理和预算管理制度，严控债务增量，通过增加可用财力规模、积极争取化债奖补资金、剥离棚改债务和部分企业债务等举措，逐步降低债务风险预警等级。按照“谁使用，谁偿还”的原则，落实奖惩考核制度，细化考核目标，强化主体责任，推动政府性债务化解。严禁新增暂付，争取自治区政策奖励，逐步消化暂付款。

（五）把改革创新作为不竭动力，加快建设现代财政制度。

统筹编制综合预算和零基预算，打破基数加增长的固化格局，压减一般性支出和非急需、低效益的支出事项，集中财力办大事。加快基本公共服务项目清单化管理和财政支出标准体系建设，建立动态调整机制。在现有财力格局基础上，有序推进我市分领域财政事权和支出责任划分改革，不断完善市县财政管理体制，统筹促进市县均衡发展。推进绩效指标体系建设，传导压实绩效责任，强化绩效结果应用，实现评价结果与预算安排和政策调整有机衔接。理顺国有资产管理职责，实现资产归口集约管理。积极探索城市维护、园林管理投资新模式，引入市场化机制，盘活城市资源，缓解财政压力。认真贯彻落实《预算法》和《预算法实施条例》，深入推进预算管理制度改革，持续提升财政治理效能。

各位代表，2021年，我们将在市委的坚强领导下，自觉接受市人大及其常委会的监督，认真听取市政协的建议和意见，抢抓发展机遇，大力改革创新，勇于担当作为，全力完成本次大会确定的目标任务，为全市“十四五”良好开局贡献财政力量，以优异成绩庆祝建党100周年。

包头市2020年国民经济和社会发展统计公报

包头市统计局

（2021年4月6日）

2020年，面对严峻复杂的国内外环境特别是新冠肺炎疫情严重冲击，包头市以习近平新时代中国特色社会主义思想为指导，深入贯彻习近平总书记对内蒙古重要讲话重要指示批示精神，认真落实党中央、国务院及自治区党委、政府决策部署，统筹疫情防控和经济社会发展，扎实做好"六稳"工作，全面落实"六保"任务，全市经济持续恢复、稳步回升，社会事业全面进步，高质量发展取得新成效，为开启全面建设社会主义现代化新征程奠定坚实基础。

一、综合

初步核算，全年地区生产总值2787.4亿元，按可比价格计算，比上年增长3.0%。其中，第一产业增加值105.2亿元，增长2.0%；第二产业增加值1153.0亿元，增长9.8%；第三产业增加值1529.2亿元，下降1.8%。三次产业增加值占地区生产总值的比重分别为3.8%、41.4%和54.8%。

全年城镇新增就业4.6万人，其中高校毕业生就业2.4万人，城镇失业人员实现再就业2.2万人，就业困难人员实现再就业9964人。年末城镇登记失业率为3.88%。

全年居民消费价格比上年上涨1.1%。分类别看，八大类商品及服务价格呈现"四升四降"态势。其中，食品烟酒价格上涨5.0%，交通和通信类价格下降4.6%。

二、农牧业

全年农作物播种面积30.9万公顷，比上年增长4.7%，其中粮食作物播种面积19.7万公顷，增长1.8%。在粮食作物中，小麦种植面积3.1万公顷，下降3.7%；玉米种植面积12.4万公顷，增长4.4%；马铃薯种植面积1.5万公顷，下降7.5%；其它谷物种植面积2.6万公顷，增长5.0%。

全年粮食总产量112.7万吨，比上年增长3.0%。其中玉米产量96.8万吨，较上年增加4.6万吨；小麦产量7.1万吨，增加0.1万吨；燕麦产量0.5万吨，增加0.2万吨；高粱产量1.6万吨，较上年减少0.3万吨；荞麦产量1.5万吨，减少0.4万吨；马铃薯折粮产量4.8万吨，减少0.6万吨。

年末全市农牧业机械总动力146万千瓦，比上年同口径增长5.8%。全年农田有效灌溉面积12.98万公顷。

年末全市拥有各类农民专业合作社2048家；拥有市级以上农牧业产业化重点龙头企业200家，其中国家级5家、自治区级39家、市级156家。全市农畜产品行业拥有中国驰名商标11个。

三、工业和建筑业

全年规模以上工业增加值增长11.0%。分经济类型看，国有控股企业增加值增长7.2%；股份制企业增长10.2%，外商及港澳台商投资企业增长16.3%；私营企业增长22.9%。分轻、重工业看，轻工业增加值下降1.5%，重工业增长11.4%。分门类看，采矿业增长3.0%，制造业增长11.8%，电力、热力、燃气及水生产和供应业增长15.9%。分行业看，黑色金属矿采选业增加值增长29.3%，化学原料和化学制品制造业增长29.8%，非金属矿物制品业增长74.8%，黑色金属冶炼和压延加工业增长5.1%，有色金属冶炼和压延加工业下降8.0%，电力、热力生产和供应业增长14.7%。

全年规模以上工业中，高技术制造业增加值增长65.5%，增速高于规模以上工业54.5个百分点；民营工业增加值增长17.8%，增速高于全市规模以上工业6.8个百分点；钢铁、铝业、装备制造、稀土、电力五大产业增加值增长7.7%，其中装备制造业增长20.5%。

从主要工业产品产量看，全年生铁产量2000.7万吨，比上年下降1.6%；粗钢产量2129.8万吨，增长6.7%；钢材产量2021.8万吨，增长9.8%；铁合金27.8万吨，增长1.4%；铝产量255.7万吨，增长7.1%；铝材产量138.5万吨，下降5.1%；精甲醇产量211.2万吨，增长11.4%；液体乳产量36.5万吨，增长15.3%；水泥产量339.5万吨，下降8.6%。

全年规模以上工业企业营业收入较上年下降4.0%，营业成本下降5.9%，利润总额增长44.2%；规模以上工业企业每百元营业收入中的成本为87.09元，较上年下降1.76元；营业收入利润率为4.8%，较上年提高1.6个百分点；产品销售率为100.1%，较上年提高2.6个百分点。年末规模以上工业企业资产负债率为56.9%，比上年末下降4.5个百分点。

全年建筑业增加值比上年增长16.1%。在本市注册的具有资质等级的建筑施工企业118户。施工企业房屋建筑施工面积3135.3万平方米，增长65.1%，其中新开工面积1409.9万平方米，增长64.9%；竣工房屋面积1943.1万平方米，下降39.9%。

四、固定资产投资

全年500万元以上项目固定资产投资比上年增长1.6%。其中，民间投资增长2.0%，占全市投资的比重为61.3%；基础设施投资增长19.0%，高技术产业投资增长43.0%。从三次产业看，第一产业投资下降4.4%，第二产业投资下降13.0%，第三产业投资增长11.0%。按项目隶属关系分，地方项目投资下降0.3%，中央项目投资增长81.1%。

全年房地产开发投资240.9亿元，比上年增长7.2%。其中，住宅投资186.1亿元，增长2.6%；办公楼投资0.9亿元，增长111.4%；商业营业用房投资20.4亿元，下降26.2%。

五、国内贸易和对外经济

全年社会消费品零售总额987.8亿元，比上年下降4.7%。按经营单位所在地分，城镇消费品零售额940.6亿元，下降4.4%；乡村消费品零售额47.2亿元，下降10.1%。按消费类型统计，商品零售额826.9亿元，下降4.6%；餐饮收入160.9亿元，下降4.8%。

在限额以上单位商品零售额中，粮油、食品类零售额比上年增长9.0%，饮料类增长10.3%，烟酒类增长2.6%，服装、鞋帽、针纺织品类下降25.8%，家用电器和音像器材类下降34.2%，中西药品类增长7.0%，石油及制品类下降23.2%，汽车类增长2.0%。

全年海关进出口总额157.3亿元（人民币，下同），比上年下降17.1%。其中，出口总额65.8亿元，下降32.8%；进口总额91.6亿元，下降0.4%。从主要贸易方式看，一般贸易进出口额 151.6亿元，下降15.9%，占进出口总额的96.3%；加工贸易进出口额2.2亿元，下降15.0%，占进出口总额的1.4%；边境小额贸易进出口额1.3亿元，下降31.3%。

六、交通运输、邮电业

全年公路货运量10262万吨，比上年下降1.5%，公路货运周转量179.8亿吨公里，下降3.2%。公路客运量185.5万人，下降66.2%，公路客运周转量3.0亿人公里，下降65.9%。民航客运吞吐量117.9万人次，比上年下降48.0%；民航货邮总量4113.8吨，下降47.5%。

年末全市机动车保有量80.3万辆，比上年末增长4.4%；其中汽车保有量76.6万辆，增长5.6%。个人汽车保有量69.5万辆，增长6.1%，其中载客汽车保有量64.7万辆，增长5.9%。

全年邮政行业业务收入累计完成（不包括邮政储蓄银行直接营业收入）7.3亿元，比上年增长23.4%；业务总量累计完成7.2亿元，增长33.1%。全市快递服务企业业务收入累计完成4.8亿元，比上年增长37.0%；业务量累计完成2393.7万件，增长52.1%。年末固定电话用户19.1万户，下降10.4%；移动电话用户351.5万户，下降4.1%。年末互联网用户394万户，增长1.6%；移动互联网用户200万户，增长3.9%。

七、财政、金融和保险业

全年一般公共预算收入145.2亿元，比上年下降4.4%。其中，税收收入111.5亿元，下降9.1%；非税收入33.7亿元，增长15.6%。全年一般公共预算支出379.3亿元，增长4.0%。其中，社会保障和就业支出98.9亿元，增长16.0%；教育支出53.5亿元，增长0.7%；卫生健康支出24.3亿元，增长1.9%；城乡社区支出41.4亿元，增长9.2%；住房保障支出11.2亿元，增长6.1%。

年末全市金融机构人民币各项存款余额3414.4亿元，比上年末增长3.7%。其中，住户存款2054.8亿元，增长11.4%。年末金融机构人民币各项贷款余额2503.8亿元，比上年末下降15.7%。其中，住户贷款1038.6亿元，下降8.2%；非金融企业及机关团体贷款1465.2亿元，下降20.4%。

年末全市拥有保险公司40家，其中人身险公司16家，财产险公司24家。全年保险业实现原保险保费收入84.1亿元，比上年下降2.4%。其中，财产险收入21.1亿元，增长2.0%；人身险收入63.1亿元，下降3.8%。全年保险赔付支出23.5亿元，比上年增长5.0%。其中，财产险赔付11.0亿元，下降2.7%；人身险赔付12.6亿元，增长12.8%。

八、居民收入消费和社会保障

全年全市居民人均可支配收入45879元，比上年增长2.5%。按常住地分，城镇居民人均可支配收入50981元，增长1.1%；农村牧区居民人均可支配收入20710元，增长8.0%。

全年全市居民人均消费支出26632元，比上年下降5.6%。按常住地分，城镇居民人均消费支出28957元，下降6.8%；农村牧区居民人均消费支出13205元，增长1.8%。全市居民恩格尔系数为28.6%，比上年下降0.4个百分点；其中城镇居民家庭恩格尔系数为27.0%，农村牧区居民家庭恩格尔系数为29.1%。

年末全市养老保险参保人数153.4万人，比上年末增长2.6%。其中，城镇职工养老保险参保人数108.9万人，增长2.6%；城乡居民养老保险参保人数44.5万人，增长2.4%。在城镇职工养老保险参保人数中，企业职工参保60.7万人，机关事业单位职工参保7.6万人，纳入统筹的离退休人员40.6万人。年末全市医疗保险参保人数207.7万人。其中，参加城镇职工基本医疗保险人数91.4万人，参加城乡居民医疗保险人数116.3万人。年末参加失业保险人数43.5万人，增长0.2%。参加工伤保险人数 50.9 万人，增长 0.6%。

九、科学技术和教育

全年专利授权量 3040 件，比上年增长 51.5%，其中发明专利 298 件，实用新型专利 2531 件，外观设计专利 211 件。完成技术合同认定登记 431 份，成交额 4.8 亿元。实施 89 项关键技术攻关和成果转化项目。全市 19 项科技成果获得自治区科学技术奖表彰。年末全市拥有高新技术企业 216 家，国家备案入库科技型中小企业 62 家。

年末全市有普通高等学校（包括高职院校）5 所，全年招收学生 2.7 万人，在校学生 8.7 万人，毕业生 2.3 万人。中等职业教育学校 19 所，在校学生 1.7 万人。普通高中 38 所，在校学生 3.9 万人。普通初中 59 所，在校学生 6.7 万人。普通小学 136 所，在校学生 15.0 万人。全市有幼儿园 367 所，在园幼儿 5.9 万人。全市有少数民族中小学 14 所，少数民族在校生 2.6 万人。小学专任教师学历合格率为 100%，普通初中专任教师学历合格率为 100%，普通高中专任教师学历合格率为 99.11%。小学适龄儿童入学率为 100%。

十、文化旅游、卫生和体育

年末全市共有专业艺术表演团体 6 个，群艺馆、文化馆 12 个，公共图书馆 10 个，国有博物馆 3 个，美术馆 1 个。广播综合人口覆盖率达 99.8%，电视综合人口覆盖率达 99.74%。

全市拥有 A 级旅游景区 30 个，其中国家 4A 级旅游景区 10 个，3A 级旅游景区 6 个。全市共有旅行社 87 家，其中拥有出境经营权的旅行社 20 家。全年旅游总收入 234.9 亿元。接待国内旅游人数 1185.6 万人次，旅游综合收入 234.6 亿元。接待入境旅游人数 1.1 万人次，实现旅游外汇收入 425.4 万美元。

年末全市共有医疗卫生机构 1993 个，其中医院 102 个，基层医疗卫生机构 1836 个，专业公共卫生机构 39 个，其他卫生机构 16 个。年末全市医疗卫生机构实有床位 19996 张，拥有卫生技术人员 25492 人，其中执业医师和执业助理医师 9658 人，注册护士 11932 人。

年内参加自治区田径、游泳、篮球等 24 项青少年锦标赛，共获得 73 枚金牌、77 枚银牌、81 枚铜牌。举办第六届全国大众冰雪季“滑向 2022—全国大众速度滑冰马拉松系列赛”包头站比赛及自治区青少年游泳、高尔夫球锦标赛等赛事活动。

十一、城市建设

全年共实施城建重点项目 132 项，新增道路面积 16.1 万平方米；城市燃气普及率 97%，生活污水处理率为 96.6%，建成区绿化覆盖率 44.6%。

截至年底，全市公路总里程 9568 公里，其中高速公路里程 140 公里，公路网密度为 34.5 公里 / 百平方公里。

十二、资源和环境

全市全年水资源取用水总量 10.54 亿立方米，其中地表水源供水量 6.58 亿立方米，地下水源供水量 3.32 亿立方米，再生水 0.65 亿立方米。全年各行业用水总量 10.54 亿立方米，其中农业用水 5.84 亿立方米，工业用水 2.82 亿立方米，生活用水 1.28 亿立方米，生态环境补水 0.60 亿立方米。

全年国土绿化面积 5.22 万公顷，其中人工造林 3.49 万公顷，较上年增长 62.3%。林业重点工程完成造林面积 4.7 万公顷，占全部造林面积的 90%；其中天然林工程 0.87 万公顷，退耕还林工程 2.67 万公顷，京津风沙源工程 1.16 万公顷。年末全市拥有自治区级自然保护区 3 个。

全市年平均气温为 7.3℃，年平均风速 2.8 米 / 秒，年降水总量 313.6 毫米，年日照时数 3167.5 小时，年平均相对湿度 59.4%。

注释：

[1] 本公报中数据均为初步统计数；部分数据因四舍五入的原因，存在分项相加与合计项不等的情况。2020 年末全市总人口和结构数据待第七次全国人口普查结果反馈后予以公布。

[2] 地区生产总值、三次产业及相关行业增加值绝对额按现价计算，增长速度按不变价格计算。

[3] 居住类价格包括租赁房房租、住房保养维修及管理、水电燃料等价格。

[4] 高技术制造业包括医药制造业，航空、航天器及设备制造业，电子及通信设备制造业，计算机及办公设备制造业，医疗仪器设备及仪器仪表制造业，信息化学品制造业。

[5] 装备制造业包括金属制品业，通用设备制造业，专用设备制造业，汽车制造业，铁路、船舶、航空航天和其他运输设备制造业，电气机械和器材制造业，计算机、通信和其他电子设备制造业，仪器仪表制造业。

[6] 民间固定资产投资是指具有集体、私营、个人性质的内资企事业单位以及由其控股（包括绝对控股和相对控股）的企业单位建造或购置固定资产的投资。

[7] 基础设施投资包括交通运输、邮政业，电信、广播电视和卫星传输服务业，互联网和相关服务业，水利、环境和公共设施管理业投资。

[8] 高技术产业投资包括医药制造、航空航天器及设备制造等六大类高技术制造业投资和信息服务、电子商务服务等九大类高技术服务业投资。

[9] 公路客货运输数据增速按可比口径计算。

[10] 原保险保费收入是指保险企业确认的原保险合同保费收入。

[11] 中等职业教育包括普通中专、成人中专、职业高中和技工学校。

资料来源：本公报中城镇新增就业、登记失业率、社会保障数据来自人力资源和社会保障局；居民消费价格及居民收入消费、粮食作物播种面积、粮食产量数据来自国家统计局包头调查队；农民专业合作社、市级以上农牧业产业化重点龙头企业等数据来自农牧局；进出口数据来自包头海关；公路运输数据来自交通运输局；民航数据来自内蒙古自治区民航机场集团有限责任公司包头分公司；汽车保有量数据来自公安局交通管理支队车辆管理所；邮电业务数据来自邮政管理局和电信部门；旅游数据、艺术表演团体、广播电视等数据来自文化旅游广电局；财政数据来自财政局；金融数据来自中国人民银行包头市中心支行；保险业数据来自中国银行保险监督管理委员会包头监管分局；医疗保障数据来自医疗保险服务中心；专利申请量等数据来自市场监督管理局；技术交易额、科技资金等科技数据来自科学技术局；教育数据来自教育局；卫生数据来自卫生健康委员会；体育数据来自体育局；城市建设数据来自住房和城乡建设局；水资源数据来自水务局；造林面积等数据来自林业和草原局；气候数据来自气象局；其他数据均来自包头市统计局。

第二部分　统计资料

PART TWO　STATISTICS

1 行政区划和自然资源

Divisions of Administrative Areas and Natural Resources

资料整理：杨烨坤

1-1　行政区划（2020年）

单位：个

项　目	乡（苏木）	镇	街道办事处	居民委员会	村民委员会
全　市	**10**	**29**	**46**	**278**	**527**
稀土高新区		1	2	16	9
东河区		2	12	66	49
昆都仑区		2	13	78	24
青山区		2	8	56	21
石拐区	1	1	5	4	17
白云矿区			2	4	
九原区	1	3	4	28	56
土默特右旗	3	5		13	201
固阳县		6		6	73
达尔罕茂明安联合旗	5	7		7	77

1-2　土地面积和人口密度（2020年）

项　目	土地面积（平方公里）	年末常住人口（万人）	密度（人/平方公里）
全　市	**27768**	**271.03**	**98**
稀土高新区	116	18.45	1591
东河区	470	48.42	1030
昆都仑区	301	78.79	2618
青山区	280	53.54	1912
石拐区	761	2.47	32
白云矿区	329	2.27	69
九原区	734	24.56	335
土默特右旗	2368	23.73	100
固阳县	5025	11.85	24
达尔罕茂明安联合旗	17384	6.95	4

1-3 自 然 资 源（2020年）

项　　目	单　　位	2020
地理位置		
东　经		109°51′
北　纬		40°40′
海　拔	米	1067.2
森林资源		
森林面积	千公顷	507.95
森林覆盖率	%	18.30
活立木蓄积量	万立方米	370.00
草原资源		
草场面积	千公顷	2023.84
水资源利用		
水资源取用水总量	亿立方米	10.54
地表水源供水量	亿立方米	6.58
地下水源供水量	亿立方米	3.32
再生水	亿立方米	0.65
矿产资源		
煤炭保有量	亿吨	66.53
铁矿保有量	亿吨	14.71
铜矿保有量	万吨	11.31
锌矿保有量	万吨	39.78
石墨保有量（晶质）	万吨	1427.89
水泥用灰岩保有量（矿石）	万吨	42549.10

1-4 气象情况

项　目	单　位	2019	2020
年平均气温	℃	7.7	7.3
年最高气温	℃	33.9	36.2
年最低气温	℃	-25.7	-25.2
年降水总量	毫米	300.1	313.6
年最大风速	米/秒	15.1	19.0
平均风速	米/秒	2.8	2.8
年日照时数	小时	3067.3	3167.5
年平均相对湿度	%	56.9	59.4
全年沙尘天气	次	21	9

1-5 分月气象情况（2020年）

月　份	月平均气温（℃）	月平均相对湿度（%）	月降水量（毫米）	月日照时数（小时）	月平均风速（米/秒）
一　月	-13.5	81.8	7.9	243.3	1.8
二　月	-5.7	67.5	0.0	271.4	2.5
三　月	3.2	47.5	1.8	288.8	3.3
四　月	10.3	29.8	0.3	317.0	3.1
五　月	17.6	39.9	23.4	288.4	3.6
六　月	22.3	48.7	50.2	288.9	3.0
七　月	22.7	68.1	88.0	264.7	2.8
八　月	20.9	74.9	99.0	250.2	2.9
九　月	15.8	69.3	31.0	238.7	2.4
十　月	6.2	55.9	3.3	263.3	2.5
十一月	-0.7	65.8	8.7	224.4	2.7
十二月	-11.7	62.8	0.0	228.4	2.5

主要统计指标解释

行政区划　指国家对行政区域的划分。根据宪法规定，我国的行政区域划分如下：（1）全国分为省、自治区、直辖市；（2）省、自治区分为自治州(盟)、县(旗)、自治县(旗)、市；（3）自治州分为县、自治县、市；（4）旗、县、自治县(旗)分为乡、民族乡、镇；（5）直辖市和较大的市分为区、县(旗)；（6）国家在必要时设立的特别行政区。

自然资源　指人类可以直接从自然界获得，并用于生产和生活的物质资源。自然资源一般可以分成可再生资源和非再生资源两大类。可再生资源指在较短时间内可以再生、可以循环利用的资源，包括土地资源、水资源、气候资源、生物资源和海洋资源等。非再生资源指在使用后不能再生的资源，包括矿产资源和地热能源。

草场面积　指牧区和农区用于放牧牲畜或割草，植被盖度在5%以上的草原、草坡、草山等面积。包括天然的和人工种植或改良的草地面积。

水资源　水在自然界中以固体、液体和气态三种聚集状态存在，分布于海洋、陆地（包括土壤）以及大气之中，通过水循环形成水资源。水资源包括经人类控制并直接可供灌溉、发电、给水、航运、养殖等用途的地表水和地下水，以及江河、湖泊、井、泉、潮汐、港湾和养殖水域等。水资源是发展国民经济不可缺少的重要自然资源。

地表水和地下水　陆地上的水因空间分布不同，可以分为地表水和地下水。地表水指分别存在于河流、湖泊、沼泽、冰川和冰盖等水体中水分的总称，又称陆地水。地下水指储存在地面以下饱和岩上孔隙、裂隙及溶洞中的水。

矿产资源　矿产指由地质作用形成，富集于地壳中或出露于地表达到工农业利用要求的有用矿物。矿产是一种重要的自然资源，是社会发展的重要物质基础。

气候　指地球与大气之间长期能量交换与质量交换所形成的一种自然环境状态，它是多种因素综合作用的结果。气候既是人类生活和生产的环境要素之一，又是供给人类生活和生产的重要资源。气温、降水、湿度等气象要素的多年平均值是用来描述一个地区气候状况的主要参数，而各种气象要素某年、某月的平均值（或总量）则可以反映出该时期天气气候状况的重要特征。

气温　指空气的温度，我国一般以摄氏度（℃）为单位表示。气象观测的温度表是放在离地面约1.5米处通风良好的百叶箱里测量的。因此，通常说的气温指的是离地面1.5米处百叶箱中的温度。其统计计算方法为：

月平均气温是将全月各日的平均气温相加，除以该月的天数而得。

年平均气温是将12个月的月平均气温累加后除以12而得。

相对湿度　指空气中实际所含水蒸汽密度和同温度下饱和水蒸汽密度的百分比值。其统计方法与气温相同。

降水量　指从天空降落到地面的液态或固态（经融化后）水，未经蒸发、渗透、流失而在地面上积聚的深度。其统计计算方法为：

月降水量是将全月各日的降水量累加而得。

年降水量是将12个月的月降水量累加而得。

日照时数　指太阳实际照射地面的时间。其统计方法与降水量相同。

2 综 合

General Survey

资料整理：郭玮

2-1　平均每天主要社会经济活动

指　标	2000	2005	2010	2015	2020
全市每天创造的财富					
生产总值(万元)	7320	19199	36471	53638	76366
第一产业	467	945	1805	2613	2883
第二产业	4086	9069	14986	20924	31588
#工业	3713	7721	11694	15237	23497
第三产业	2767	9185	19681	30101	41894
一般公共预算收入（万元）	428	1601	3813	6912	3978
一般公共预算支出（万元）	593	2133	5615	10774	10393
主要工农业产品产量					
粮食（吨）	1515	2323	2684	2984	3089
油料（吨）	203	84	88	172	342
原煤（吨）	10286	8933	61233	52620	45913
发电量（万千瓦时）	1359	2760	7180	12646	21330
粗钢（吨）	10950	20293	30484	40539	58351
钢材（吨）	9738	19178	30668	38548	55391
每天其他经济活动					
社会消费品零售额（万元）	2759	6400	14629	23250	27063
进出口总额（万美元）	86	256	535	425	622
#出口总额	47	143	330	243	260
金融机构存款余额（万元）	6380	18601	46729	74238	93546
#住户存款余额	4183	10671	20568	35835	56296
金融机构贷款余额（万元）	4843	9226	28419	60069	68598
每天人口变动					
出生人口（人）	66	51	56	44	43
死亡人口（人）	26	25	22	19	18
人口自然增长（人）	40	26	34	25	25

注：1.2015年金融机构存贷款余额分项内容均发生变化，2015年之前为城乡居民年末储蓄余额，2015年及以后为住户存款余额；

2.出生、死亡、人口自然增长数据来源于卫健委。

2-2 国民经济和社会发

指标	总量指标					
	1978	1990	2000	2010	2015	2020
人口						
年末总人口（万人）	160.68	185.57	229.43	265.61	268.02	271.03
城镇人口	108.02	135.03	157.65	211.13	224.42	233.49
乡村人口	52.66	50.54	71.78	54.48	43.60	37.54
就业						
年末从业人员数（万人）	69.78	102.39	110.50	134.04	133.02	130.80
#城镇在岗职工人数	42.64	62.99	40.39	31.85	37.75	32.13
国民经济核算						
生产总值（亿元）	9.52	45.05	277.05	1331.20	1957.79	2787.36
第一产业	1.02	4.93	17.04	65.87	95.37	105.23
第二产业	6.38	26.44	149.14	546.99	763.73	1152.98
第三产业	2.12	13.68	110.87	718.34	1098.69	1529.15
人均生产总值（元）	594	2447	12203	50549	73111	102949
财政收支						
一般公共预算收入（亿元）	1.61	7.59	15.62	139.18	252.30	145.18
一般公共预算支出（亿元）	1.03	6.22	21.65	204.96	393.27	379.33
农林牧渔业						
总产值（亿元）	1.23	6.86	28.71	118.14	180.16	188.27
主要农畜产品产量						
粮食（万吨）	17.20	35.60	55.30	97.98	108.91	112.74
油料（万吨）	0.60	4.90	7.41	3.21	6.28	12.49
工业						
主要产品产量						
原煤（万吨）	303.71	476.77	375.45	2235.00	1920.63	1675.84
发电量（亿千瓦小时）	20.45	44.19	49.60	262.06	461.59	778.54
粗钢（万吨）	89.23	261.90	399.67	1112.67	1479.68	2129.80
成品钢材（万吨）	55.53	146.64	355.42	1119.40	1406.99	2021.78
水泥（万吨）	2.49	14.98	46.93	476.18	544.20	339.53
电解铝（万吨）	1.93	5.91	11.84	87.13	131.94	255.65
焦炭（万吨）	125.66	180.09	195.28	569.96	576.43	630.60

注：2000年以后年末总人口为常住人口，2011-2019年人口根据第七次全国人口普查数据进行修订。

展总量与速度指标

速度指标（%）									
指数（2020年比以下各年）						平均增长速度			
1978	1990	2000	2010	2015	2019	1979-2020	1991-2000	2001-2010	2011-2020
168.7	146.1	118.1	102.0	101.1	100.2	1.3	2.1	1.5	0.2
216.2	172.9	148.1	110.6	104.0	100.4	1.9	1.6	3.0	1.0
71.3	74.3	52.3	68.9	86.1	98.8	-0.8	3.6	-2.7	-3.7
187.4	127.7	118.4	97.6	98.3	99.5	1.5	0.8	1.9	-0.2
75.4	51.0	79.5	100.9	85.1	100.4	-0.7	-4.3	-2.3	0.1
9585.7	3557.7	1006.3	208.3	131.7	103.0	11.5	13.5	17.1	7.6
1007.2	429.1	236.1	133.0	110.5	102.0	5.7	6.2	5.9	2.9
11678.1	4862.2	1327.8	239.1	142.4	109.8	12.0	13.9	18.7	9.1
12562.1	3379.6	868.2	193.7	125.8	98.2	12.2	14.6	16.2	6.8
5858.3	2505.1	717.9	188.8	127.7	102.7	10.2	12.3	15.3	6.6
9022.4	1912.1	929.6	104.3	57.5	95.6	11.3	7.5	24.5	0.4
36713.8	6103.3	1751.7	185.1	96.5	104.1	15.1	13.3	25.2	6.3
2168.3	977.5	530.3	153.3	123.3	110.2	7.6	6.3	13.2	4.4
655.4	316.7	203.9	115.1	103.5	103.0	4.6	4.5	5.9	1.4
2082.0	254.9	168.6	389.2	198.9	122.6	7.5	4.2	-8.0	14.6
551.8	351.5	446.4	75.0	87.3	74.7	4.2	-2.4	19.5	-2.8
3807.0	1761.8	1569.6	297.1	168.7	109.1	9.1	1.2	18.1	11.5
2386.9	813.2	532.9	191.4	143.9	106.7	7.8	4.3	10.8	6.7
3640.9	1378.7	568.8	180.6	143.7	109.7	8.9	9.3	12.2	6.1
13635.7	2266.6	723.5	71.3	62.4	91.4	12.4	12.1	26.1	-3.3
13245.9	4325.6	2159.2	293.4	193.8	117.3	12.3	7.2	22.1	11.4
501.8	350.2	322.9	110.6	109.4	104.3	3.9	0.8	11.3	1.0

2-2 续

指　标	总量指标					
	1978	1990	2000	2010	2015	2020
运输、邮电						
公路客运量（万人）	123	306	950	1406	581	186
公路货运量（万吨）	634	2271	6800	16928	27255	10262
公路旅客周转量（亿人公里）	0.59	2.20	7.10	16.93	13.90	2.96
公路货物周转量（亿吨公里）	0.92	7.01	25.10	454.37	517.13	179.77
全市固定电话用户（万户）	1.52	4.20	35.43	38.86	36.63	19.06
国内贸易						
社会消费品零售总额（亿元）	3.78	17.85	100.71	533.97	848.64	987.80
对外经济贸易						
进出口总额（万美元）		982	31527	195303	155300	227000
#出口总额（万美元）		792	17189	120403	88800	95000
金融						
金融机构各项存款余额（亿元）	3.10	29.01	232.88	1705.62	2709.70	3414.43
#城乡居民储蓄存款余额（亿元）	0.61	18.50	152.68	750.75	1307.99	2054.82
金融机构各项贷款余额（亿元）	6.72	33.77	176.78	1037.29	2192.52	2503.81
教育						
专任教师数（人）						
普通高等学校	342	1022	1331	2655	4373	4683
普通中专	583	883	727	1209	1104	911
普通中学	7020	8270	8219	9038	9845	10346
小学	7615	9306	9754	8810	8736	9429
在校学生数（万人）						
普通高等学校	0.19	0.47	1.22	5.64	7.23	8.67
普通中专	0.36	0.63	1.47	2.60	2.39	1.52
普通中学	17.58	10.48	13.23	13.49	11.79	10.66
小学	23.58	15.67	16.47	14.29	13.34	14.98
卫生						
卫生医疗机构数（个）	382	498	854	2017	1723	1993
医疗机构床位数（张）	6571	8319	9462	12791	16008	19996
卫生技术人员数（人）	8830	13505	14639	17023	20941	25503
人民生活						
城镇居民人均可支配收入（元）		1305	5436	25862	38098	50981
农村牧区居民人均可支配收入（元）		640	2548	8766	13667	20710
物价指数（上年=100）						
居民消费价格总指数（%）	100.2	102.8	102.6	102.8	100.9	101.1

注：1.从2009年开始，交通部门公路运输数据统计口径调整，从2011年开始邮电业务总量计算方法调整；
2.2014年起城乡居民收入数据为城乡一体化住户调查数据，之前年度为旧口径数据，农村牧区居民人均可支配收入为农牧民人均纯收入。

表

速度指标（%）									
指数（2020年比以下各年）						平均增长速度			
1978	1990	2000	2010	2015	2019	1979-2020	1991-2000	2001-2010	2011-2020
150.8	60.6	19.5	13.2	31.9	33.8	1.0	12.0	4.0	–18.3
1618.6	451.9	150.9	60.6	37.7	26.9	6.9	11.6	9.5	-4.9
498.7	134.3	41.7	17.5	21.3	34.2	3.9	12.4	9.1	-16.0
19508.4	2566.3	716.2	39.6	34.8	25.3	13.4	13.6	33.6	-8.9
1256.0	453.9	53.8	49.0	52.0	89.1	6.2	23.8	0.9	-6.9
26103.9	5534.3	980.8	185.0	116.4	95.3	14.2	18.9	18.2	6.3
	23116.1	720.0	116.2	146.2	83.1		41.5	20.0	1.5
	11994.9	552.7	78.9	107.0	67.7		36.0	21.5	-2.3
110303.0	11770.6	1466.2	200.2	126.0	103.7	18.2	23.2	22.0	7.2
336579.9	11110.0	1345.8	273.7	157.1	111.4	21.3	23.5	17.3	10.6
37245.2	7414.4	1416.3	241.4	114.2	84.3	15.1	18.0	19.4	9.2
1369.3	458.2	351.8	176.4	107.1	102.6	6.4	2.7	7.1	5.8
156.3	103.2	125.3	75.4	82.5	72.2	1.1	-1.9	5.2	-2.8
147.4	125.1	125.9	114.5	105.1	89.0	0.9	-0.1	1.0	1.4
123.8	101.3	96.7	107.0	107.9	108.9	0.5	0.5	-1.0	0.7
4587.3	1863.3	713.1	153.8	119.9	113.5	9.5	10.1	16.6	4.4
420.7	241.9	103.2	58.4	63.5	81.7	3.5	8.9	5.9	-5.2
60.6	101.7	80.5	79.0	90.4	99.1	-1.2	2.4	0.2	-2.3
63.5	95.6	90.9	104.8	112.3	102.0	-1.1	0.5	-1.4	0.5
521.7	400.2	233.4	98.8	115.7	101.4	4.0	5.5	9.0	-0.1
304.3	240.4	211.3	156.3	124.9	99.7	2.7	1.3	3.1	4.6
288.8	188.8	174.2	149.8	121.8	103.7	2.6	0.8	1.5	4.1
	4372.6	1049.7	220.6	133.9	101.1		15.3	16.9	8.2
	3590.2	901.2	262.0	151.6	108.0		14.8	13.2	10.1
644.0	334.2	146.3	122.2	106.7	101.1	4.5	8.6	1.8	2.0

2-3 社会经济主要指标人均水平

指　标	2000	2005	2010	2015	2020
全市生产总值（元）	**12200**	**28766**	**50549**	**73111**	**102949**
第一产业	750	1416	2501	3561	3887
第二产业	6567	13588	20770	28520	42585
#工业	5968	11568	16207	20769	31677
第三产业	4882	13762	27277	41029	56478
一般公共预算收入（元）	688	2398	5285	9422	5362
一般公共预算支出（元）	954	3196	7783	14686	14010
农牧业生产					
粮食产量（千克）	244	348	372	407	416
油料产量（千克）	32.6	12.6	12.2	23.5	46.1
主要工业产品产量					
原煤（吨）	1.65	1.34	8.49	7.17	6.19
发电量（千瓦小时）	2184	4135	9951	17237	28755
粗钢（吨）	1.76	3.04	4.23	5.53	7.87
钢材（吨）	1.57	2.87	4.25	5.25	7.47
社会消费品零售额（元）	**4435**	**9589**	**20276**	**31691**	**36484**
进出口总额（美元）	**139**	**383**	**742**	**580**	**838**
#出口	76	214	457	332	351
千人拥有电话部数（部）	**234**	**625**	**1097**	**1294**	**1370**
千人拥有卫生技术人员（人）	**6.4**	**5.7**	**6.5**	**7.8**	**9.4**
千人拥有病床数（张）	**4.2**	**4.0**	**4.9**	**6.0**	**7.4**
人民生活					
在岗职工平均工资（元）	7517	19805	41403	59573	86333
城镇居民人均可支配收入（元）	5436	13218	25862	38098	50981
城镇居民人均消费性支出（元）	4257	10056	20994	27269	28957
农村牧区居民人均可支配收入（元）	2548	4667	8766	13667	20710
农村牧区居民人均生活消费性支出（元）	1626	2952	6132	10099	13205
住户存款余额（元）	6723	15987	28508	48845	75894

注：2000年及以后各年人均指标按常住人口计算，之前年份按户籍人口计算。

2-4 国民经济主要比例关系

指　标	2000	2005	2010	2015	2020
从业人员中三次产业的比例					
第一产业	23.2	24.9	15.3	14.8	14.3
第二产业	31.3	29.1	29.9	26.3	24.9
第三产业	45.5	46.0	54.8	58.9	60.8
生产总值中三次产业的比例					
第一产业	6.2	4.9	4.9	4.9	3.8
第二产业	53.8	47.2	41.1	39.0	41.4
第三产业	40.0	47.9	54.0	56.1	54.8
工业总产值中轻重工业比例					
轻工业	23.4	18.0	18.2	6.4	3.1
重工业	76.6	82.0	81.8	93.6	96.9
农业总产值中农林牧渔业的比例					
农　业	64.6	41.4	35.6	34.3	35.5
林　业	2.4	0.9	0.9	0.5	0.4
牧　业	31.8	54.0	60.1	63.3	62.0
渔　业	1.2	1.0	0.8	0.7	0.6
农林牧渔服务业		2.7	2.6	1.2	1.5
固定资产投资中三次产业比例					
第一产业	2.5	1.3	2.4	2.4	1.9
第二产业	52.9	60.1	51.0	47.7	32.3
第三产业	44.6	38.6	46.6	49.9	65.8
一般公共预算收入占生产总值比例	**6.2**	**8.3**	**10.5**	**12.9**	**5.2**
进出口总额占生产总值比例	**10.2**	**8.7**	**9.9**	**5.1**	**5.6**

注：从2015年起，工业总产值轻重比例为规模以上工业总产值轻重比例。

2-5　国民经济和社会发展主要指标占自治区比重（2020年）

指　标	自治区	包头市	包头市占自治区比重（%）
年末总人口（万人）	**2402.83**	**271.03**	**11.3**
年末城镇非私营单位就业人员（万人）	**270.56**	**34.31**	**12.7**
生产总值（亿元）	**17359.82**	**2787.36**	**16.1**
第一产业	2025.12	105.23	5.2
第二产业	6868.03	1152.98	16.8
#工业	5547.53	857.65	15.5
第三产业	8466.66	1529.15	18.1
一般公共预算收入（亿元）	**2051.20**	**145.18**	**7.1**
一般公共预算支出（亿元）	**5270.16**	**379.33**	**7.2**
主要工业产品产量			
原煤（万吨）	102550.86	1675.84	1.6
发电量（亿千瓦时）	5810.97	778.54	13.4
生铁（万吨）	2380.83	2000.70	84.0
粗钢（万吨）	3119.87	2129.80	68.3
钢材（万吨）	2883.92	2021.78	70.1
铝材（万吨）	284.12	138.45	48.7
多晶硅（万吨）	6.28	4.41	70.2
单一稀土金属（吨）	7543.08	7322.61	97.1
主要农畜产品产量和年末牲畜存栏数			
粮食（万吨）	3664.10	112.74	3.1
油料（万吨）	217.25	12.49	5.8
肉类总产量（万吨）	267.95	16.30	6.1
牛奶（万吨）	611.48	66.94	10.9
大牲畜存栏（万头）	825.41	18.76	2.3
羊存栏（万只）	6074.15	267.03	4.4
猪存栏（万只）	534.10	16.11	3.0

2-5 续 表

指　标	自治区	包头市	包头市占自治区比重（%）
公路旅客周转量（亿人公里）	49.40	2.96	6.0
公路货物周转量（亿吨公里）	1888.79	179.77	9.5
金融机构各项存款余额（亿元）	24969.98	3414.43	13.7
金融机构各项贷款余额（亿元）	23249.19	2503.81	10.8
社会消费品零售额（亿元）	4760.45	987.80	20.8
进出口总额（亿美元）	151.85	22.70	14.9
#出口总额	50.40	9.50	18.8
教育			
普通高校在校学生数（万人）	48.66	8.67	17.8
普通中专在校学生数（万人）	7.44	1.52	20.4
普通中学在校学生数（万人）	106.75	10.66	10.0
小学在校学生数（万人）	138.15	14.98	10.8
卫生			
医疗卫生机构床位数（万张）	16.21	2.00	12.3
卫生技术人员（万人）	20.23	2.55	12.6
人民生活			
城镇居民人均可支配收入（元）	41353	50981	
农村牧区居民人均可支配收入（元）	16567	20710	
在岗职工工资总额（亿元）	2256.69	276.64	12.3
在岗职工平均工资（元）	87916	86333	
住户存款（亿元）	15302.78	2054.82	13.4

主要统计指标解释

可比价格　指计算各种总量指标所采用的扣除了价格变动因素的价格，可进行不同时期总量指标的对比。按可比价格计算总量指标有两种方法：一种是直接用产品产量乘某一年的不变价格计算；另一种是用价格指数进行缩减。

不变价格　指以同类产品某年的平均价格作为固定价格，用于计算各年的产品价值。按不变价格计算的产品价值消除了价格变动因素，不同时期对比可以反映生产的发展速度。新中国成立后，随着工农业产品价格水平的变化，国家统计局先后五次制定了全国统一的工业产品不变价格和农业产品不变价格。从1952年到1957年使用1952年工(农)业产品不变价格，从1957年到1970年使用1957年不变价格，从1971年到1980年使用1970年不变价格，从1981年到1990年使用1980年不变价格，从1991年开始使用1990年不变价格。从2001年开始，每五年开始更换一次不变价格，如从2001年到2005年使用2000年不变价格，2006年到2010年使用2005年不变价格，2011年到2015年使用2010年不变价格，依此类推。

平均增长速度　我国计算平均增长速度有两种方法：一种是习惯上经常使用的“水平法”，又称几何平均法，是以间隔期最后一年的水平同基期水平对比来计算平均每年增长(或下降)速度；另一种是“累计法”，又称代数平均法或方程法，是以间隔期内各年水平的总和同基期水平对比来计算平均每年增长(或下降)速度。在一般正常情况下，两种方法计算的平均每年增长速度比较接近，但在经济发展不平衡、出现大起大落时，两种方法计算的结果差别较大。

本《年鉴》内所列的平均增长速度，除固定资产投资用“累计法”计算外，其余均用“水平法”计算。从某年到某年平均增长速度的年份，均不包括基期年在内。如建国四十三年的平均增长速度是以1949年为基期计算的，则写为1950–1992年平均增长速度，其余类推。

3 国民经济核算

National Accounts

资料整理：张福霞　嘎力巴

3-1 生产总值

单位：万元

年 份	生产总值	第一产业	第二产业			第三产业	人均生产总值(元)
				工 业	建筑业		
1952	7544	5387	1003			1154	190
1953	7463	4434	1719			1310	181
1954	12595	6724	3862			2009	286
1955	13765	6081	5352			2332	273
1956	24471	7719	12956			3796	387
1957	22965	5594	14290			3081	321
1958	31957	6363	23042			2552	413
1959	59498	9003	45571			4924	619
1960	72473	8419	53493			10561	572
1961	37253	6412	21346			9495	278
1962	31295	6445	16854			7996	255
1963	37564	7394	21269			8901	350
1964	47236	8352	28577			10307	438
1965	61234	7603	41314			12317	551
1966	69173	7602	46567			15004	604
1967	49564	8407	30119			11038	419
1968	52089	6945	33842			11302	427
1969	58005	8212	37113			12680	472
1970	83705	9860	59320			14525	659
1971	88231	8690	60587			18954	675
1972	80437	8643	55367			16427	588
1973	76303	9567	53996			12740	542
1974	67861	9738	48248			9875	472
1975	81031	9434	57690			13907	555
1976	74329	8667	53076			12586	504
1977	84235	9819	59628			14788	565
1978	95167	10228	63827	59328	4499	21112	594
1979	107645	11622	70099	65046	5053	25924	668
1980	110281	10944	75328	70812	4516	24009	681
1981	121695	12751	81151	74740	6411	27793	749
1982	144014	14894	97502	90085	7417	31618	877
1983	167979	16339	113317	103241	10076	38323	1013
1984	190838	19316	123489	114998	8491	48033	1140
1985	217685	21009	135694	123095	12599	60982	1277
1986	235671	18446	146663	126349	20314	70562	1356
1987	250864	18420	156417	141398	15019	76027	1425
1988	316467	36210	182968	164276	18692	97289	1773
1989	378511	33364	235704	215918	19786	109443	2088

3-1 续 表

单位：万元

年 份	生产总值	第一产业	第二产业	工 业	建筑业	第三产业	人均生产总值(元)
1990	450519	49334	264355	243945	20410	136830	2447
1991	529533	47042	322266	296821	25445	160225	2848
1992	661022	61859	398968	359859	39109	200195	3535
1993	1007052	72597	650388	574983	75405	284067	5337
1994	1247996	95069	777230	684872	92358	375697	6530
1995	1492352	123602	889463	797530	91933	479287	7732
1996	1806477	148958	1081969	980052	101917	575550	9264
1997	2053697	157077	1204496	1097144	107352	692124	10371
1998	2195773	156547	1238550	1134197	104353	800676	10956
1999	2331931	161056	1280134	1184726	95408	890741	11512
2000	2770486	170361	1491389	1355223	136166	1108736	12203
2001	3061498	165005	1616811	1477988	138823	1279682	13216
2002	3537719	177781	1820529	1633801	186728	1539409	15029
2003	4684998	197539	2159982	1880596	279386	2327477	19666
2004	5931875	285015	2733653	2370522	363131	2913207	24620
2005	7007714	344897	3310137	2818185	491952	3352680	28766
2006	7782221	375775	3679753	3130638	549115	3726693	31555
2007	9371085	457664	4087654	3458237	629417	4825767	37415
2008	11290660	521199	4906377	4004217	902160	5863084	44348
2009	12364057	549175	5203416	4111593	1091823	6611466	47763
2010	13311974	658669	5469868	4268158	1201710	7183437	50549
2011	15588406	782245	6447353	4740913	1706440	8358808	58636
2012	16861887	857681	7037482	5180544	1856938	8966724	63325
2013	17896477	926147	7408506	5474542	1933964	9561824	67106
2014	18715245	937186	7589158	5550904	2038254	10188901	70033
2015	19577900	953702	7637296	5561559	2075737	10986902	73111
2016	20924438	863290	8092858	5879907	2212951	11968290	77980
2017	22870240	840743	8728710	6439835	2288875	13300787	85016
2018	25110900	911900	9674600	7234600	2440000	14524400	93121
2019	27144692	964003	10664800	8154800	2510000	15515889	100460
2020	27873574	1052326	11529784	8576486	2953298	15291464	102949

注：1、本表按当年价格计算；

2、根据第四次全国经济普查结果对2000-2018年数据进行了修订，并根据第七次全国人口普查修订后的人口数据对2011-2019年人均生产总值进行了修订，下表同。

3-2　生产总值构成

单位：%

年 份	生产总值	第一产业	第二产业			第三产业
				工 业	建筑业	
1952	100	71.4	13.3			15.3
1953	100	59.4	23.0			17.6
1954	100	53.3	30.7			16.0
1955	100	44.2	38.9			16.9
1956	100	31.5	53.0			15.5
1957	100	24.4	62.2			13.4
1958	100	19.9	72.1			8.0
1959	100	15.1	76.6			8.3
1960	100	11.6	73.8			14.6
1961	100	17.2	57.3			25.5
1962	100	20.6	53.9			25.5
1963	100	19.7	56.6			23.7
1964	100	17.7	60.5			21.8
1965	100	12.4	67.5			20.1
1966	100	11.0	67.3			21.7
1967	100	17.0	60.7			22.3
1968	100	13.3	65.0			21.7
1969	100	14.1	64.0			21.9
1970	100	11.8	70.9			17.3
1971	100	9.8	68.7			21.5
1972	100	10.8	68.8			20.4
1973	100	12.5	70.8			16.7
1974	100	14.3	71.1			14.6
1975	100	11.6	71.2			17.2
1976	100	11.7	71.4			16.9
1977	100	11.7	70.8			17.5
1978	100	10.7	67.1	62.4	4.7	22.2
1979	100	10.8	65.1	60.4	4.7	24.1
1980	100	9.9	68.3	64.2	4.1	21.8
1981	100	10.5	66.7	61.4	5.3	22.8
1982	100	10.3	67.8	62.6	5.2	21.9
1983	100	9.7	67.5	61.5	6.0	22.8
1984	100	10.1	64.7	60.3	4.4	25.2
1985	100	9.7	62.3	56.5	5.8	28.0
1986	100	7.8	62.2	53.6	8.6	30.0
1987	100	7.3	62.4	56.4	6.0	30.3
1988	100	11.5	57.8	51.9	5.9	30.7
1989	100	8.8	62.2	57.0	5.2	29.0

3-2 续 表

单位：%

年 份	生产总值	第一产业	第二产业			第三产业
				工 业	建筑业	
1990	100	10.9	58.7	54.2	4.5	30.4
1991	100	8.9	60.9	56.1	4.8	30.2
1992	100	9.4	60.3	54.4	5.9	30.3
1993	100	7.2	64.6	57.1	7.5	28.2
1994	100	7.6	62.3	54.9	7.4	30.1
1995	100	8.3	59.6	53.4	6.2	32.1
1996	100	8.2	59.9	54.3	5.6	31.9
1997	100	7.6	58.7	53.5	5.2	33.7
1998	100	7.1	56.4	51.6	4.8	36.5
1999	100	6.9	54.9	50.8	4.1	38.2
2000	100	6.2	53.8	48.9	4.9	40.0
2001	100	5.4	52.8	48.3	4.5	41.8
2002	100	5.0	51.5	46.2	5.3	43.5
2003	100	4.2	46.1	40.1	6.0	49.7
2004	100	4.8	46.1	40.0	6.1	49.1
2005	100	4.9	47.2	40.2	7.0	47.9
2006	100	4.8	47.3	40.2	7.1	47.9
2007	100	4.9	43.6	36.9	6.7	51.5
2008	100	4.6	43.5	35.5	8.0	51.9
2009	100	4.4	42.1	33.3	8.8	53.5
2010	100	4.9	41.1	32.1	9.0	54.0
2011	100	5.0	41.4	30.5	10.9	53.6
2012	100	5.1	41.7	30.7	11.0	53.2
2013	100	5.2	41.4	30.6	10.8	53.4
2014	100	5.0	40.6	29.7	10.9	54.4
2015	100	4.9	39.0	28.4	10.6	56.1
2016	100	4.1	38.7	28.1	10.6	57.2
2017	100	3.7	38.2	28.2	10.0	58.1
2018	100	3.6	38.5	28.8	9.7	57.9
2019	100	3.5	39.3	30.1	9.2	57.2
2020	100	3.8	41.4	30.8	10.6	54.8

注：本表按当年价格计算。

3-3 生产总值指数（上年=100）

单位：%

年 份	生产总值	第一产业	第二产业	工 业	建筑业	第三产业	人均生产总值
1952							
1953	97.2	91.8	184.0			107.9	93.4
1954	162.2	145.2	231.3			148.2	151.3
1955	112.6	98.9	152.4			113.9	98.2
1956	178.7	128.7	245.2			165.4	142.9
1957	87.8	68.2	103.4			78.2	77.6
1958	147.4	107.8	181.2			84.3	136.4
1959	166.8	142.5	169.5			192.0	134.1
1960	130.0	99.1	126.5			196.7	98.6
1961	52.3	77.5	40.9			84.6	43.5
1962	82.8	99.5	77.0			84.3	90.4
1963	118.7	111.8	126.0			109.8	135.4
1964	121.2	113.1	124.6			119.8	120.6
1965	124.4	84.9	138.1			121.8	120.6
1966	125.5	99.6	131.6			122.6	121.6
1967	69.3	118.0	60.9			72.8	67.2
1968	102.9	84.1	108.5			102.3	99.7
1969	106.1	109.5	102.9			112.2	105.3
1970	154.8	115.7	181.3			115.3	149.9
1971	111.8	103.5	111.8			116.3	108.5
1972	90.8	99.2	90.8			86.8	86.9
1973	95.1	110.2	95.1			86.9	92.4
1974	89.5	104.6	88.5			77.3	86.8
1975	119.8	97.5	119.8			140.9	117.8
1976	90.1	92.9	91.4			90.5	90.5
1977	113.7	107.5	113.7			117.9	112.7
1978	117.8	93.3	124.6			107.5	116.7
1979	110.7	121.1	106.8	106.6	109.2	118.3	110.1
1980	93.3	85.5	95.1	96.4	79.1	91.9	92.8
1981	102.7	113.0	96.7	94.7	127.4	115.0	102.3
1982	118.2	113.7	120.6	121.0	116.1	114.9	117.0
1983	113.1	106.8	113.3	111.7	132.4	115.2	111.8
1984	107.5	115.1	103.0	105.3	79.7	115.0	106.5
1985	111.1	114.8	107.8	105.0	145.6	117.2	109.1
1986	106.7	81.4	109.5	104.0	163.4	111.7	104.6
1987	103.1	84.4	105.8	111.1	73.4	103.6	101.8
1988	112.9	150.2	107.4	106.7	114.3	112.7	111.3
1989	113.1	95.9	120.8	123.3	99.3	105.3	111.3

3-3 续 表

单位：%

年 份	生产总值	第一产业	第二产业	工 业	建筑业	第三产业	人均生产总值
1990	113.3	126.3	107.2	107.2	108.0	121.4	111.6
1991	107.1	92.7	108.4	108.0	112.8	109.8	106.0
1992	117.0	134.2	115.2	112.2	150.1	115.2	116.4
1993	121.1	105.0	123.0	119.3	155.1	123.0	120.0
1994	115.2	103.7	118.6	119.0	115.9	112.1	113.7
1995	112.0	105.1	113.3	115.8	96.3	111.3	110.9
1996	114.5	111.0	116.5	117.9	105.3	111.2	113.3
1997	115.0	103.9	115.7	116.6	107.6	116.3	113.2
1998	112.4	101.3	111.3	113.0	95.2	117.4	111.1
1999	109.7	105.3	107.9	109.4	91.0	114.3	108.5
2000	111.2	103.8	109.6	109.9	105.1	115.6	110.3
2001	111.9	98.3	107.3	107.9	101.5	120.1	109.6
2002	116.6	115.0	115.9	113.2	144.4	117.7	114.8
2003	119.2	107.4	120.4	116.0	157.3	119.1	117.8
2004	121.3	111.9	127.6	128.5	121.6	114.9	119.9
2005	121.3	102.6	129.9	131.1	123.0	111.7	120.0
2006	118.1	103.6	121.0	123.1	109.2	116.8	116.7
2007	118.1	103.5	120.0	121.2	112.6	117.5	116.3
2008	116.9	105.9	118.2	118.9	113.2	116.5	115.0
2009	114.5	104.2	115.6	114.7	122.2	114.0	112.6
2010	113.1	107.6	112.8	112.8	112.5	113.8	111.2
2011	114.6	105.7	116.6	117.0	115.3	113.9	113.5
2012	109.4	106.0	111.2	112.3	107.0	108.3	109.2
2013	108.2	103.7	109.4	110.7	104.6	107.5	108.0
2014	108.1	101.3	109.5	110.4	105.8	107.5	107.9
2015	107.8	102.3	108.1	108.4	106.8	108.0	107.6
2016	107.4	100.2	107.0	106.9	107.1	108.4	107.2
2017	105.3	103.1	104.0	105.8	99.3	106.2	105.0
2018	106.7	103.7	107.7	110.2	100.7	106.2	106.4
2019	106.0	101.1	108.2	110.4	101.4	104.8	105.8
2020	103.0	102.0	109.8	107.9	116.1	98.2	102.7

注：本表按可比价格计算。

主要统计指标解释

国内生产总值　指按市场价格计算的一个国家（或地区）所有常住单位在一定时期内生产活动的最终成果。国内生产总值有三种表现形式，即价值形态、收入形态和产品形态。从价值形态看，它是所有常住单位在一定时期内生产的全部货物和服务价值与同期投入的全部非固定资产货物和服务价值的差额，即所有常住单位的增加值之和；从收入形态看，它是所有常住单位在一定时期内创造并分配给常住单位和非常住单位的初次收入之和；从产品形态看，它是所有常住单位在一定时期内最终使用的货物和服务价值与货物和服务净出口价值之和。在实际核算中，国内生产总值有三种核算方法，即生产法、收入法和支出法。

对于一个地区来说，称为地区生产总值或地区GDP。

三次产业　三次产业的划分是世界上较为常用的产业结构分类，但各国的划分不尽一致。根据《国民经济行业分类》（GB/T 4754—2017），三次产业的范围如下：

第一产业是指农、林、牧、渔业（不含农、林、牧、渔专业及辅助性活动）。

第二产业是指采矿业（不含开采专业及辅助性活动），制造业（不含金属制品、机械和设备修理业），电力、热力、燃气及水生产和供应业，建筑业。

第三产业即服务业，是指除第一产业、第二产业以外的其他行业。第三产业包括：批发和零售业，交通运输、仓储和邮政业，住宿和餐饮业，信息传输、软件和信息技术服务业，金融业，房地产业，租赁和商务服务业，科学研究和技术服务业，水利、环境和公共设施管理业，居民服务、修理和其他服务业，教育，卫生和社会工作，文化、体育和娱乐业，公共管理、社会保障和社会组织，国际组织，以及农、林、牧、渔业中的农、林、牧、渔专业及辅助性活动，采矿业中的开采专业及辅助性活动，制造业中的金属制品、机械和设备修理业。

4 人口

Population

资料整理：王婷

4-1　年末户籍总人口及其构成

单位：万人

年份	年末总人口	年平均人口	按性别分		按农业、非农业分		按城乡分	
			男	女	农业人口	非农业人口	市镇人口	乡村人口
1949	35.79	35.47	20.44	15.35	24.37	11.42	16.79	19.00
1952	43.00	42.47	24.60	18.40	31.02	11.98	18.53	24.47
1957	80.16	75.49	46.43	33.73	36.63	43.53	51.61	28.55
1962	113.08	129.46	63.49	49.59	47.83	65.25	76.35	36.73
1966	123.02	121.58	68.12	54.90	53.26	69.76	84.29	38.73
1967	127.53	125.27	70.28	57.25	53.25	74.28	88.50	39.03
1968	131.09	129.31	72.10	58.99	54.91	76.18	90.83	40.26
1969	133.89	132.49	73.96	59.93	56.76	77.13	92.25	41.64
1970	136.20	134.70	75.75	60.45	58.57	77.63	93.15	43.05
1971	141.76	138.73	77.65	64.11	60.24	81.52	97.62	44.14
1972	147.86	145.00	80.03	67.83	61.97	85.89	102.52	45.34
1973	150.85	149.33	81.70	69.15	64.01	86.84	104.12	46.73
1974	154.42	152.63	83.14	71.28	66.68	87.74	106.47	47.95
1975	156.20	155.32	83.75	72.45	68.00	88.20	106.05	50.15
1976	157.86	157.03	84.65	73.21	69.60	88.26	106.93	50.93
1977	159.90	158.88	85.42	74.48	71.18	88.72	107.90	52.00
1978	160.68	160.31	85.68	75.00	71.96	88.72	108.02	52.66
1979	161.64	161.13	85.72	75.92	70.82	90.82	109.69	51.95
1980	162.10	161.86	86.07	76.03	71.02	91.08	110.07	52.03
1981	162.91	162.51	85.96	76.95	70.60	92.31	110.61	52.30
1982	165.33	164.13	87.16	78.17	72.20	93.13	112.23	53.10
1983	166.47	165.88	87.82	78.65	72.61	93.86	113.34	53.13
1984	168.40	167.44	88.73	79.67	73.81	94.59	114.39	54.01
1985	172.43	170.63	90.61	81.82	73.61	98.82	118.37	54.06
1986	175.05	173.73	92.00	83.05	75.22	99.83	124.19	50.86
1987	176.99	176.04	92.61	84.38	74.53	102.46	125.94	51.05
1988	180.03	178.49	94.18	85.85	75.00	105.03	129.22	50.81
1989	182.61	181.36	95.58	87.03	76.06	106.55	131.45	51.16
1990	185.57	184.12	96.93	88.64	77.11	108.46	135.03	50.54

4-1 续 表

单位：万人

年 份	年 末 总人口	年平均 人 口	按性别分		按农业、非农业分		按城乡分	
			男	女	农业人口	非农业人口	市镇人口	乡村人口
1991	186.27	185.92	97.28	88.99	76.74	109.53	135.42	50.85
1992	187.75	187.01	98.00	89.75	77.50	110.25	136.59	51.16
1993	189.75	188.75	98.94	90.81	77.42	112.33	138.92	50.83
1994	192.49	191.12	100.28	92.21	77.88	114.61	141.60	50.89
1995	194.01	193.23	100.99	93.02	78.17	115.84	143.19	50.82
1996	196.23	195.12	101.97	94.26	78.53	117.70	145.63	50.60
1997	198.92	197.57	103.20	95.72	79.39	119.53	148.07	50.85
1998	201.12	200.02	104.31	96.81	79.95	121.17	150.93	50.19
1999	203.01	202.06	105.13	97.88	79.84	123.17	152.98	50.03
2000	204.31	203.66	105.52	98.79	78.89	125.42	154.81	49.50
2001	206.16	205.24	106.33	99.83	78.85	127.31	160.85	45.31
2002	208.02	207.09	107.17	100.85	78.48	129.54	162.78	45.24
2003	209.33	208.68	107.67	101.66	78.03	131.30		
2004	210.24	209.79	107.81	102.43	77.73	132.51		
2005	209.32	209.78	107.23	102.09	76.35	132.97		
2006	212.41	210.87	108.66	103.75	78.62	133.79		
2007	214.60	213.51	109.55	105.05	80.12	134.48		
2008	217.76	216.18	111.13	106.63	82.18	135.58		
2009	219.59	218.68	111.69	107.90	83.28	136.31		
2010	219.80	219.70	111.55	108.25	83.32	136.48		
2011	221.75	220.78	112.46	109.29	84.26	137.49		
2012	223.45	222.60	113.04	110.41	85.14	138.31		
2013	225.02	224.24	113.68	111.34	85.79	139.23		
2014	223.71	224.36	112.84	110.87	85.01	138.70		
2015	223.86	223.79	112.75	111.11	67.08	156.78		
2016	223.70	223.78	112.56	111.14	74.32	149.38		
2017	223.61	223.66	112.17	111.44	74.64	148.97		
2018	223.68	223.64	111.98	111.70	74.39	149.29		
2019	224.56	224.12	112.29	112.27	74.43	150.13		
2020	224.08	224.32	111.94	112.14	73.35	150.73		

注：2015年公安部门户籍人口取消了非农业和农业人口分组，更改为城镇和乡村人口分组。

4-2 人口出生率、死亡率、自然增长率

年 份	出生		死亡		自然增长		人口机械增长率（‰）
	出生人数（万人）	出生率（‰）	死亡人数（万人）	死亡率（‰）	人 数（万人）	增长率（‰）	
1949	1.15	32.42	0.44	12.40	0.71	20.02	
1952	1.51	35.55	0.48	11.30	1.03	24.25	
1957	3.49	46.23	0.58	7.68	2.91	38.55	
1962	5.37	41.48	1.03	7.96	4.34	33.52	
1966	3.38	27.80	0.80	6.58	2.58	21.22	
1967	3.53	28.18	0.69	5.51	2.84	22.67	
1968	4.35	33.64	0.69	5.34	3.66	28.30	
1969	4.17	31.47	0.71	5.36	3.46	26.12	
1970	3.91	29.03	0.72	5.35	3.19	23.68	
1971	3.76	27.10	0.71	5.12	3.05	21.99	
1972	3.91	26.97	0.72	4.97	3.19	22.00	
1973	3.73	24.98	0.67	4.49	3.06	20.49	
1974	3.08	20.18	0.74	4.85	2.34	15.33	
1975	3.00	19.31	0.77	4.96	2.23	14.36	
1976	2.70	17.19	0.69	4.39	2.01	12.80	
1977	2.45	15.42	0.72	4.53	1.73	10.89	
1978	2.28	14.22	0.70	4.37	1.58	9.86	
1979	1.98	12.29	0.71	4.41	1.27	7.88	
1980	1.84	11.37	0.73	4.51	1.11	6.86	
1981	2.13	13.11	0.77	4.74	1.36	8.37	
1982	2.63	16.02	0.80	4.87	1.83	11.15	
1983	2.05	12.36	0.75	4.52	1.30	7.84	
1984	2.98	17.80	0.71	4.24	2.27	13.56	
1985	2.24	13.14	0.75	4.40	1.49	8.74	
1986	2.67	15.37	0.75	4.32	1.92	11.05	
1987	2.90	16.47	0.68	3.86	2.22	12.61	8.68
1988	2.98	16.70	0.74	4.15	2.24	12.55	7.25
1989	2.99	16.49	0.72	3.97	2.27	12.52	2.42
1990	3.39	18.41	0.95	5.16	2.44	13.25	6.19

注：本表数据为公安户籍统计数。

4-2 续 表

年份	出生		死亡		自然增长		人口机械增长率（‰）
	出生人数（万人）	出生率（‰）	死亡人数（万人）	死亡率（‰）	人数（万人）	增长率（‰）	
1991	2.99	16.08	0.80	4.30	2.19	11.78	−1.56
1992	3.44	18.39	0.83	4.44	2.61	13.96	
1993	3.04	16.11	0.92	4.87	2.12	11.23	0.30
1994	3.02	15.80	0.89	4.66	2.13	11.14	3.87
1995	2.84	14.70	0.97	5.02	1.87	9.68	1.35
1996	2.91	14.90	0.95	4.88	1.96	10.02	3.10
1997	2.91	14.72	0.95	4.82	1.96	9.90	3.96
1998	2.72	13.59	1.02	5.11	1.70	8.48	2.72
1999	2.75	13.63	0.83	4.09	1.93	9.54	6.54
2000	3.33	16.37	1.17	5.73	2.16	10.64	3.82
2001	2.41	11.74	0.68	3.32	1.73	8.42	2.82
2002	2.39	11.53	0.72	3.50	1.66	8.03	5.45
2003	1.51	7.25	0.67	3.23	0.84	4.02	2.34
2004	1.79	8.52	1.49	7.12	0.30	1.40	2.05
2005	1.63	7.75	1.66	7.94	-0.03	-0.19	0.64
2006	1.57	7.45	0.74	3.51	0.83	3.94	9.44
2007	2.07	9.70	0.76	3.56	1.31	6.14	3.87
2008	2.02	7.97	0.83	3.29	1.18	4.68	8.28
2009	2.19	8.00	1.31	3.00	0.88	5.00	2.29
2010	2.32	10.56	2.41	10.97	-0.09	-0.41	1.69
2011	1.99	8.98	0.69	3.10	1.30	5.88	2.94
2012	2.12	9.52	0.89	4.00	1.23	5.52	2.10
2013	2.05	9.11	1.03	4.56	1.02	4.55	2.45
2014	2.45	10.98	1.19	5.32	1.26	5.66	0.38
2015	1.72	7.69	1.00	4.47	0.72	3.22	0.45
2016	2.18	9.74	1.45	6.48	0.73	3.26	-1.07
2017	2.03	9.08	2.35	10.51	-0.32	-1.43	2.26
2018	1.76	7.87	1.59	7.11	0.17	0.76	-0.45
2019	1.86	8.28	0.94	4.19	0.92	4.09	-0.09
2020	1.76	7.86	1.55	6.91	0.21	0.95	-3.03

4-3　年末户籍总人口及人口变动

项　目	2019	2020	2020年比2019年增长（%、±千分点）
年末总户数（万户）	**90.07**	**91.50**	**1.59**
年末总人口（万人）	**224.56**	**224.08**	**-0.21**
#蒙古族	9.53	9.66	1.36
其他少数民族	7.02	7.07	0.71
按性别分			
男	112.29	111.94	-0.31
女	112.27	112.14	-0.12
按农业、非农业分			
农业人口	74.43	73.35	-1.45
非农业人口	150.13	150.73	0.40
人口自然变动			
出生人口（万人）	1.86	1.76	-5.38
男	0.95	0.91	-4.21
女	0.91	0.85	-6.59
死亡人口（万人）	0.94	1.55	64.89
出生率（‰）	8.30	7.86	0.44
死亡率（‰）	4.19	6.91	2.72
自然增长率（‰）	4.09	0.95	-3.14
人口迁移变动			
省内迁入（万人）	1.60	1.46	-8.75
省外迁入（万人）	0.43	0.43	0.00
迁往省内（万人）	1.31	1.76	34.35
迁往省外（万人）	0.74	0.81	9.46
迁入率（‰）	9.10	8.43	-0.67
迁出率（‰）	9.19	11.46	2.27
机械增长率（‰）	-0.09	-3.03	-2.94

4-4　民族人口及构成

单位：人

项　目	2019	2020	构成（%）	
			2019	2020
汉　族	2080052	2073591	92.62	92.54
少数民族	165632	167244	7.38	7.46
蒙古族	95389	96579	4.25	4.31
回族	37327	37290	1.66	1.66
满族	28051	28405	1.25	1.27
朝鲜族	867	869	0.04	0.04
达斡尔族	1010	1041	0.04	0.05
鄂温克族	142	153	0.01	0.01
鄂伦春族	35	35		
壮族	316	317	0.01	0.01
藏族	170	174	0.01	0.01
锡伯族	340	347	0.02	0.02
苗族	335	352	0.01	0.02
土家族	353	358	0.02	0.02
彝族	217	220	0.01	0.01
维吾尔族	23	26		
其他少数民族	1057	1078	0.05	0.05

注：本表数据为公安户籍统计数。

4-5 年末民族人口数

年 份	在人口总数中							
	汉族（万人）	蒙古族（万人）	回族（万人）	满族（万人）	朝鲜族（人）	达斡尔族（人）	鄂温克族（人）	鄂伦春族（人）
1949	32.68	0.73	0.59	0.06				
1952	38.76	0.90	0.63	0.09				
1957	74.09	1.31	0.98	0.09	503	77		
1962	103.74	1.75	1.94	0.13	333	150	3	
1966	112.49	2.10	1.70	0.25	401	252	15	
1967	116.75	2.19	1.81	0.28	443	258	12	
1968	119.96	2.22	1.82	0.26	356	220	8	
1969	122.53	2.27	1.84	0.25	359	220	8	
1970	124.54	2.34	1.91	0.25	359	213	8	
1971	136.72	2.41	2.21	0.33	373	251	9	
1972	142.61	2.50	2.26	0.40	387	274	13	
1973	145.46	2.55	2.35	0.41	388	305	14	12
1974	148.83	2.65	2.43	0.40	462	287	9	1
1975	150.39	2.79	2.49	0.43	435	338	14	10
1976	152.10	2.78	2.46	0.43	414	257	17	6
1977	154.06	2.83	2.47	0.44	388	294	12	9
1978	154.85	2.82	2.45	0.45	356	333	6	11
1979	155.38	3.02	2.53	0.59	422	341	8	11
1980	155.58	3.10	2.55	0.75	413	361	10	10
1981	156.11	3.27	2.59	0.80	407	392	6	13
1982	157.79	3.60	2.78	1.01	448	415	11	14
1983	158.72	3.72	2.82	1.07	440	412	17	10
1984	160.69	3.77	2.76	1.05	437	401	14	20
1985	164.51	3.86	2.79	1.12	530	431	33	13
1986	166.82	4.00	2.80	1.26	434	459	41	15
1987	168.08	4.28	3.01	1.42	530	485	41	17
1988	171.11	4.33	2.96	1.46	509	486	31	14
1989	173.48	4.47	2.90	1.57	518	526	30	27
1990	176.07	4.65	3.02	1.63	532	514	34	14

注：本表数据为公安户籍统计数。

4-5 续 表

年 份	在人口总数中							
	汉族（万人）	蒙古族（万人）	回族（万人）	满族（万人）	朝鲜族（人）	达斡尔族（人）	鄂温克族（人）	鄂伦春族（人）
1991	176.46	4.82	3.07	1.71	529	532	39	14
1992	177.64	4.92	3.17	1.81	553	593	42	14
1993	179.24	5.17	3.24	1.85	566	525	54	14
1994	181.67	5.37	3.27	1.94	640	639	57	16
1995	182.94	5.48	3.31	2.01	640	651	59	16
1996	184.88	5.69	3.35	2.05	655	661	52	18
1997	187.35	5.82	3.38	2.10	663	664	60	13
1998	189.21	6.03	3.45	2.15	686	656	59	18
1999	190.81	6.26	3.44	2.19	689	685	60	24
2000	191.86	6.42	3.49	2.22	712	718	70	21
2001	193.39	6.69	3.49	2.26	725	760	80	25
2002	195.11	6.80	3.50	2.27	726	770	87	23
2003	196.25	6.93	3.52	2.29	736	780	78	25
2004	196.97	7.09	3.53	2.30	744	781	91	23
2005	195.98	7.17	3.51	2.30	743	769	83	22
2006	198.95	7.26	3.50	2.31	751	783	74	23
2007	200.91	7.43	3.53	2.34	771	785	78	25
2008	203.79	7.63	3.57	2.37	787	779	86	28
2009	205.17	7.96	3.62	2.44	787	800	92	31
2010	205.15	8.13	3.64	2.46	792	802	102	29
2011	206.86	8.31	3.67	2.50	797	825	106	30
2012	208.25	8.53	3.69	2.55	816	858	111	29
2013	209.53	8.73	3.72	2.60	827	879	119	33
2014	208.05	8.85	3.72	2.64	840	913	124	33
2015	208.06	8.96	3.72	2.67	851	916	131	31
2016	207.70	9.11	3.72	2.72	850	950	132	32
2017	207.40	9.26	3.77	2.71	856	974	137	32
2018	207.30	9.40	3.73	2.77	857	986	139	33
2019	208.00	9.53	3.73	2.80	867	1010	142	35
2020	207.36	9.66	3.73	2.84	869	1041	153	35

4-6 年末常住人口

项目	2000	2001	2002	2003	2004	2005
年末总户数（万户）	**77.78**	**79.27**	**80.59**	**81.75**	**83.01**	**84.91**
年末总人口（万人）	**229.43**	**233.86**	**236.93**	**239.52**	**242.35**	**244.88**
按性别分						
男	119.08	121.33	120.74	121.76	125.10	126.14
女	110.35	112.53	116.19	117.76	117.25	118.74
按城乡分						
城镇人口	157.65	161.41	164.24	166.67	172.82	176.31
乡村人口	71.78	72.45	72.69	72.85	69.53	68.57
城镇化率（%）	68.71	69.02	69.32	69.59	71.31	72.00
按旗县区分						
稀土高新区	12.57	13.16	13.60	6.12	6.44	6.50
东河区	43.71	44.43	44.87	44.62	45.30	45.40
昆都仑区	43.93	44.82	45.64	55.20	56.07	56.47
青山区	33.92	34.59	35.03	38.70	39.65	40.28
石拐区	5.12	5.08	4.90	4.92	4.94	4.87
白云矿区	2.57	2.59	2.52	2.44	2.44	2.44
九原区	28.25	29.07	29.68	27.38	27.65	27.73
土默特右旗	31.97	32.43	32.70	31.99	31.93	31.53
固阳县	17.37	17.60	17.74	17.61	17.67	17.68
达尔罕茂明安联合旗	10.02	10.17	10.26	10.23	10.26	10.10

4-6 续

项　目	2006	2007	2008	2009	2010	2011	2012
年末总户数（万户）	**86.84**	**88.31**	**90.05**	95.38	**100.23**	**101.95**	**103.28**
年末总人口（万人）	**248.37**	**252.56**	**256.63**	261.09	**265.61**	**266.09**	**266.46**
按性别分							
男	128.03	130.03	131.50	133.91	137.16	137.15	137.08
女	120.34	122.53	125.13	127.18	128.45	128.94	129.38
按城乡分							
城镇人口	181.48	188.66	194.78	203.39	211.13	214.38	217.81
乡村人口	66.89	63.90	61.85	57.70	54.48	51.71	48.65
城镇化率（%）	73.07	74.70	75.90	77.90	79.49	80.57	81.74
按旗县区分							
稀土高新区	6.56	10.07	12.20	12.52	11.98	12.55	13.24
东河区	45.90	46.02	49.72	50.66	51.30	51.12	50.78
昆都仑区	57.20	57.88	63.22	64.36	72.88	73.28	73.79
青山区	41.13	41.82	45.70	46.69	48.22	48.65	48.97
石拐区	4.84	4.23	4.69	16.15	3.58	3.37	3.25
白云矿区	2.43	2.43	2.46	4.26	2.61	2.58	2.55
九原区	28.19	28.50	15.18	2.55	19.68	20.18	20.62
土默特右旗	31.64	31.06	30.69	30.82	27.65	27.33	27.01
固阳县	17.74	17.44	17.32	17.24	17.56	17.01	16.46
达尔罕茂明安联合旗	10.13	10.16	12.20	11.96	10.15	10.02	9.79

注：2011-2019年为根据第七次全国人口普查结果修订后数据。

表

2013	2014	2015	2016	2017	2018	2019	2020
105.50	**107.45**	**108.95**	**111.47**	**113.66**	**115.85**	**117.60**	**119.40**
266.92	**267.55**	**268.02**	**268.64**	**269.38**	**269.94**	**270.47**	**271.03**
136.99	137.04	137.04	137.08	137.18	137.19	137.22	137.42
129.93	130.51	130.98	131.56	132.20	132.75	133.25	133.61
220.94	222.94	224.42	227.25	230.13	231.47	232.48	233.49
45.98	44.61	43.60	41.39	39.25	38.47	37.99	37.54
82.77	83.33	83.73	84.59	85.43	85.75	85.95	86.16
13.99	14.76	15.68	16.31	16.97	17.38	17.82	18.45
50.31	49.75	49.15	48.85	48.69	48.57	48.49	48.42
74.24	74.97	75.63	76.45	77.41	77.98	78.61	78.79
49.45	49.97	50.43	50.88	51.50	52.27	52.84	53.54
3.13	3.02	2.89	2.77	2.65	2.58	2.53	2.47
2.52	2.46	2.43	2.41	2.38	2.34	2.30	2.27
21.12	21.61	22.29	22.86	23.55	23.83	24.22	24.56
26.74	26.37	25.96	25.52	24.92	24.57	24.11	23.73
15.89	15.38	14.77	14.16	13.42	12.91	12.34	11.85
9.53	9.26	8.79	8.43	7.89	7.51	7.21	6.95

主要统计指标解释

人口数　指一定时点、一定地区范围内的有生命的个人的总和。

年度统计的年末人口数指每年12月31日24时的人口数。

户籍人口　指公民依《中华人民共和国户口登记条例》已在其经常居住地的公安户籍管理机关登记了常住户口的人，这类人口不管其是否外出，也不管外出时间长短，只要在某地注册有常住户口，则为该地区的户籍人口。

常住人口　指实际经常居住在某地区半年以上的人口。按人口普查和抽样调查规定，还包括户口在外地，但在本地居住半年以上者，或离开户口地半年以上而调查时在本地居住的人口；调查时居住在本地，但在任何地方都没有登记常住户口，如手持户口迁移证、出生证、退伍证、劳改劳教释放证等尚未办理常住户口的人。

城镇人口和乡村人口的划分　城镇人口是指居住在城镇范围内的全部人口；乡村人口是除上述人口以外的全部人口。

历年城乡人口数据是按照当时国家《关于统计上划分城乡的规定》计算的。

出生率(又称粗出生率)　指在一定时期内(通常为一年)平均每千人所出生的人数的比率，一般用千分率表示。本资料中的出生率指年出生率，其计算公式为：

出生率=年出生人数/年平均人数×1000‰

式中：出生人数指活产婴儿，即胎儿脱离母体时(不管怀孕月数)，有过呼吸或其他生命现象。年平均人数指年初、年底人口数的平均数，也可用年中人口数代替。

死亡率(又称粗死亡率)　指在一定时期内(通常为一年)一定地区的死亡人数与同期平均人数(或期中人数)之比，一般用千分率表示。本资料中的死亡率指年死亡率，其计算公式为：

死亡率=年死亡人数/年平均人数×1000‰

人口自然增长率　指在一定时期内(通常为一年)人口自然增加数(出生人数减死亡人数)与该时期内平均人数(或期中人数)之比，一般用千分率表示。计算公式为：

人口自然增长率=(本年出生人数−本年死亡人数)/年平均人数×1000‰=人口出生率−人口死亡率

5 就业与工资

Employment and Wages

资料整理：丁慧芬

5-1 就业基本情况

项 目	2015	2016	2017	2018	2019	2020
就业人员合计（万人）	**133.02**	**132.57**	**132.33**	**132.04**	**131.47**	**130.80**
第一产业	19.72	19.52	19.35	19.17	18.95	18.72
第二产业	35.00	34.87	34.60	34.13	33.91	32.50
第三产业	78.30	78.18	78.38	78.74	78.62	79.58
就业人员构成（%）						
第一产业	14.83	14.72	14.62	14.52	14.41	14.31
第二产业	26.31	26.30	26.15	25.85	25.79	24.85
第三产业	58.86	58.98	59.23	59.63	59.80	60.84
城镇非私营就业人员（万人）	**40.15**	**38.86**	**35.97**	**34.69**	**34.09**	**34.31**
国有单位	12.71	12.51	12.77	13.88	12.32	
城镇集体单位	1.15	1.12	0.59	0.50	0.27	
其他单位	26.29	25.23	22.61	20.31	21.50	
城镇登记失业人数（万人）	**5.13**	**5.38**	**5.52**	**5.46**	**5.41**	**5.59**
城镇登记失业率（%）	**3.88**	**3.89**	**3.87**	**3.86**	**3.86**	**3.88**

注：1.1998年及以后城镇单位从业人员、职工人数统计口径有调整，详见本篇指标解释;
2.2020年就业人员及分产业数据由自治区统计局推算并反馈，2010-2019年数据同时进行修订（下同）。

5-2 按三次产业划分的年末就业人员

年 份	就业人员（万人）				构成（%）		
		第一产业	第二产业	第三产业	第一产业	第二产业	第三产业
1957	28.24	16.68	9.06	2.50	59.06	32.08	8.86
1965	44.06	22.26	18.30	3.50	50.52	41.53	7.95
1970	50.84	24.15	22.55	4.14	47.50	44.35	8.15
1975	65.19	27.20	27.88	10.11	41.72	42.77	15.51
1978	69.78	25.57	30.68	13.53	36.64	43.97	19.39
1980	77.99	26.08	35.27	16.64	33.44	45.22	21.34
1985	92.41	30.13	43.13	19.15	32.60	46.67	20.73
1986	95.38	30.00	44.78	20.60	31.45	46.95	21.60
1987	96.28	30.55	44.41	21.32	31.73	46.13	22.14
1988	99.01	30.47	46.09	22.45	30.77	46.55	22.68
1989	101.09	31.24	46.29	23.56	30.90	45.79	23.31
1990	102.39	31.82	46.70	23.87	31.08	45.61	23.31
1991	106.92	33.46	48.42	25.04	31.29	45.29	23.42
1992	109.34	32.82	50.43	26.09	30.02	46.12	23.86
1993	108.20	31.51	49.71	26.98	29.12	45.94	24.94
1994	113.63	31.40	52.22	30.01	27.63	45.96	26.41
1995	112.77	32.64	50.95	29.18	28.94	45.18	25.88
1996	111.41	32.57	49.05	29.79	29.23	44.03	26.74
1997	113.34	31.99	46.58	34.77	28.22	41.10	30.68
1998	105.66	32.57	39.17	33.92	30.82	37.07	32.11
1999	101.84	32.40	37.66	31.78	31.82	36.98	31.20

5-2 续表

年份	就业人员（万人）				构成（%）		
		第一产业	第二产业	第三产业	第一产业	第二产业	第三产业
2000	110.50	25.59	34.66	50.25	23.16	31.37	45.47
2001	109.99	31.58	33.81	44.60	28.71	30.74	40.55
2002	111.07	32.60	32.90	45.57	29.35	29.62	41.03
2003	112.53	30.83	33.35	48.35	27.40	29.64	42.96
2004	114.24	30.62	32.55	51.07	26.80	28.49	44.71
2005	118.38	29.55	34.40	54.43	24.96	29.06	45.98
2006	121.68	27.17	39.18	55.33	22.33	32.20	45.47
2007	127.76	25.16	39.96	62.64	19.69	31.28	49.03
2008	133.18	22.40	40.22	70.56	16.82	30.20	52.98
2009	137.67	21.27	43.13	73.27	15.45	31.33	53.22
2010	134.04	20.57	40.06	73.41	15.35	29.89	54.76
2011	133.82	20.40	39.41	74.01	15.24	29.45	55.31
2012	133.63	20.23	38.38	75.02	15.14	28.72	56.14
2013	133.43	20.06	37.32	76.05	15.04	27.97	56.99
2014	133.19	19.89	35.23	78.08	14.93	26.45	58.62
2015	133.02	19.72	35.00	78.30	14.83	26.31	58.86
2016	132.57	19.52	34.87	78.18	14.72	26.30	58.98
2017	132.33	19.35	34.60	78.38	14.62	26.15	59.23
2018	132.04	19.17	34.13	78.74	14.52	25.85	59.63
2019	131.47	18.95	33.91	78.62	14.41	25.79	59.80
2020	130.80	18.72	32.50	79.58	14.31	24.85	60.84

注：2003年以后就业人员中不包括社会自由就业人员（后同）。

5-3 按行业分年末就业

年 份	合计	农林牧渔业	采矿业	制造业	电力、燃气及水的生产和供应业	建筑业	交通运输仓储和邮政业	信息传输、计算机服务和软件业	批发和零售业
1985	92.41	30.13	35.00			8.13	4.05		7.19
1986	95.38	30.00	35.64			9.14	4.68		7.27
1987	96.28	30.55	35.39			9.02	4.67		7.65
1988	99.01	30.47	37.09			9.00	4.77		8.12
1989	101.09	31.24	37.88			8.41	5.10		8.35
1990	102.39	31.82	38.36			8.34	5.09		8.64
1991	106.92	33.46	39.71			8.71	5.18		9.32
1992	109.34	32.82	40.87			9.56	5.26		9.84
1993	108.20	31.51	2.73	35.07	1.15	10.76	5.20		11.08
1994	113.63	31.40	2.73	38.64	0.96	9.89	5.83		11.89
1995	112.77	32.64	2.27	37.46	0.97	10.25	5.67		11.43
1996	111.41	32.57	2.40	36.06	1.07	9.52	5.53		11.94
1997	113.34	31.99	2.25	34.52	1.09	8.72	5.94		14.84
1998	105.66	32.57	1.81	29.19	1.16	7.01	5.42		13.91
1999	101.84	32.39	1.40	27.57	1.19	7.50	4.77		12.31
2000	110.50	25.59	1.34	26.61	1.25	5.46	5.51		24.58
2001	109.99	31.58	1.38	26.19	1.36	4.88	4.73		23.10
2002	111.07	32.60	1.49	25.45	1.23	4.73	4.51		24.87
2003	112.53	31.09	1.47	25.67	1.19	5.02	4.53	0.85	6.27
2004	114.24	30.89	1.58	24.48	1.23	5.27	5.68	0.98	8.21
2005	118.38	29.55	1.70	25.50	1.35	5.85	8.01	0.96	11.56
2006	121.68	27.17	3.61	27.96	1.33	6.27	8.39	0.97	11.64
2007	127.76	25.16	3.79	28.23	1.37	6.57	10.11	1.23	12.89
2008	133.18	22.40	3.66	27.81	1.29	7.46	11.75	1.68	14.40
2009	137.67	21.27	3.59	29.05	1.35	9.14	12.54	1.78	15.31
2010	134.04	20.57	3.60	25.80	1.49	9.17	12.79	1.78	16.02

注：1993年前采矿业数据为全部工业数据（包含采矿业、制造业、电力煤气及水的生产供应业）（后同）。

人员（1985-2010年）

单位：万人

住宿和餐饮业	金融业	房地产业	租赁和商务服务业	科学研究、技术服务和地质勘查业	水利、环境和公共设施管理业	居民服务和其他服务业	教育	卫生、社会保障和社会福利业	文化、体育和娱乐业	公共管理和社会组织
	0.34	1.68		0.34	0.24		2.77	0.92		1.61
	0.41	1.82		0.35	0.25		2.38	0.91		2.53
	0.44	2.01		0.36	0.19		2.52	0.93		2.54
	0.50	2.18		0.36	0.20		2.45	0.96		2.91
	0.53	2.20		0.38	0.29		2.99	1.06		2.66
	0.57	2.24		0.39	0.36		2.70	0.98		2.90
	0.61	2.35		0.44	0.35		2.74	0.99		3.06
	0.64	2.44		0.32	0.34		2.76	1.00		3.49
	0.71	0.10		0.35	0.64	1.34	2.52	0.90		4.14
	0.76	0.19		0.51	0.44	2.37	2.73	0.89		4.40
	0.80	0.17		0.48	0.42	2.36	2.71	0.81		4.33
	0.87	0.12		0.46	0.43	2.43	2.74	0.94		4.33
	0.88	0.30		0.45	0.43	3.03	2.77	0.95		5.18
	0.92	0.30		0.49	0.34	3.42	2.75	0.94		5.43
	0.88	0.27		0.48	0.32	3.92	2.70	0.97		5.17
	0.93	0.28		0.44	0.32	11.99	2.70	0.99		2.51
	1.01	0.27		0.43	0.32	8.29	2.71	0.98		2.76
	0.89	0.19		0.40	0.31	8.17	2.68	1.08		2.47
20.94	0.86	0.17	0.78	0.59	0.62	6.31	2.34	1.00	0.53	2.30
20.08	0.83	0.18	0.76	0.58	0.65	6.59	2.41	1.01	0.58	2.25
17.73	0.85	0.20	0.77	0.55	0.66	6.40	2.66	1.10	0.61	2.37
17.86	0.91	0.22	0.79	0.56	0.71	6.44	2.77	1.14	0.61	2.33
19.17	1.08	0.82	1.04	0.58	0.72	7.15	3.08	1.61	0.78	2.38
18.68	1.34	1.20	2.23	0.93	0.78	8.77	3.49	1.83	1.06	2.42
18.86	1.73	1.23	2.18	0.87	1.26	7.60	4.43	1.84	0.86	2.78
17.11	1.88	1.48	2.57	1.12	0.97	7.57	4.53	1.87	0.99	2.73

5-4　按行业分年末城镇

年份	合计	农林牧渔业	采矿业	制造业	电力、燃气及水的生产和供应业	建筑业	交通运输仓储和邮政业	信息传输、计算机服务和软件业	批发和零售业
1985	61.09	1.39	33.50			7.89	3.95		7.04
1986	61.68	1.47	34.05			7.82	3.34		7.08
1987	61.78	1.45	32.93			8.44	3.52		7.37
1988	64.41	1.46	34.33			8.55	3.30		7.82
1989	65.89	1.45	35.47			7.93	3.77		8.02
1990	67.94	1.54	37.00			7.95	4.11		8.27
1991	71.14	1.52	38.66			8.39	4.40		8.77
1992	73.01	1.48	39.51			8.96	4.24		9.42
1993	71.28	1.19	2.33	33.42	1.15	9.91	4.86		9.67
1994	76.61	1.31	2.72	37.23	0.96	8.96	4.41		11.05
1995	74.16	1.39	2.15	35.79	0.97	9.14	4.37		10.43
1996	70.86	1.43	2.21	33.07	1.02	7.60	3.96		11.39
1997	73.33	1.44	2.15	32.10	1.04	7.13	4.42		13.89
1998	65.40	1.39	1.72	27.15	1.13	5.45	3.94		12.95
1999	60.69	1.41	1.32	25.38	1.18	4.85	3.36		11.20
2000	66.85	1.00	1.18	24.54	1.20	2.97	3.01		20.09
2001	68.10	1.26	1.19	23.53	1.32	3.48	3.47		20.55
2002	67.54	1.31	1.38	22.67	1.23	3.28	3.25		20.41
2003	68.70	1.30	1.43	22.84	1.19	3.20	3.39	0.83	2.65
2004	69.45	1.37	1.44	22.03	1.23	3.45	3.82	0.94	4.03
2005	72.35	0.74	1.53	22.71	1.35	3.75	5.83	0.90	6.98
2006	76.36	0.61	2.50	24.13	1.33	3.90	6.48	0.88	7.37
2007	87.97	0.62	3.41	25.40	1.35	4.79	8.30	1.11	8.60
2008	98.60	0.51	3.33	26.26	1.26	5.83	9.44	1.38	12.52
2009	106.87	0.54	3.33	25.51	1.33	7.45	10.62	1.69	14.72
2010	108.13	0.61	3.54	23.58	1.48	7.92	11.69	1.75	15.91

就业人员（1985-2010年）

单位：万人

住宿和餐饮业	金融业	房地产业	租赁和商务服务业	科学研究、技术服务和地质勘查业	水利、环境和公共设施管理业	居民服务和其他服务业	教育	卫生、社会保障和社会福利业	文化、体育和娱乐业	公共管理和社会组织
	0.34	1.67		0.34	0.24		2.39	0.86		1.48
	0.40	1.83		0.35	0.25		2.38	0.91		1.80
	0.47	2.00		0.36	0.19		2.30	0.87		1.88
	0.50	2.18		0.36	0.20		2.44	0.94		2.33
	0.52	2.20		0.38	0.29		2.78	0.99		2.09
	0.57	2.24		0.39	0.36		2.49	0.91		2.11
	0.60	2.35		0.44	0.35		2.54	0.92		2.20
	0.64	2.44		0.31	0.34		2.57	0.94		2.16
	0.70	0.10		0.35	0.64	1.34	2.51	0.88		2.23
	0.76	0.19		0.51	0.44	2.04	2.73	0.88		2.42
	0.79	0.17		0.48	0.42	2.15	2.70	0.82		2.39
	0.87	0.12		0.45	0.43	2.40	2.63	0.93		2.35
	0.85	0.29		0.46	0.43	3.01	2.71	0.95		2.46
	0.91	0.30		0.49	0.34	3.41	2.71	0.93		2.58
	0.88	0.27		0.48	0.31	3.91	2.68	0.96		2.50
	0.93	0.28		0.44	0.31	4.73	2.69	0.98		2.50
	0.85	0.27		0.43	0.32	5.02	2.69	0.96		2.76
	0.89	0.19		0.40	0.31	6.00	2.68	1.08		2.46
18.51	0.86	0.17	0.39	0.58	0.62	4.71	2.31	1.00	0.43	2.29
17.61	0.83	0.17	0.39	0.55	0.64	4.84	2.40	1.01	0.45	2.25
15.07	0.85	0.18	0.39	0.55	0.64	4.37	2.62	1.07	0.47	2.35
15.41	0.91	0.19	0.40	0.54	0.68	4.41	2.73	1.13	0.46	2.30
17.36	1.08	0.51	0.67	0.59	0.68	5.92	3.04	1.61	0.56	2.37
17.50	1.31	1.08	1.49	0.74	0.75	6.71	3.49	1.83	0.75	2.42
18.44	1.70	1.20	1.91	0.87	1.26	6.72	4.40	1.84	0.58	2.76
16.92	1.87	1.48	2.25	1.12	0.95	7.23	4.53	1.87	0.71	2.72

5-5 城镇就业及失业人数

年 份	当年需要安置人数（人）	当年新增就业人数（人）	年末城镇失业人数（人）	登 记失业率（%）
1980	61861	35780	26081	5.25
1981	72917	50854	22063	4.23
1982	80442	33591	46851	8.23
1983	72988	31031	41677	7.36
1984	61774	31020	23424	4.14
1985	53357	26007	26245	4.42
1986	55112	31664	23448	3.88
1987	54665	21641	31314	5.04
1988	55455	16693	37880	5.79
1989	57314	10562	44584	6.69
1990	54950	16800	37002	5.51
1991	55867	17000	37914	5.30
1992	55589	24480	29441	4.12
1993	43249	17319	25574	3.00
1994	35484	10199	25285	3.34
1995	33879	6674	27205	3.81
1996	35045	7667	26866	3.70
1997	31288	8132	20875	2.83
1998	29823	7898	21794	3.02
1999	21265	2416	18847	2.65

5-5 续 表

年 份	当年需要安置人数（人）	当年新增就业人数（人）	年末城镇失业人数（人）	登 记失业率（%）
2000	24256	3844	20412	3.40
2001	29119	2231	26812	4.01
2002	37109	5068	32041	4.30
2003	37885	38180	31746	4.50
2004	106494	72796	33698	4.67
2005	106933	105725	30945	3.97
2006	105491	105610	31829	3.87
2007	145780	113932	33116	3.82
2008	135723	99768	35739	3.87
2009	93089	85953	41924	3.88
2010	117091	73352	39203	3.88
2011	93271	53041	40369	3.87
2012	86916	41620	36771	3.87
2013		41485	48722	3.87
2014		41362	49604	3.87
2015		42059	51253	3.88
2016		42267	53763	3.89
2017		43106	55240	3.87
2018		43130	54614	3.86
2019		44947	54080	3.86
2020		45602	55948	3.88

注：本表数据由就业局提供；2003年及以后年份的“当年就业人数”中包括持优惠证的下岗职工。

5-6　城镇非私营单位职工工资总额和平均工资

年份	职工工资总额（万元）				职工平均工资（元）			
	合计	国有单位	城镇集体单位	其他单位	合计	国有单位	城镇集体单位	其他单位
1949	65	65			271	271		
1950	115	115			230	230		
1952	387	387			362	362		
1957	9347	9347			782	782		
1962	14067	13658	409		663	693	269	
1965	15175	14144	1031		741	769	496	
1970	17262	15591	1671		674	694	527	
1975	22961	18880	4081		674	694	598	
1978	27427	21818	5609		655	727	423	
1980	37311	28176	9134		788	868	614	
1985	58947	43377	15570		1074	1193	841	
1990	114096	85748	28146	202	1893	2085	1476	2244
1991	131511	98329	32501	681	2104	2288	1693	2003
1992	159536	117302	40969	1265	2473	2659	2068	2144
1993	222975	168186	52337	2452	3328	3647	2633	2452
1994	298468	225802	62971	9695	4496	5027	3363	3564
1995	313407	227407	69820	16179	4938	5398	4050	3946
1996	330304	246197	69234	14873	5312	5809	4292	4053
1997	342181	261676	62080	18424	5813	6612	4159	4221
1998	298452	133791	46357	118304	6178	6080	4655	7240
1999	299566	122355	37818	139393	6736	6861	4927	7350

5-6 续 表

年 份	职工工资总额（万元）				职工平均工资（元）			
	合计	国有单位	城镇集体单位	其他单位	合计	国有单位	城镇集体单位	其他单位
2000	311025	125137	33840	152047	7517	7945	5262	7921
2001	327986	136178	33831	157977	8384	9366	6490	8156
2002	369801	155009	28060	186732	10212	11360	7368	9989
2003	471324	201602	33426	236296	13417	15165	8974	13048
2004	565169	250429	39029	275711	16173	19166	11301	14964
2005	676236	304463	41536	330237	19805	23492	13100	18333
2006	757428	337708	43664	376056	22815	26584	14931	21402
2007	883220	375231	45152	462837	26867	30483	16989	25847
2008	1044468	441416	51533	551519	31780	35805	20249	30653
2009	1186242	516559	65521	604162	36723	41291	25952	34988
2010	1323917	584560	71517	667841	41403	46112	29496	39576
2011	1714634	666253	77650	970731	47059	52403	35734	45047
2012	1881466	733400	72032	1076034	51646	59643	38292	48355
2013	2203988	816660	59796	1327532	53100	64871	39830	48421
2014	2198848	760363	50347	1388138	56246	64802	39560	53212
2015	2280522	877560	47757	1355205	59573	71940	42274	54310
2016	2373214	951729	51019	1370466	63987	79008	46483	57233
2017	2369047	994742	37284	1337021	69706	80989	68892	63178
2018	2463780	1140593	34723	1288464	75318	84544	71860	68764
2019	2616295	1087072	20456	1508767	81889	90092	78135	76894
2020	2766367				86333			

注：1998年及以后年度职工工资总额、平均工资为城镇单位在岗职工的工资总额和平均工资（后同）。

5-7 按行业分城镇非私营单位

年 份	合计	农林牧渔业	采矿业	制造业	电力、燃气及水的生产和供应业	建筑业	交通运输仓储和邮政业	信息传输、计算机服务和软件业	批发和零售业
1978	655	532	671	745		836	739		640
1979	667	500	738	648		817	760		682
1980	788	639	835	910		954	889		754
1985	1074	726	971	1086		1236	1075		843
1986	1223	761	1008	1244		1341	1309		990
1987	1338	827	1114	1358		1532	1367		1037
1988	1545	934	1349	1573		1788	1590		1182
1989	1695	953	1458	1761		1882	1764		1282
1990	1893	1144	1387	1996		2128	1842		1367
1991	2104	1236	1678	2210		2528	1945		1514
1992	2473	1555	1712	2519		3225	2366		1663
1993	3328	2758	3326	3460	4380	4352	3013		1896
1994	4496	2087	4667	4597	6655	5655	3698		2369
1995	4938	2077	5197	5003	7552	6216	4221		2386
1996	5312	2342	5500	5579	5770	6242	4769		2634
1997	5813	4334	5343	6086	9390	6423	4777		2581
1998	6178	3845	5834	6127	10905	6120	5993		3618
1999	6736	4151	4982	6768	12107	6188	6536		3832
2000	7517	4126	6835	7536	13949	6206	7120		4280
2001	8384	4616	7535	8061	14807	6568	6888		4500
2002	10212	6952	8461	10192	15121	7575	7884		5067
2003	13417	9565	9202	13183	21172	9590	9763	15167	8110
2004	16173	10561	11726	15055	30575	13015	11423	17964	9649
2005	19805	13482	13310	17960	35763	14470	19874	25806	15071
2006	22815	14780	15374	20987	40866	16861	18952	23787	16011
2007	26867	16727	17617	25370	45661	20853	21473	28822	17729
2008	31780	18536	19402	30324	48492	23679	26403	38739	22483
2009	36723	22237	26605	34418	49911	28235	27046	32669	26172
2010	41403	25846	36216	39478	56948	32132	29389	38553	28790

职工平均工资（1978-2010年）

单位：元

住宿和餐饮业	金融业	房地产业	租赁和商务服务业	科学研究、技术服务和地质勘查业	水利、环境和公共设施管理业	居民服务和其他服务业	教育	卫生、社会保障和社会福利业	文化、体育和娱乐业	公共管理和社会组织
	662			694		686	599			735
	687			848		695	628			617
	763			863		783	694			844
	1158			1261	1439	888	1223	1116		1169
	1302			1460	1553	1017	1317	1282		1345
	1299			1606	1573	1216	1437	1309		1448
	1494			1814	1786	1276	1699	1594		1641
	1634			2023	1996	1528	1216	1726		1686
	1804	1279		2205	2283	1516	1890	1839		1839
	1917	1546		2319	2389	1712	1958	1938		1974
	2557	1618		2639	2723	2169	2422	2393		2511
	4320	2300		3772	3824	2437	3492	3520		3600
	7727	4617		5727	4313	3397	4643	4911		5020
	6549	5216		5941	3969	3819	5098	5588		5440
	6641	4882		6351	4448	3610	5810	5925		5884
	9396	5963		6890	4883	4501	6509	6825		6867
	9093	7281		7217	6015	5210	6896	7567		7296
	9156	7196		7709	6910	5863	7852	7972		7899
	9803	7832		9062	7145	5968	8867	9071		8944
	10764	8633		10629	8851	6783	11278	10472		11428
	11625	8805		12761	10627	7649	13545	12840		13628
8307	12882	11004	13735	17122	14110	9664	17961	16228	14342	19029
9850	16498	14884	16286	18113	14845	11406	22232	19606	20470	23920
11069	23691	22282	20888	23700	22224	12929	25747	22568	26528	27905
12163	30435	25530	19196	27657	24191	15259	29551	27146	26768	30017
13876	38310	28209	21678	28975	25524	18308	32530	30216	30578	34881
19147	48389	30368	29921	30607	25511	26089	39770	34424	35378	41237
22471	59341	36060	34213	36015	28341	30738	46779	42019	38421	47666
23760	61178	38286	37431	36918	31704	33002	51787	44999	42570	51820

5-8 按行业分城镇非私营单位

项　目	2011	2012	2013	2014
合　计	**47059**	**51646**	**53100**	**56246**
农、林、牧、渔业	32704	38399	40861	39784
采矿业	46745	50949	61636	62085
制造业	45977	50481	52557	56407
电力、燃气及水的生产和供应业	59859	70634	73717	77376
建筑业	37552	35420	35956	43026
批发和零售业	34090	42026	44738	41921
交通运输、仓储和邮政业	37968	43928	44547	43403
住宿和餐饮业	30378	32042	32064	33741
信息传输、软件和信息技术服务业	41787	50866	50883	58134
金融业	80024	60603	95177	98722
房地产业	43425	46191	39209	38959
租赁和商务服务业	42909	48144	39219	38559
科学研究和技术服务业	42651	48769	68760	69760
水利、环境和公共设施管理业	36674	40259	42125	46170
居民服务、修理和其他服务业	36734	37777	37782	41010
教育	56921	64782	69124	68383
卫生和社会工作	50518	54743	63492	65407
文化、体育和娱乐业	50472	55974	54726	59545
公共管理、社会保障和社会组织	57512	60477	64290	60180

职工平均工资（2011-2020年）

单位：元

2015	2016	2017	2018	2019	2020
59573	**63987**	**69706**	**75318**	**81889**	**86333**
45849	50385	51842	50704	74642	72597
62075	65270	87421	93100	107016	106266
57072	59766	68091	74676	82289	82210
81333	82740	89973	91615	104497	115219
42073	44518	50531	52434	56865	61044
43553	47656	50855	59023	62119	62957
51562	53884	58049	62324	73913	85449
34330	36326	41383	45198	46114	47296
65707	67926	76412	82614	81738	94689
98718	102346	103710	112457	122681	128524
38517	41355	42569	44589	55274	62424
41004	39908	41420	42627	58489	58219
74039	72147	75094	79518	82303	83638
52725	55269	47124	44938	60755	65455
39291	33892	33219	34617	40120	41523
81096	90198	93910	97210	94272	97176
70308	83218	87075	92192	83352	89764
63036	69527	67166	73465	72744	77267
66256	73137	75432	77591	84301	87043

5-9 按行业分城镇非私营单位就业人员和工资总额（2020年）

单位：人

项目	就业人员	#女性	在岗职工	其他就业人员
总计	**343115**	**134776**	**321274**	**21841**
按国民经济行业分组				
农、林、牧、渔业	573	206	554	19
采矿业	11109	2246	11098	11
制造业	85649	17689	83586	2063
电力、燃气及水的生产和供应业	22648	6953	22574	74
建筑业	24155	3859	22544	1611
批发和零售业	10866	5703	10385	480
交通运输、仓储和邮政业	11757	3782	11245	512
住宿和餐饮业	4598	2903	4046	552
信息传输、软件和信息技术服务业	4297	2112	4275	22
金融业	22691	15074	12418	10273
房地产业	9396	4647	9127	269
租赁和商务服务业	8733	2809	7886	847
科学研究和技术服务业	7720	2641	7567	153
水利、环境和公共设施管理业	4852	1528	4254	598
居民服务、修理和其他服务业	1075	555	1003	72
教育	36717	25595	34497	2221
卫生和社会工作	23946	17240	23673	273
文化、体育和娱乐业	2971	1494	2739	232
公共管理、社会保障和社会组织	49361	17740	47801	1560

5-9 续 表

单位：万元

项　目	单位就业人员工资总额	在岗职工工资总额	其他就业人员工资总额
总　计	**2855797**	**2766367**	**89430**
按国民经济行业分组			
农、林、牧、渔业	3931	3896	35
采矿业	119705	119691	14
制造业	692203	683140	9063
电力、燃气及水的生产和供应业	260198	259988	210
建筑业	145007	134838	10169
批发和零售业	66807	64174	2633
交通运输、仓储和邮政业	99413	97553	1860
住宿和餐饮业	20245	19183	1062
信息传输、软件和信息技术服务业	40737	40696	41
金融业	202239	160543	41696
房地产业	57009	56037	972
租赁和商务服务业	49010	44666	4344
科学研究和技术服务业	64311	63025	1286
水利、环境和公共设施管理业	28842	27559	1283
居民服务、修理和其他服务业	4393	4051	342
教育	337553	328920	8633
卫生和社会工作	215099	213978	1121
文化、体育和娱乐业	22098	21207	891
公共管理、社会保障和社会组织	426997	423222	3775

5-10 按行业分城镇非私营单位年末就业人员及平均工资（2020年）

单位：人、元

项目	就业人员	平均工资
总 计	**343115**	**83392**
按国民经济行业分组		
农、林、牧、渔业	573	70748
采矿业	11109	106066
制造业	85649	81427
电力、燃气及水的生产和供应业	22648	114918
建筑业	24155	59248
批发和零售业	10866	62310
交通运输、仓储和邮政业	11757	83487
住宿和餐饮业	4598	44306
信息传输、软件和信息技术服务业	4297	94339
金融业	22691	90436
房地产业	9396	61617
租赁和商务服务业	8733	57581
科学研究和技术服务业	7720	83430
水利、环境和公共设施管理业	4852	60154
居民服务、修理和其他服务业	1075	41136
教育	36717	93734
卫生和社会工作	23946	89275
文化、体育和娱乐业	2971	73824
公共管理、社会保障和社会组织	49361	85106

主要统计指标解释

就业人员 指从事一定社会劳动并取得劳动报酬或经营收入的人员，包括在岗职工、再就业的离退休人员、私营业主、个体户主、私营和个体就业人员、乡镇企业就业人员、农村就业人员、其他就业人员(包括民办教师、宗教职业者、现役军人等)。这一指标反映了一定时期内全部劳动力资源的实际利用情况，是研究我国基本国情国力的重要指标。

各单位的就业人员 指在各级国家机关、政党机关、社会团体及企业、事业单位中工作，取得工资或其他形式的劳动报酬的全部人员。包括在岗职工、再就业的离退休人员、民办教师以及在各单位中工作的外方人员和港澳台方人员、兼职人员、借用的外单位人员和第二职业者。不包括离开本单位仍保留劳动关系的职工。各单位的从业人员反映了各单位实际参加生产或工作的全部劳动力。

城镇私营和个体就业人员 城镇私营从业人员指在工商管理部门注册登记，其经营地址设在县城关镇(含城关镇)以上的私营企业从业人员，包括私营企业投资者和雇工。城镇个体就业人员指在工商管理部门注册登记，并持有城镇户口或在城镇长期居住，经批准从事个体工商经营的从业人员，包括个体经营者和在个体工商户劳动的家庭帮工和雇工。

城镇登记失业人员 指有非农业户口，在一定的劳动年龄内（16岁以上及男50岁以下、女45岁以下），有劳动能力，无业而要求就业，并在当地就业服务机构进行求职登记的人员。

城镇登记失业率 指城镇登记失业人员与城镇单位就业人员（扣除使用的农村劳动力、聘用的离退休人员、港澳台及外商人员）、城镇单位中的不在岗职工、城镇私营业主、个体户主、城镇私营企业和个体就业人员、城镇登记失业人员之和的比。计算公式为：

城镇登记失业率=城镇登记失业人数/((城镇单位就业人员-使用的农村劳动力-聘用的离退休人员-港澳台及外商人员）+不在岗职工+城镇私营业主+个体户主+城镇私营企业和个体就业人员+城镇登记失业人数）×100%

职工 指在国有经济、城镇集体经济、联营经济、股份制经济、外商和港、澳、台投资经济、其他经济单位及其附属机构工作，并由其支付工资的各类人员，不包括下列人员：（1）乡镇企业就业人员；（2）私营企业就业人员；（3）城镇个体劳动者；（4）离休、退休、退职人员；（5）再就业的离、退休人员；（6）民办教师；（7）在城镇单位中工作的外方人员和港、澳、台人员；（8）其他按有关规定不列入职工统计范围的人员。(1998年以后的数据均为在岗职工数据，其他相关指标如职工工资总额，职工平均工资等指标也从1998年按此口径进行了相应调整)。

在岗职工 指在本单位工作并由单位支付工资的人员，以及有工作岗位，但由于学习、病伤产假等原因暂未工作，仍由单位支付工资的人员。

工资总额 指各单位在一定时期内直接支付给本单位全部职工的劳动报酬总额。

工资总额的计算原则应以直接支付给职工的全部劳动报酬为根据。各单位支付给职工的劳动报酬以及其他根据有关规定支付的工资，不论是计入成本的还是不计入成本的，不论是以货币形式支付的还是以实物形式支付的，均包括在工资总额内。

平均工资 指企业、事业、机关单位的职工在一定时期内平均每人所得的货币工资额。它表明一定时期职工工资收入的高低程度，是反映职工工资水平的主要指标。计算公式为：

平均工资=报告期实际支付的全部职工工资总额/报告期全部职工平均人数

6 价格指数

Price Indices

资料整理：付芸　刘光明　刘羽　吕瑞霞

6-1 各种价格指数

上年=100

年　份	居民消费价格指数	商品零售价格指数
1953	105.5	105.1
1954	103.9	103.6
1955	101.9	101.9
1956	97.2	98.4
1957	103.3	103.8
1958	98.1	98.2
1959	100.2	100.5
1960	108.1	109.0
1961	105.5	106.2
1962	99.7	99.9
1963	100.9	101.4
1964	96.9	96.6
1965	98.2	98.1
1966	99.4	99.4
1967	100.9	101.1
1968	100.0	100.1
1969	100.0	100.0
1970	99.4	99.4
1971	99.7	99.7
1972	99.9	99.8
1973	100.4	100.4
1974	100.3	100.4
1975	100.0	100.0
1976	100.1	100.1
1977	99.7	99.6
1978	100.2	100.2
1979	101.8	101.8
1980	104.1	104.4
1981	101.7	101.2
1982	101.0	101.0
1983	100.8	100.7
1984	102.1	102.0
1985	109.6	109.3
1986	105.1	104.7

6-1 续 表

上年=100

年 份	居民消费价格指数	商品零售价格指数
1987	108.9	109.2
1988	117.7	117.4
1989	113.4	113.9
1990	102.8	102.8
1991	105.5	106.5
1992	108.8	108.9
1993	116.7	115.4
1994	125.1	118.2
1995	115.7	114.3
1996	108.0	106.4
1997	105.1	102.6
1998	99.6	98.1
1999	101.6	97.6
2000	102.6	99.0
2001	100.0	100.2
2002	99.5	99.3
2003	101.4	98.9
2004	103.0	102.3
2005	101.7	101.8
2006	101.5	101.4
2007	103.7	102.6
2008	104.9	105.0
2009	99.8	98.9
2010	102.8	102.2
2011	105.2	104.5
2012	103.1	102.1
2013	102.8	101.8
2014	101.8	100.2
2015	100.9	100.7
2016	100.7	100.1
2017	101.6	101.6
2018	101.2	101.5
2019	101.9	101.2
2020	101.1	100.1

6-2　各种价格定基指数

1978年=100

年　份	居民消费价格指数	商品零售价格指数
1978	100.0	100.0
1979	101.8	101.8
1980	106.0	106.2
1981	107.7	107.4
1982	108.8	108.5
1983	109.7	109.3
1984	112.0	111.4
1985	122.7	121.8
1986	129.0	127.5
1987	140.5	138.3
1988	165.3	163.5
1989	187.5	186.2
1990	192.7	191.4
1991	203.3	203.9
1992	221.2	222.0
1993	258.2	256.2
1994	323.0	302.8
1995	373.7	346.1
1996	403.5	368.3
1997	424.1	377.8
1998	422.4	370.6
1999	429.2	361.7
2000	440.3	358.1
2001	440.3	358.8
2002	438.1	356.3
2003	444.3	352.4
2004	457.6	360.5
2005	465.4	367.0
2006	472.4	372.2
2007	489.8	381.8
2008	513.8	400.9
2009	512.8	396.5
2010	527.2	405.2
2011	554.6	423.5
2012	571.8	432.6
2013	587.8	440.4
2014	598.4	441.3
2015	603.8	444.1
2016	608.0	444.5
2017	617.7	451.6
2018	625.1	458.4
2019	637.0	463.9
2020	644.0	464.4

6-3 居民消费价格分类指数（2012-2015年）

上年=100

指　标	2012	2013	2014	2015
居民消费价格总指数	**103.1**	**102.8**	**101.8**	**100.9**
非食品价格指数	102.7	101.5	100.9	101.2
服务项目价格指数	104.5	103.7	102.8	100.5
扣除鲜菜鲜果总指数	103.0	102.5	101.6	100.9
消费品价格指数	102.7	102.5	101.4	101.0
食品	**104.0**	**105.8**	**103.8**	**100.1**
粮食	103.1	106.2	107.1	101.7
淀粉及制品	87.5	93.2	98.0	98.9
干豆类及豆制品	101.2	107.2	103.0	105.7
油脂	104.8	103.1	99.8	99.1
肉禽及其制品	105.4	108.0	98.9	100.4
食用畜肉及副产品	104.8	110.2	98.4	99.4
禽	100.4	98.4	99.4	102.1
加工肉禽	111.5	103.3	100.8	104.4
蛋	97.3	101.9	110.1	87.1
水产品	110.7	106.8	104.7	100.1
鱼	106.9	102.1	98.7	97.9
其他水产品	115.2	112.1	110.8	102.2
菜	108.9	109.6	98.2	101.8
#鲜菜	110.7	109.9	97.5	102.0
调味品	102.1	106.8	99.8	101.3
糖	103.0	98.9	100.7	97.8
茶及饮料	101.4	103.0	99.3	98.0
茶叶	100.0	100.0	100.0	100.0
饮料	102.2	104.6	99.0	96.9
干鲜瓜果	104.5	108.1	113.7	100.4
#鲜果	101.1	109.6	116.4	99.7
糕点饼干面包	105.5	100.9	100.5	99.6
液体乳及乳制品	101.9	110.7	122.6	101.0
在外用膳食品	103.1	103.0	100.8	100.5

6-3 续 表 1

上年=100

指 标	2012	2013	2014	2015
其他食品	102.8	102.8	98.4	99.5
烟酒及用品	**104.8**	**102.2**	**101.1**	**102.5**
烟草	100.9	101.8	101.8	105.0
酒	110.0	102.8	101.1	99.4
衣着	**101.4**	**101.8**	**101.2**	**104.9**
服装	101.0	102.1	99.2	104.5
男式服装	100.0	102.5	96.7	107.8
女式服装	102.8	102.5	100.9	102.8
儿童服装	98.6	99.9	99.9	102.0
衣着材料	110.2	109.8	104.3	101.4
鞋袜帽	101.7	100.2	106.9	106.7
鞋	102.1	100.1	108.5	107.9
袜子	99.8	99.9	100.0	100.0
帽子	100.0	101.6	98.6	102.3
衣着加工服务费	104.8	103.6	108.6	99.6
家庭设备用品及维修服务	**103.8**	**100.5**	**100.2**	**101.5**
耐用消费品	104.4	99.8	99.7	101.8
家具	102.9	102.8	101.5	104.6
家庭设备	105.7	97.2	98.2	99.3
室内装饰品	102.2	100.7	100.0	100.0
床上用品	100.4	100.2	97.7	98.2
家庭日用杂品	101.7	100.6	100.9	101.1
家庭服务及加工维修服务	117.4	109.0	107.4	106.5
医疗保健和个人用品	**103.8**	**102.9**	**102.9**	**100.7**
医疗保健	103.7	103.1	101.2	100.7
医疗器具及用品	97.1	103.3	100.6	100.0
中药材及中成药	108.6	104.0	102.0	101.9
西药	103.8	105.1	101.8	100.4
保健器具及用品	101.0	100.8	100.2	99.9
医疗保健服务	100.1	100.1	100.0	100.0

6-3 续 表 2

上年=100

指 标	2012	2013	2014	2015
个人用品及服务	103.9	102.4	100.9	100.8
化妆美容用品	101.2	100.3	99.5	100.1
清洁化妆用品	102.6	101.3	99.1	100.4
个人饰品	99.4	96.5	95.5	99.1
个人服务	114.6	112.7	109.0	103.2
交通和通信	**100.6**	**97.3**	**98.6**	**99.2**
交通	101.0	96.8	99.4	98.1
交通工具	99.6	94.2	98.9	100.8
车用燃料及零配件	103.7	98.6	97.6	83.7
车辆使用及维修费	101.1	101.5	102.4	100.9
市区公共交通费	109.0	100.9	100.7	100.9
城市间交通费	100.1	100.1	100.0	100.0
通信	99.2	99.0	96.3	102.6
通信工具	99.4	96.5	84.0	110.9
通信服务	99.1	99.8	100.0	100.5
娱乐教育文化用品及服务	**101.8**	**100.9**	**100.8**	**100.2**
文娱用耐用消费品及服务	95.9	95.2	96.7	100.2
教育	100.4	101.2	100.5	100.4
教材及参考书	100.0	100.0	99.9	99.6
教育服务	100.4	101.3	100.5	100.4
文化娱乐类	103.0	101.8	100.0	100.5
文化娱乐用品	102.6	96.9	98.9	99.7
书报杂志	101.6	100.1	100.0	100.0
文娱费	103.7	105.2	100.6	101.1
旅游	109.3	103.0	105.5	99.2
居住	**104.4**	**103.7**	**102.1**	**100.3**
建房及装修材料	101.1	100.2	99.0	100.2
住房租金	101.2	101.4	101.7	98.6
自有住房	107.9	106.7	104.8	100.5
水、电、燃料	100.7	100.5	98.9	99.9

6-4　居民消费价格分类指数（2016-2020年）

上年=100

指　标	2016	2017	2018	2019	2020
居民消费价格总指数	**100.7**	**101.6**	**101.2**	**101.9**	**101.1**
非食品价格指数	100.4	102.3	100.9	100.9	99.7
服务价格指数	100.0	102.0	100.8	101.0	99.1
扣除鲜菜鲜果价格指数	100.5	101.6	101.0	101.8	101.3
消费品价格指数	101.2	101.4	101.4	102.4	102.3
食品烟酒	**101.6**	**100.0**	**101.9**	**104.3**	**105.0**
食品	102.2	99.8	102.4	106.9	106.4
粮食	100.8	101.6	101.3	101.5	99.1
薯类	116.4	94.0	105.6	99.8	97.8
豆类	100.6	98.2	98.4	99.6	93.9
食用油	105.3	98.9	99.5	104.5	111.5
菜	116.3	93.5	106.3	99.3	103.8
#鲜菜	117.3	93.0	106.9	99.0	104.3
畜肉类	104.9	96.4	101.1	122.2	129.4
#猪肉	118.5	85.5	89.5	150.7	155.2
牛肉	96.8	104.3	109.6	110.4	113.0
羊肉	94.9	106.0	112.4	110.0	106.5
禽肉类	99.7	98.7	105.0	113.8	96.0
鸡	98.1	97.6	107.7	117.2	89.9
鸭	108.2	103.8	100.9	114.6	99.9
其他禽肉及制品	100.1	99.2	100.7	105.3	110.2
水产品	102.0	103.4	100.5	101.3	99.6
淡水鱼	100.8	103.7	95.8	96.3	106.6
海水鱼	105.3	101.9	104.1	104.7	98.7
虾蟹类	100.9	104.4	103.7	101.7	92.8
其他水产品及制品	101.3	103.6	98.7	105.4	99.7
蛋类	93.5	96.8	110.1	105.6	93.3
奶类	100.2	100.3	100.6	100.1	98.9
干鲜瓜果类	95.4	109.6	104.2	106.7	89.7
#鲜瓜果	93.7	112.7	105.2	108.8	86.6
糖果糕点类	99.8	102.4	100.0	99.3	98.4
调味品	100.6	101.3	99.7	100.6	98.7
其他食品类	93.8	100.2	102.5	100.9	100.4
茶及饮料	99.0	100.6	100.6	100.0	98.8
#茶叶	100.0	100.1	98.1	100.0	89.7
果汁饮料	98.7	98.8	100.4	100.4	103.0
烟酒	99.2	100.2	101.5	102.3	99.0
烟草	103.1	99.0	101.3	101.9	99.7

注：2016年起，国家统计局对《居民消费价格调查项目》重新分类（后同）。

6-4 续 表 1

上年=100

指 标	2016	2017	2018	2019	2020
酒类	94.9	101.7	101.7	102.8	98.2
在外餐饮	100.7	100.6	100.5	97.4	102.9
衣着	**101.1**	**100.3**	**100.9**	**100.7**	**99.7**
服装	101.3	100.6	100.4	100.7	99.7
男式服装	100.5	100.5	100.0	100.8	100.8
女式服装	102.2	100.8	100.6	100.8	100.3
儿童服装	100.1	99.8	100.7	100.5	93.9
服装材料	100.8	100.5	101.3	99.8	99.0
其他衣着及配件	99.4	102.9	104.2	100.6	99.3
袜子	100.0	105.3	108.8	101.4	99.8
帽子	98.9	100.9	100.5	100.0	99.3
其他衣着配件	99.4	101.4	101.0	99.9	97.8
衣着加工服务费	101.3	98.7	104.6	107.9	99.7
衣着洗涤保养	105.3	102.2	105.0	100.9	99.8
衣着加工	100.3	97.8	104.4	109.9	99.7
鞋类	101.0	98.8	101.5	100.0	99.9
鞋	99.7	98.3	102.0	100.0	99.9
男鞋	99.7	96.5	102.5	100.0	98.0
女鞋	99.5	99.9	101.7	100.0	102.8
童鞋	100.4	99.7	100.4	100.0	95.8
鞋类加工服务	107.3	101.2	99.8	100.0	100.0
居住	**100.8**	**100.6**	**100.9**	**100.4**	**100.1**
租赁房房租	97.9	104.0	105.0	102.5	98.4
公房房租	100.0	100.0	100.0	100.0	100.0
私房房租	97.8	104.2	105.3	102.7	98.3
住房保养维修及管理	100.0	100.5	101.6	101.8	100.6
住房装潢材料	99.9	100.8	102.4	101.1	100.3
物业管理费	100.0	100.0	100.0	100.0	100.0
住房装潢维修	100.0	100.0	100.0	104.4	101.6
水电燃料	103.9	100.1	99.9	100.5	99.7
电	100.0	100.0	100.0	100.0	100.0
燃气	100.0	99.9	99.1	104.1	104.0
管道燃气	100.0	100.0	103.3	109.6	100.0
液化石油气	100.0	99.9	95.9	99.4	107.7
取暖费	100.0	100.0	100.0	100.0	100.0
其他燃料	105.8	101.1	99.8	100.0	93.5
自有住房	100.0	100.6	100.8	100.0	100.3

6-4 续 表2

上年=100

指　标	2016	2017	2018	2019	2020
生活用品及服务	**99.2**	**99.8**	**101.0**	**101.6**	**99.4**
家具及室内装饰品	99.8	100.2	100.2	100.6	99.6
家具	99.7	100.3	100.2	100.7	99.5
室内装饰品	100.5	99.2	100.0	99.8	99.9
家用器具	97.5	97.7	103.3	102.6	96.7
大型家用器具	97.5	97.5	103.2	101.9	97.2
小家电	97.1	98.7	103.7	106.6	94.1
家用纺织品	97.5	99.9	101.3	99.7	101.2
床上用品	97.2	99.9	101.6	100.0	101.7
窗帘门帘	100.0	100.0	100.0	100.0	100.0
其他家用纺织品	98.2	100.0	100.0	96.6	97.1
家庭日用杂品	99.8	100.1	100.1	103.2	99.9
洗涤卫生用品	99.8	100.1	99.9	103.7	99.9
厨具餐具茶具	101.2	100.5	100.0	101.9	99.0
家用手工工具	100.7	101.7	100.0	107.4	102.3
其他家庭日用杂品	98.9	99.5	100.6	102.4	100.5
个人护理用品	99.5	100.1	100.4	99.9	99.5
化妆品	99.8	100.1	99.9	99.9	99.7
其他护理用品类	99.1	100.1	101.3	99.9	99.2
家庭服务	105.8	105.9	101.1	100.0	103.9
家政服务	105.2	96.9	101.0	101.0	99.4
家庭维修服务	106.1	109.7	101.2	99.6	105.6
交通和通信	**98.6**	**101.4**	**101.1**	**99.4**	**95.4**
交通	98.3	101.8	101.6	99.5	94.6
交通工具	97.7	98.7	94.8	96.5	100.0
交通工具用燃料	96.1	110.2	112.8	94.3	86.6
汽油	95.4	110.9	113.7	93.9	85.3
柴油	95.1	113.8	114.0	93.9	84.8
其他车用能源	106.2	100.0	100.0	100.0	104.7
交通工具使用和维修	102.3	100.1	100.3	100.0	102.2
交通费	100.2	101.1	105.7	109.7	88.0
市内公共交通	100.0	100.0	100.0	100.0	100.0
出租汽车	102.7	100.0	100.0	100.0	100.0
飞机票	99.1	104.6	118.8	132.3	64.0
火车票	100.0	100.0	104.4	102.6	100.7
长途汽车	100.0	100.0	100.0	100.0	100.0
其他交通费	100.0	100.0	100.0	100.0	100.0
通信	99.3	100.5	100.1	99.3	97.4

6-4 续 表 3

上年=100

指 标	2016	2017	2018	2019	2020
通信工具	97.5	101.5	100.1	97.5	91.0
通信服务	100.0	100.1	100.0	100.0	100.0
邮递服务	100.0	100.0	100.0	100.0	100.0
教育文化和娱乐	**99.2**	**102.2**	**100.6**	**101.2**	**99.5**
教育	100.4	101.8	100.3	100.2	101.1
教育用品	100.3	100.0	100.5	103.1	100.0
教育服务	100.4	101.8	100.3	100.2	101.1
文化娱乐	97.5	102.7	100.9	102.7	97.3
文娱耐用消费品	98.8	98.6	99.8	100.7	98.2
其他文娱用品	100.0	100.5	101.1	101.5	97.2
文化娱乐服务	100.1	100.0	100.0	100.0	98.7
旅游	95.1	106.6	101.7	105.0	96.5
旅行社收费	107.1	109.8	102.5	106.4	95.7
其他旅游	76.9	100.0	100.0	101.4	98.6
医疗保健	**103.0**	**110.3**	**101.5**	**102.2**	**101.3**
药品及医疗器具	105.7	114.6	103.0	105.2	105.2
中药	106.1	115.1	99.6	106.5	104.2
西药	109.4	121.4	106.2	107.4	107.2
滋补保健品	102.9	106.6	101.2	102.2	104.1
医疗卫生器具	99.1	110.9	102.1	98.7	102.3
保健器具	99.3	96.5	100.0	100.1	100.2
医疗服务	100.6	106.2	100.0	99.1	96.8
综合医疗类	101.5	116.7	100.0	97.4	94.6
诊断类	100.0	100.5	100.0	99.8	97.0
治疗类	100.5	105.5	100.0	100.0	100.0
康复类	100.0	100.0	100.0	96.9	65.2
中医医疗服务类	100.0	100.0	100.0	100.8	108.7
其他医疗服务	100.0	100.0	100.0	100.0	100.0
其他用品和服务	**101.3**	**101.5**	**99.9**	**102.6**	**103.2**
其他用品类	102.5	101.7	98.9	103.6	109.0
首饰手表	103.4	102.3	98.6	104.9	112.6
其他杂项用品	99.7	100.0	100.0	99.8	98.3
其他服务类	100.5	101.4	100.6	101.9	98.8
旅馆住宿	98.3	95.8	101.4	99.2	93.8
美容美发洗浴	103.3	108.6	102.3	105.7	100.5
养老服务	100.0	100.0	100.0	100.0	100.0
金融保险	100.0	100.0	100.0	101.2	98.5
其他服务类	100.0	100.0	100.0	100.0	100.0

6-5 商品零售价格分类指数（2012-2015年）

上年=100

指标	2012	2013	2014	2015
商品零售价格总指数	**102.1**	**101.8**	**100.2**	**100.7**
食品	**103.9**	**105.8**	**103.8**	**100.1**
粮食	103.1	106.2	107.1	101.7
淀粉及制品	87.5	93.2	98.0	98.9
干豆类及豆制品	101.2	107.2	103.0	105.7
油脂	104.8	103.1	99.8	99.1
肉禽及其制品	105.4	108.0	98.9	100.4
食用畜肉及副产品	104.8	110.2	98.4	99.4
禽	100.4	98.4	99.4	102.1
肉禽加工制品	111.5	103.3	100.8	104.4
蛋	97.3	101.9	110.1	87.1
水产品	110.7	106.8	104.7	100.1
鱼	106.9	102.1	98.7	97.9
其他水产品	115.2	112.1	110.8	102.2
菜	108.9	109.6	98.2	101.8
鲜菜	110.7	109.9	97.5	102.0
调味品	102.1	106.8	99.8	101.3
糖	103.0	98.9	100.7	97.8
干鲜瓜果	104.5	108.1	113.7	100.4
糕点饼干面包	105.5	100.9	100.5	99.6
液体乳及乳制品	101.9	110.7	122.6	101.0
在外用膳食品	103.1	103.0	100.8	100.5
其他食品	102.8	102.8	98.4	99.5
饮料、烟酒	**104.2**	**102.4**	**100.6**	**101.7**
茶及饮料	101.4	103.0	99.3	98.0
茶叶	100.0	100.0	100.0	100.0
饮料	102.2	104.6	99.0	96.9
烟草	100.9	101.8	101.0	105.0
酒	112.6	103.0	101.0	99.2
服装、鞋帽	**101.1**	**101.6**	**101.0**	**104.9**
服装	101.0	102.1	99.2	104.5
男式服装	100.0	102.5	96.7	107.8
女式服装	102.8	102.5	100.9	102.8
儿童服装	98.6	99.9	99.9	102.0
鞋袜帽	101.7	100.2	106.9	106.7
鞋	102.1	100.1	108.5	107.9
袜子	99.8	99.9	100.0	100.0
帽子	100.0	101.6	98.6	102.3

6-5 续 表

上年=100

指　标	2012	2013	2014	2015
其他	96.7	99.5	100.0	100.0
纺织品	**102.4**	**102.5**	**97.6**	**98.5**
衣着材料	110.8	111.5	105.5	101.9
床上用品	100.3	99.9	95.2	97.3
家用电器及音像器材	**100.1**	**96.6**	**97.2**	**99.4**
家庭设备	102.4	97.2	98.4	100.1
文娱用耐用消费品	96.4	95.3	94.8	98.1
音像器材	100.0	100.0	100.0	100.0
文化办公用品	**97.8**	**97.8**	**99.6**	**101.2**
日用品	**102.2**	**101.3**	**99.8**	**102.8**
日用百货	102.7	100.5	99.6	109.6
日用杂品	96.5	100.1	100.8	101.1
洗涤用品	104.6	102.7	99.8	99.9
其他日用品	100.6	100.2	99.5	99.9
体育娱乐用品	**99.4**	**100.0**	**100.0**	**100.0**
体育用品	96.6	99.4	99.9	100.0
娱乐用品	102.1	100.5	100.0	100.0
交通、通信用品	99.7	97.6	94.6	102.5
交通运输机械	99.8	97.6	98.1	100.1
通信器材	99.6	97.5	88.3	107.3
家具	**104.2**	**103.1**	**102.1**	**104.5**
化妆品	**102.1**	**100.5**	**98.5**	**100.3**
金银珠宝	**97.4**	**90.3**	**88.4**	**98.3**
中西药品及医疗保健用品	**104.0**	**103.7**	**101.4**	**100.5**
医疗器具及用品	97.1	103.3	100.6	100.0
中药材及中成药	108.6	104.0	102.0	101.9
西药	103.2	105.1	101.7	99.9
保健品及器具	101.0	100.8	100.2	99.9
书报杂志及电子出版物	**100.8**	**100.1**	**99.9**	**99.4**
教材及参考书	100.0	100.0	99.7	99.1
书报杂志	101.6	100.1	100.0	100.0
电子音像制品	100.6	100.1	100.2	98.7
燃料	**103.7**	**100.5**	**95.9**	**94.1**
煤炭及制品	102.4	87.0	83.5	91.1
石油及制品	104.0	103.9	98.6	94.6
建筑材料及五金电料	**100.8**	**100.0**	**99.7**	**99.9**
建筑装璜材料	100.9	99.9	99.4	99.8
五金电料	100.5	100.3	101.0	100.0

6-6 商品零售价格分类指数（2016-2020年）

上年=100

指　标	2016	2017	2018	2019	2020
商品零售价格总指数	**100.1**	**101.6**	**101.5**	**101.2**	**100.1**
食品	**102.7**	**99.5**	**102.4**	**105.0**	**105.6**
粮食	100.8	101.6	101.3	101.5	99.1
薯类	116.4	94.0	105.6	99.8	97.8
豆类	100.6	98.2	98.4	99.6	93.9
食用油	105.3	98.9	99.5	104.5	111.5
菜	116.3	93.5	106.3	99.3	103.8
#鲜菜	117.3	93.0	106.9	99.0	104.3
畜肉类	104.9	96.4	101.1	122.2	129.4
#猪肉	118.5	85.5	89.5	150.7	155.2
牛肉	96.8	104.3	109.6	110.4	113.0
羊肉	94.9	106.0	112.4	110.0	106.5
禽肉类	99.7	98.7	105.0	113.9	95.9
#鸡	98.1	97.6	107.7	117.2	89.9
鸭	108.2	103.8	100.9	114.6	99.9
水产品	102.0	103.4	100.5	101.3	99.5
#淡水鱼	100.8	103.7	95.8	96.3	106.6
海水鱼	105.3	101.9	104.1	104.7	98.7
蛋类	93.5	96.8	110.2	105.6	93.3
奶类	100.2	100.3	100.6	100.1	98.9
干鲜瓜果类	95.4	109.6	104.2	106.7	89.7
#鲜瓜果	93.7	112.7	105.2	108.8	86.6
糖果糕点类	99.7	102.3	100.1	99.3	98.1
调味品	101.2	101.1	99.8	100.5	98.6
其他食品类	96.8	100.8	104.1	100.7	100.2
在外餐饮	100.7	100.6	100.5	97.4	102.9
饮料、烟酒	**100.0**	**100.0**	**101.2**	**101.9**	**98.8**
茶及饮料	98.7	100.5	99.8	99.7	96.5
烟草	103.1	99.0	101.3	101.9	99.7
酒类	94.9	101.7	101.7	102.9	98.2
服装、鞋帽	**100.8**	**100.2**	**100.9**	**100.6**	**99.7**
服装	101.3	100.6	100.4	100.7	99.8
男士服装	100.6	100.5	100.0	100.8	100.9
女士服装	102.2	100.8	100.6	100.8	100.3
儿童服装	100.1	99.8	100.7	100.5	93.9
鞋帽袜	99.6	99.2	102.5	100.1	99.8
鞋	99.7	98.3	102.0	100.0	99.9
袜子	100.0	105.3	108.8	101.4	99.8
帽子	98.9	100.9	100.5	100.0	99.3

注：2016年起，国家统计局对《商品零售价格调查项目》重新分类（后同）。

6-6 续 表

上年=100

指 标	2016	2017	2018	2019	2020
其他衣着配件	99.4	101.4	101.0	99.9	97.8
纺织品	**97.6**	**100.0**	**101.6**	**100.0**	**101.4**
服装材料	100.8	100.5	101.3	99.8	99.0
床上用品	97.2	99.9	101.6	100.0	101.7
家用电器及音像器材	**97.0**	**98.0**	**101.2**	**101.3**	**96.5**
家庭设备	97.6	97.7	102.8	101.9	95.5
文娱用耐用消费品	97.9	98.1	98.9	101.5	98.4
专业音像器材	91.4	99.2	100.1	97.3	96.0
文化办公用品	**100.3**	**100.8**	**100.6**	**99.6**	**97.6**
日用品	**99.9**	**99.7**	**100.5**	**102.2**	**99.6**
日用百货	98.8	99.6	101.4	102.9	99.6
厨具餐具茶具	101.2	100.5	100.0	101.9	99.0
清洗用品	101.0	100.2	100.6	106.2	101.3
其他日用品	99.8	99.3	100.0	99.9	99.0
体育娱乐用品	**99.5**	**99.4**	**100.0**	**99.3**	**96.7**
体育户外用品	97.7	95.3	100.0	100.0	98.8
娱乐用品	99.7	99.9	100.0	99.2	96.5
交通、通信用品	**97.8**	**99.3**	**95.9**	**96.8**	**98.1**
交通运输机械	97.9	98.8	94.9	96.6	99.8
通信器材	97.5	101.4	100.3	97.6	91.3
家具	**99.7**	**99.8**	**100.1**	**100.9**	**99.8**
化妆品	**100.2**	**100.4**	**100.1**	**99.9**	**99.9**
金银饰品	**104.4**	**102.9**	**98.1**	**106.2**	**115.8**
中西药品及医疗保健用品	**106.3**	**115.1**	**103.1**	**105.7**	**105.5**
医疗卫生器具	99.1	110.9	102.1	98.7	102.3
中药	106.1	115.1	99.6	106.5	104.2
西药	109.4	121.4	106.2	107.4	107.2
保健器具及用品	102.1	104.2	100.9	101.7	103.3
书报杂志及电子出版物	**99.6**	**100.6**	**102.4**	**106.2**	**99.2**
教材及参考书	100.3	100.0	100.5	103.1	100.0
书报杂志	100.2	101.8	106.7	114.0	100.0
计算机办公软件	97.5	100.0	100.0	100.0	96.3
燃料	**96.7**	**110.3**	**111.7**	**96.7**	**89.6**
煤炭及制品	98.5	111.7	111.8	100.9	94.0
石油及制品	96.0	109.8	111.7	95.2	87.8
建筑材料及五金电料	**99.7**	**100.7**	**102.1**	**101.6**	**100.6**
建筑装璜材料	99.9	100.8	102.6	101.1	100.4
五金水暖	99.2	100.5	100.5	103.3	101.3

6-7 工业生产者出厂价格指数

上年=100

指　标	2016	2017	2018	2019	2020
总指数	**98.9**	**110.6**	**103.2**	**102.1**	**99.7**
核心指数	100.2	114.2	103.8	99.4	97.9
高技术	99.8	99.3	97.5	98.0	101.6
能源	97.3	110.6	103.2	105.4	100.7
按轻重工业分					
轻工业	100.1	100.8	100.8	104.8	101.8
以农产品为原料	100.0	100.8	100.7	105.2	102.2
以非农产品为原料	101.1	100.6	101.5	98.4	95.4
重工业	98.6	113.2	103.7	101.4	99.1
采掘	97.3	116.0	105.3	107.5	103.2
原料	98.8	110.4	102.1	99.3	98.1
加工	99.7	114.0	104.3	98.4	96.5
按生产生活资料分					
生产资料	98.6	112.9	103.8	101.5	99.0
采掘	97.3	116.0	105.3	107.5	103.2
原料	98.8	110.7	101.8	99.2	97.8
加工	99.5	112.8	104.9	99.1	96.7
生活资料	100.3	100.9	100.2	104.5	102.4
食品	98.6	99.6	100.9	103.3	102.3
衣着	111.0	110.5	95.9	118.0	101.6
一般日用品	100.9	100.2	100.2	101.8	105.9
耐用消费品	99.8	99.9	96.8	90.1	91.9
按初级中间最终产品分					
初级产品	97.3	116.3	105.2	107.4	103.3
矿产品	97.3	116.3	105.2	107.4	103.3
废料					
中间产品	99.5	109.5	102.7	100.4	98.5

6-7 续 表 1

上年=100

指 标	2016	2017	2018	2019	2020
最终产品	98.2	101.1	100.5	102.2	99.5
最终投资品	98.4	103.3	103.9	99.5	96.8
最终消费品	98.2	100.2	99.1	103.3	100.6
按工业部门分					
冶金工业	98.9	121.4	105.1	98.0	98.1
电力工业	95.6	98.8	97.0	101.2	99.3
煤炭及炼焦工业	99.5	120.0	105.8	109.9	104.8
石油工业	93.2	108.9	113.1	99.1	86.0
化学工业	104.0	110.2	104.1	98.6	96.6
机械工业	97.1	99.7	99.1	98.6	99.1
建筑材料工业	100.1	102.9	101.6	100.1	98.5
森林工业	97.2	102.0	100.2	96.7	98.8
食品工业	98.5	99.5	100.8	103.3	102.7
纺织工业	97.8	97.9	106.5	107.6	93.2
缝纫工业	111.4	110.9	95.7	118.6	101.7
皮革工业	99.5	99.9	101.0	101.4	100.7
造纸工业	100.8	108.4	102.1	97.1	98.5
文教艺术用品工业	100.5	103.8	100.6	104.7	105.2
其它工业	99.6	115.4	110.0	96.7	93.1
按工业行业大类分					
煤炭开采和洗选业	99.1	119.0	104.7	111.1	105.3
石油和天然气开采业	88.2	107.9	119.8	96.8	78.1
黑色金属矿采选业	93.1	116.3	107.1	104.2	104.6
有色金属矿采选业	96.2	118.7	102.5	91.5	95.9
非金属矿采选业	98.3	100.3	97.1	102.7	99.8
农副食品加工业	97.5	98.6	98.9	102.8	106.5
食品制造业	99.2	100.6	103.4	104.6	98.6
酒、饮料和精制茶制造业	101.6	98.9	100.1	100.3	100.7
烟草制品业	100.0	100.0	100.1	102.7	101.0

6-7 续 表2

上年=100

指 标	2016	2017	2018	2019	2020
纺织业	106.9	107.2	99.8	116.5	98.5
纺织服装、服饰业	100.3	96.1	102.0	102.0	99.0
皮革、毛皮、羽毛及其制品和制鞋业	99.5	99.9	101.0	101.4	100.7
木材加工和木、竹、藤、棕、草制品业	96.9	102.6	98.4	95.4	98.6
家具制造业	100.3	95.4	118.3	108.1	100.0
造纸和纸制品业	100.8	108.4	102.1	97.1	98.5
印刷和记录媒介复制业	100.5	103.8	100.6	104.7	105.2
文教、工美、体育和娱乐用品制造业					
石油加工、炼焦和核燃料加工业	98.9	123.0	116.7	93.8	87.7
化学原料和化学制品制造业	105.5	113.6	104.9	97.5	93.5
医药制造业	99.6	100.0	103.0	103.7	107.0
橡胶和塑料制品业	99.1	110.0	102.3	95.0	94.7
非金属矿物制品业	100.4	105.5	104.4	98.6	97.3
黑色金属冶炼和压延加工业	103.2	126.7	107.7	95.3	95.7
有色金属冶炼和压延加工业	95.4	117.0	100.9	100.5	99.5
金属制品业	99.7	94.7	103.5	103.3	100.4
通用设备制造业	97.9	100.1	100.5	97.9	97.3
专用设备制造业	98.0	101.3	100.7	99.3	99.8
汽车制造业	95.7	100.0	100.3	104.0	101.3
铁路、船舶、航空航天和其他运输设备制造业	100.3	100.3	99.9	100.1	99.5
电气机械和器材制造业	97.8	99.2	101.4	99.1	99.6
计算机、通信和其他电子设备制造业	98.9	96.6	87.0	80.8	86.9
仪器仪表制造业	100.0				
其他制造业					
废弃资源综合利用业					
金属制品、机械和设备修理业	100.0	99.8	99.7	100.0	100.0
电力、热力生产和供应业	95.6	98.8	97.0	101.2	99.3
燃气生产和供应业	95.5	104.9	109.0	106.3	95.9
水的生产和供应业	109.1	100.1	102.8	102.3	100.4

6-8 工业生产者购进价格指数

上年=100

指 标	2016	2017	2018	2019	2020
总指数	**97.4**	**106.3**	**102.4**	**101.1**	**99.5**
按初级中间最终产品分					
初级产品	97.3	108.2	102.6	102.8	101.4
农产品	97.8	100.3	101.3	105.3	105.3
矿产品	96.8	113.8	103.5	101.1	98.7
废料	104.3	105.2	100.2	97.1	97.0
中间产品	97.5	105.3	102.3	100.2	98.5
九大类原材料购进价格指数					
燃料、动力类	99.6	111.1	102.9	98.9	97.7
黑色金属材料类	91.5	105.2	105.2	103.5	100.1
钢材	94.6	105.6	106.3	102.8	99.3
其它	86.7	104.5	103.4	104.6	101.4
有色金属材料及电线类	96.1	114.4	103.3	98.3	97.7
化工原料类	101.9	109.1	102.6	92.8	91.7
木材及纸浆类	100.1	101.6	101.3	100.5	97.6
建筑材料及非金属类	96.8	109.3	105.4	99.4	96.1
其它工业原材料及半成品类	98.1	100.5	99.4	102.9	102.1
农副产品类	97.1	100.1	101.1	105.1	105.6
纺织原料类	96.8	102.6	104.3	103.0	88.5
按行业大类分					
农业	96.4	99.6	100.1	102.9	106.1
林业	109.2	104.0	103.9	107.4	99.6
畜牧业	98.3	100.9	102.7	108.5	104.6
农、林、牧、渔服务业	97.6	100.0	100.0		
煤炭开采和洗选业	100.5	117.6	103.3	99.9	98.7
石油和天然气开采业	84.0	121.1	123.3	94.4	74.0
黑色金属矿采选业	86.2	102.9	102.2	105.8	102.3

6-8 续　　表

上年=100

指　　标	2016	2017	2018	2019	2020
有色金属矿采选业	95.9	117.7	107.6	98.8	97.4
非金属矿采选业	99.3	103.8	104.1	96.5	95.7
农副食品加工业	98.0	101.0	95.8	96.5	96.8
食品制造业	95.1	98.7	101.6	108.5	106.9
酒、饮料和精制茶制造业	100.8	100.8	100.0		
烟草制品业	100.2	100.0	100.0	125.4	86.4
纺织业	96.8	102.6	104.3	103.0	88.5
皮革、毛皮、羽毛(绒)及其制品业					
木材加工及木、竹、藤、棕、草制品业	95.3	100.0	99.8	96.4	96.5
造纸和纸制品业	99.1	101.3	101.3	100.0	97.2
印刷业和记录媒介的复制	102.0	117.6	98.9	85.6	83.7
石油加工、炼焦及核燃料加工业	98.8	122.4	111.8	98.9	90.9
化学原料及化学制品制造业	101.5	109.3	102.8	91.7	90.4
医药制造业	102.5	99.7	109.7	97.5	101.9
橡胶和塑料制品业	104.3	107.7	100.8	101.2	101.6
非金属矿物制品业	93.9	115.7	106.3	102.8	96.4
黑色金属冶炼和压延加工业	93.7	106.1	106.4	102.5	99.2
有色金属冶炼和压延加工业	96.2	113.5	102.1	98.3	97.8
金属制品业	123.4	123.2	106.5	100.6	99.9
汽车制造业	100.2	103.9	101.2	98.9	100.6
电气机械和器材制造业	100.2	107.9	100.2	97.6	101.1
通信设备、计算机及其他电子设备制造业					
废弃资源综合利用业	104.3	105.2	100.2	97.1	97.0
电力、热力的生产和供应业	99.5	101.2	97.8	96.9	99.8
燃气生产和供应业	102.1	100.5	104.1	104.1	97.6
水的生产和供应业	100.6	101.9	103.1	103.6	100.0

6-9 房屋销售价格指数（2020年）

指标名称	新建商品住宅	二手住宅
环比价格指数（以上月价格为100）		
1月	100.0	100.2
2月	99.9	100.0
3月	100.1	99.7
4月	99.8	99.4
5月	100.8	101.1
6月	99.9	100.7
7月	100.5	100.3
8月	100.8	100.1
9月	100.5	100.3
10月	100.1	99.9
11月	99.9	100.0
12月	100.2	100.1
同比价格指数（以上年同月价格为100）		
1月	105.9	106.1
2月	105.1	105.4
3月	104.4	104.3
4月	103.4	103.0
5月	103.7	103.6
6月	103.9	103.4
7月	104.3	102.5
8月	104.0	102.2
9月	103.8	102.2
10月	103.4	102.7
11月	103.2	102.2
12月	102.6	101.9
定基价格指数（以2010年价格为100）		
1月	123.7	113.7
2月	123.5	113.7
3月	123.7	113.4
4月	123.4	112.7
5月	124.4	113.9
6月	124.3	114.7
7月	124.9	115.1
8月	125.9	115.2
9月	126.5	115.6
10月	126.7	115.4
11月	126.5	115.5
12月	126.8	115.6

主要统计指标解释

居民消费价格指数（CPI） 是反映一定时期内城乡居民所购买的生活消费品价格和服务项目价格变动趋势和程度的相对数，是对城市居民消费价格指数和农村居民消费价格指数进行综合汇总计算的结果。利用居民消费价格指数，可以观察和分析消费品的零售价格和服务价格变动对城乡居民实际生活费支出的影响程度。

商品零售价格指数 是反映一定时期内城乡商品零售价格变动趋势和程度的相对数。零售物价的调整变动直接影响到城乡居民的生活支出和国家的财政收入，影响居民购买力和市场供需平衡，影响消费与积累的比例。因此，计算零售价格指数，可以从一个侧面对上述经济活动进行观察和分析。

工业生产者出厂价格指数 是反映一定时期内全部工业产品出厂价格总水平的变动趋势和程度的相对数，包括工业企业售给本企业以外所有单位的各种产品和直接售给居民用于生活消费的产品。该指数可以观察出厂价格变动对工业总产值及增加值的影响。

工业生产者购进价格指数 是反映工业企业作为生产投入，而从物资交易市场和能源、原材料生产企业购买原材料、燃料和动力产品时，所支付的价格水平变动趋势和程度的统计指标，是扣除工业企业物质消耗成本中的价格变动影响的重要依据。

7 人民生活

People's Living Conditions

资料整理：倪晓东

7-1 城乡居民人均可支配收入

年份	全体居民可支配收入		城镇居民人均可支配收入		农牧民人均可支配收入	
	绝对数(元)	增速(%)	绝对数(元)	增速(%)	绝对数(元)	增速(%)
1980			486	1.2	195	17.1
1981			491	1.0	237	21.8
1982			499	1.6	310	30.8
1983			514	3.0	361	16.4
1984			581	13.0	383	6.0
1985			766	31.8	419	9.4
1986			848	10.7	417	-0.5
1987			954	12.5	454	8.8
1988			1025	7.4	533	17.5
1989			1169	14.0	523	-1.9
1990			1305	11.6	640	22.3
1991			1516	16.2	669	4.6
1992			1742	14.9	803	20.0
1993			2215	27.2	910	13.4
1994			2922	31.9	1163	27.7
1995			3385	15.8	1470	26.4
1996			3916	15.7	1785	21.4
1997			4426	13.0	2080	16.5
1998			4654	5.2	2301	10.6
1999			5061	8.7	2426	5.5
2000			5436	7.4	2548	5.0
2001			5883	8.2	2558	0.4
2002			6980	18.6	2864	11.9
2003			9216	32.0	3435	19.9
2004			11508	24.9	4136	20.4
2005			13218	14.9	4667	12.8
2006			15122	14.4	5338	14.4
2007			17876	18.2	6148	15.2
2008			20861	16.7	7076	15.1
2009			23089	10.7	7826	10.6
2010			25862	12.0	8766	12.0
2011			29628	14.6	10059	14.7
2012			33485	13.0	11421	13.5
2013	28069	10.7	32694	9.2	11547	12.1
2014	30704	9.4	35506	8.6	12713	10.1
2015	33184	8.1	38098	7.3	13667	7.5
2016	35759	7.8	40955	7.5	14692	7.5
2017	38749	8.4	44231	8.0	15901	8.2
2018	41755	7.8	47407	7.2	17435	9.7
2019	44748	7.2	50427	6.4	19174	10.0
2020	45879	2.5	50981	1.1	20710	8.0

注：2013年居民收支调查实施了城乡住户一体化改革，数据口径、抽样方法均有变化，1980-2012年农牧民可支配收入为农牧民纯收入。

7-2 城乡居民人均生活消费支出

年份	全体居民生活消费支出		城镇居民生活消费支出			农牧民生活消费支出		
	绝对数(元)	增速(%)	绝对数(元)	增速(%)	恩格尔系数	绝对数(元)	增速(%)	恩格尔系数
1980			432		56.8	174		
1981			436	−0.7	55.2	196	12.6	
1982			446	0.6	56.8	232	18.3	
1983			455	2.2	58.2	272	17.0	
1984			480	10.8	54.7	302	11.4	
1985			656	20.2	49.1	330	9.2	
1986			739	5.3	51.0	389	17.8	
1987			786	3.4	52.9	400	2.9	
1988			916	-8.7	49.7	451	12.7	
1989			980	0.6	52.0	555	23.1	
1990			1075	8.6	51.0	597	7.5	
1991			1242	10.1	37.4	608	1.9	
1992			1340	5.6	51.5	644	5.9	
1993			1731	9.0	50.5	781	21.3	
1994			2104	5.5	54.0	975	24.9	
1995			2615	0.1	54.9	1327	36.0	
1996			2755	7.1	53.5	1295	-2.4	
1997			3165	7.6	48.7	1617	24.9	
1998			3190	5.6	43.4	1558	-3.6	
1999			3592	7.0	41.0	1632	4.7	
2000			4257	4.7	38.0	1626	-0.4	47.9
2001			4537	8.2	37.2	1810	11.3	43.2
2002			5058	19.3	34.5	2083	15.1	39.4
2003			6817	30.2	31.6	2191	5.2	44.7
2004			8722	21.2	33.5	2600	18.7	40.2
2005			10056	12.9	32.6	2952	13.6	39.1
2006			11549	12.7	31.4	3640	23.3	37.3
2007			13613	14.0	33.3	4381	20.4	37.0
2008			16254	11.2	32.8	4966	13.4	37.2
2009			18950	10.9	31.6	5522	11.2	37.1
2010			20994	9.0	31.6	6132	11.0	37.2
2011			23570	8.9	30.4	6943	13.2	37.1
2012			26009	7.4	30.8	7869	13.3	37.2
2013	19413	14.1	22967	8.9	31.2	8930	15.3	36.5
2014	22110	13.9	24920	8.5	28.2	9724	8.9	34.5
2015	24119	9.1	27269	9.4	28.9	10099	3.8	32.6
2016	25485	5.7	28632	5.0	28.3	11014	9.1	31.8
2017	26502	4.0	29806	4.1	27.5	11435	3.8	31.1
2018	26968	1.8	30140	1.1	27.4	11855	3.7	30.6
2019	28221	4.6	31066	3.1	27.1	12966	9.4	30.3
2020	26632	−5.6	28957	−6.8	27.0	13205	1.8	29.1

注：2013年居民收支调查实施了城乡住户一体化改革，数据口径、抽样方法均有变化，2013年消费增速按可比口径计算。

7-3 全体居民主要收支情况

单位：元/人

指　标	2019	2020	2020年比2019年增长	
			绝对额	%
可支配收入	**44748**	**45879**	**1131**	**2.5**
工资性收入	28213	28674	461	1.6
经营净收入	6023	6102	79	1.3
第一产业净收入	1375	1403	28	2.0
第二产业净收入	344	368	24	7.0
第三产业净收入	4304	4331	27	0.6
财产净收入	4711	4910	199	4.2
转移净收入	5801	6193	392	6.8
消费性支出	**28221**	**26632**	**-1589**	**-5.6**
食品	8191	7616	-575	-7.0
衣着	3227	3009	-218	-6.8
居住	4788	4514	-274	-5.7
生活用品及服务	2430	2277	-153	-6.3
交通通讯	2701	2591	-110	-4.1
交通	2016	1943	-73	-3.6
通信	685	648	-37	-5.4
教育文化娱乐	3215	3063	-152	-4.7
教育	1767	1682	-85	-4.8
文化娱乐	1448	1381	-67	-4.6
医疗保健	2825	2743	-82	-2.9
其它商品和服务	844	819	-25	-3.0
恩格尔系数（%）	**29.02**	**28.60**	**-0.42**	

注：本表数据为城乡住户一体化调查数据（新口径数据）。

7-4 全体居民家庭耐用消费品拥有情况

指　标	单　位	2020
家用汽车	辆/百户	62
摩托车	辆/百户	17
助力车	台/百户	28
洗衣机	台/百户	100
电冰箱（柜）	台/百户	102
微波炉	台/百户	58
彩色电视机	台/百户	104
空调	台/百户	35
热水器	台/百户	79
洗碗机	台/百户	4
排油烟机	台/百户	88
固定电话	线/百户	3
移动电话	部/百户	222
其中：接入互联网	部/百户	195
计算机	台/百户	63
其中：接入互联网	台/百户	48
照相机	台/百户	25
中高档乐器	架/百户	7
健身器材	台/百户	6
空气净化器（含新风系统）	台/百户	5
吸尘器	台/百户	14

7-5 城镇常住居民主要收支情况

单位：元/人

指　　标	2019	2020	2020年比2019年增长	
			绝对额	%
可支配收入	**50427**	**50981**	**554**	**1.1**
工资性收入	31659	31863	204	0.6
经营净收入	5658	5557	-101	-1.8
第一产业净收入	461	1166	705	153.1
第二产业净收入	-233	1111	1344	576.2
第三产业净收入	5431	3280	-2151	-39.6
财产净收入	4929	5047	118	2.4
转移净收入	8181	8514	333	4.1
消费性支出	**31066**	**28957**	**-2109**	**-6.8**
食品	8413	7818	-595	-7.1
衣着	3296	2982	-314	-9.5
居住	5723	5328	-395	-6.9
生活用品及服务	2374	2258	-116	-4.9
交通通讯	4097	3851	-246	-6.0
交通	3075	2926	-149	-4.8
通信	1022	925	-97	-9.5
教育文化娱乐	3842	3594	-248	-6.5
教育	1997	1904	-93	-4.6
文化娱乐	1845	1690	-155	-8.4
医疗保健	2268	2142	-126	-5.6
其它商品和服务	1053	984	-69	-6.6
恩格尔系数（%）	**27.08**	**27.00**	**-0.08**	

注：本表数据为城乡住户一体化调查数据（新口径数据）。

7-6 城镇居民家庭耐用消费品拥有情况

指　标	单　位	2020
家用汽车	辆/百户	66
摩托车	辆/百户	8
助力车	台/百户	21
洗衣机	台/百户	100
电冰箱（柜）	台/百户	102
微波炉	台/百户	70
彩色电视机	台/百户	105
空调	台/百户	42
热水器	台/百户	90
洗碗机	台/百户	3
排油烟机	台/百户	90
固定电话	线/百户	3
移动电话	部/百户	219
其中：接入互联网	部/百户	196
计算机	台/百户	72
其中：接入互联网	台/百户	58
照相机	台/百户	31
中高档乐器	架/百户	8
健身器材	台/百户	7
空气净化器（含新风系统）	台/百户	7
吸尘器	台/百户	17

7-7　农村牧区常住居民主要收支情况

单位：元/人

指　标	2019	2020	2019年比2020年增长	
			绝对额	%
可支配收入	**19174**	**20710**	**1536**	**8.0**
工资性收入	6143	6544	401	6.5
经营净收入	10848	11780	932	8.6
第一产业净收入	3639	8246	4607	126.6
第二产业净收入	346	166	-180	-52.1
第三产业净收入	6863	3368	-3495	-50.9
财产净收入	794	849	55	6.9
转移净收入	1389	1537	148	10.7
消费性支出	**12966**	**13205**	**239**	**1.8**
食品	3923	3842	-81	-2.1
衣着	921	935	14	1.5
居住	2690	2652	-38	-1.4
生活用品及服务	595	611	16	2.7
交通通讯	2150	2339	189	8.8
交通	1542	1684	142	9.2
通信	608	655	47	7.7
教育文化娱乐	1211	1320	109	9.0
教育	1017	1108	91	9.0
文化娱乐	194	212	18	9.3
医疗保健	1260	1307	47	3.7
其它商品和服务	216	199	-17	-7.9
恩格尔系数（%）	**30.26**	**29.10**	**-1.16**	

注：本表数据为城乡住户一体化调查数据（新口径数据）。

7-8　农村牧区居民家庭耐用消费品拥有情况

指　标	单　位	2020
家用汽车	辆/百户	41
摩托车	辆/百户	59
助力车	台/百户	51
洗衣机	台/百户	100
电冰箱（柜）	台/百户	103
微波炉	台/百户	7
彩色电视机	台/百户	101
空调	台/百户	4
热水器	台/百户	31
洗碗机	台/百户	2
排油烟机	台/百户	40
固定电话	线/百户	0.1
移动电话	部/百户	233
其中：接入互联网	部/百户	188
计算机	台/百户	14
其中：接入互联网	台/百户	4
照相机	台/百户	1
中高档乐器	架/百户	0.4
健身器材	台/百户	0.1
空气净化器（含新风系统）	台/百户	0.2
吸尘器	台/百户	2

主要统计指标解释

可支配收入 指居民可用于最终消费支出和储蓄的总和，即居民可用于自由支配的收入。既包括现金收入，也包括实物收入。按照收入的来源，可支配收入包含四项，分别为：工资性收入、经营净收入、财产净收入和转移净收入。

工资性收入 指就业人员通过各种途径得到的全部劳动报酬和各种福利，包括受雇于单位或个人、从事各种自由职业、兼职和零星劳动得到的全部劳动报酬和福利。

经营净收入 指住户或住户成员从事生产经营活动所获得的净收入，是全部经营收入中扣除经营费用、生产性固定资产折旧和生产税之后得到的净收入。计算公式为：

经营净收入=经营收入-经营费用-生产性固定资产折旧-生产税

财产净收入 指住户或住户成员将其所拥有的金融资产、住房等非金融资产和自然资源交由其他机构单位、住户或个人支配而获得的回报并扣除相关的费用之后得到的净收入。财产净收入包括利息净收入、红利收入、储蓄性保险净收益、转让承包土地经营权租金净收入、出租房屋净收入、出租其他资产净收入和自有住房折算净租金等。财产净收入不包括转让资产所有权的溢价所得。

转移净收入 计算公式为：

转移净收入=转移性收入-转移性支出

转移性收入 指国家、单位、社会团体对住户的各种经常性转移支付和住户之间的经常性收入转移。包括养老金或退休金、社会救济和补助、政策性生产补贴、政策性生活补贴、救灾款、经常性捐赠和赔偿、报销医疗费、住户之间的赡养收入，本住户非常住成员寄回带回的收入等。转移性收入不包括住户之间的实物馈赠。

转移性支出 指调查户对国家、单位、住户或个人的经常性或义务性转移支付。包括缴纳的税款、各项社会保障支出、赡养支出、经常性捐赠和赔偿支出以及其他经常转移支出等。

消费支出 是指居民用于满足家庭日常生活消费需要的全部支出，既包括现金消费支出，也包括实物消费支出。消费支出可划分为食品烟酒、衣着、居住、生活用品及服务、交通通信、教育文化娱乐、医疗保健以及其他用品及服务八大类。

8 财　政

Government Finance

资料整理：杨烨坤

8-1　财政收支情况（2020年）

单位：万元

指　标	2020	指　标	2020
一般公共预算收入	**1451783**	**一般公共预算支出**	**3793266**
税收收入	1115035	一般公共服务支出	307156
增值税	342502	外交支出	
企业所得税	108139	国防支出	3015
个人所得税	31460	公共安全支出	161106
资源税	39812	教育支出	535498
城市维护建设税	77061	科学技术支出	41581
房产税	83622	文化体育与传媒支出	50172
印花税	33324	社会保障和就业支出	988941
城镇土地使用税	153057	卫生健康支出	242943
土地增值税	97928	节能环保支出	83232
车船税	28702	城乡社区支出	413895
耕地占用税	33145	农林水支出	277791
契税	70460	交通运输支出	103818
环境保护税	14888	资源勘探信息等支出	49350
其他各项税收收入	935	商业服务业等支出	27984
非税收入	336748	金融支出	2097
专项收入	49689	援助其他地区支出	
行政事业性收费收入	64818	自然资源海洋气象等支出	22851
罚没收入	84607	住房保障支出	112075
国有资本经营收入	18907	粮油物资储备支出	7749
国有资源(资产)有偿使用收入	101308	灾害防治及应急管理支出	15074
其他收入	17419	其他支出	103061
		债务付息支出	243442
		债务发行费用支出	435
政府性基金收入	**793843**	**政府性基金支出**	**1386441**

8-2　财政收入

单位：万元

年份	财政总收入	地方财政收入	一般预算收入	#工商税收	#增值税	#农牧业税和耕地占用税	#企业所得税
1950	147	147		14			
1951	283	283		43			
1952	374	374		48			
1953	275	275		30			
1954	599	599		222			
1955	1033	1033		285			
1956	3496	3496		2310			
1957	3378	3378		1788			
1958	5622	5622		3244			
1959	7676	7676		4457			
1960	10110	10110		6243			
1961	5014	5014		4102			
1962	4651	4651		4128			
1963	5587	5587		4828			
1964	6605	6605		5063			
1965	6850	6850		4474			
1966	7319	7319		4969			
1967	6392	6392		4899			
1968	6318	6318		4778			
1969	6331	6331		4157			
1970	9598	9598		6132			
1971	17552	17552		8486			
1972	11659	11659		8434			
1973	12700	12700		9788			
1974	8710	8710		8533			
1975	8510	8510		9238			
1976	8454	8454		9487			
1977	10558	10558		10772			

注：本表中数据含达茂旗。

8-2 续 表 1

单位：万元

年 份	财 政 总收入	地方财 政收入	一般预 算收入	#营业税	#增值税	#农牧业税和 耕地占用税	#企 业 所得税
1978	16091	16091		13373			
1979	15646	15646		12446			
1980	14681	14681		12536			
1981	14116	14116		12512			
1982	15245	15245		14921			
1983	13447	13447		16557			
1984	16792	16792		19020			
1985	24228	24228		29044			
1986	35527	35527		35534			
1987	43217	43217		43215			
1988	53122	53122		52618			
1989	62205	62205		63073			
1990	75927	75927		72897			
1991	85721	85721		78513			
1992	92097	92097		88816			
1993	169862	169862		166586			
1994	188676	82401		72045			
1995	193645	92978		77170			
1996	221228	116866		17746	33205	4672	6673
1997	243174	138771	124922	18724	33384	5014	7333
1998	265538	153814	144454	21564	35570	4618	8278
1999	272394	165042	156698	22438	34244	4850	11227
2000	273236	161794	156178	25931	35873	5393	15556
2001	283980	167707	160457	22157	37479	5789	21766
2002	353386	200015	187683	32506	44407	8065	10890
2003	502386	297638	259216	51358	59547	12777	8977
2004	732737	452387	416175	85723	80180	23168	12937
2005	1021695	612049	584198	146427	115813	30993	22429
2006	1301171	784019	675343	130725	97141	32847	25794

注：1995年以前营业税为工商税收（后同）。

8-2 续 表 2

单位：万元

指　　标	2007	2008	2009	2010	2011	2012	2013
地方财政总收入	**1437712**	**1818057**	**2172366**	**2433151**	**2954983**	**3267779**	**3450009**
公共财政预算收入	767476	964808	1303120	1391830	1618571	1857557	2151179
税收收入	534824	692399	825995	942677	1136263	1251286	1321226
#增值税	115245	144399	143787	157257	176955	157986	163771
营业税	148355	159304	184587	256484	267000	342875	388265
企业所得税	50902	69973	60854	83006	142028	180818	135503
个人所得税	18490	21243	24005	30996	42077	41997	34187
城市维护建设税	47745	55454	62988	73789	81164	81142	89595
印花税	13222	16906	15191	18873	24294	23529	23933
非税收入	232652	272409	477125	449153	482308	606271	829953
上划中央税收	576111	735347	739096	866047	1101110	1150058	1041739
#增值税	437637	555376	560205	620741	707820	677087	676153
企业所得税	96651	132190	118545	163994	285628	363733	272345
个人所得税	35108	40851	46764	61176	84155	83993	68374
上划自治区税收	94125	117902	130150	175274	235302	260164	257091
#增值税	30635	40728	42950	49659	58985	67709	68278
营业税	39436	44933	55138	80995	89000	38098	43142
政府性基金收入	**192366**	**233951**	**269636**	**534637**	**604775**	**508046**	**866645**
财政总收入（原口径）	**1630078**	**2052008**	**2442002**	**2967788**	**3559758**	**3775825**	**4316654**

注：1.从2007年起，全市各级财政统一按剔除基金收入和基金支出后统计地方财政总收入和地方财政支出（后同）；
2.2012年以前公共财政预算收入称为一般预算收入。

8-2 续 表 3

单位：万元

指 标	2014	2015	2016	2017
一般公共预算收入	**2343186**	**2523021**	**2712122**	**1376126**
税收收入	1499648	1733413	1730819	992043
增值税	145321	131915	237925	322427
其中:改征增值税	31251	36249		
营业税	371113	350918	235872	101612
企业所得税	115672	76520	100287	
个人所得税	34107	40186	40213	46392
资源税	48987	27012	38261	14951
城市维护建设税	75622	71372	71541	66889
房产税	64014	61193	87078	62228
印花税	23783	20027	25371	25463
城镇土地使用税	156687	283968	219800	154634
土地增值税	54915	36910	55236	32913
车船税	19579	21917	23288	25131
耕地占用税	318709	559803	527747	86743
契税	71139	51672	68200	52660
烟叶税				
环境保护税				
其他各项税收收入				
非税收入	843538	789608	981303	384083
专项收入	60836	67678	71269	44073
行政事业性收费收入	168473	165847	215935	176382
罚没收入	54070	42317	42706	49640
国有资本经营收入	374438	323056	404419	29475
国有资源(资产)有偿使用收入	155431	181349	227519	71070
其他收入	30290	9361	19455	13443
政府性基金收入	**575212**	**691550**	**1090449**	**465438**

注：从2014年起，根据自治区财政厅要求，不再公布地方财政总收支数据（后同）。

8-2 续 表4

单位：万元

指 标	2018	2019	2020
一般公共预算收入	**1427491**	**1518173**	**1451783**
税收收入	1114017	1226840	1115035
增值税	386762	444596	342502
企业所得税	101561	141384	108139
个人所得税	55104	33221	31460
资源税	23916	34759	39812
城市维护建设税	82462	84633	77061
房产税	85776	102270	83622
印花税	29891	34409	33324
城镇土地使用税	166829	123954	153057
土地增值税	41200	103213	97928
车船税	27766	26047	28702
耕地占用税	34155	5116	33145
契税	73211	76606	70460
环境保护税		11655	14888
其他各项税收收入		4977	935
非税收入	313474	291333	336748
专项收入	74463	76713	49689
行政事业性收费收入	76287	62558	64818
罚没收入	49020	60617	84607
国有资本经营收入	15944	5107	18907
国有资源(资产)有偿使用收入	83740	59081	101308
其他收入	14020	27257	17419
政府性基金收入	**842641**	**952259**	**793843**

8-3　地方财政支出及主要支出项目

单位：万元

年 份	地方财政支出	基本建设支出	技术改造	支援农业	工交商事业	教科文卫	#教育事业	城市维护	社会保障补助支出	抚恤社救	行政管理	公检法司	政策补贴
1950	95					31	18				47		
1951	220					47	27				105		
1952	338			3		94	55				131		
1953	594			4		209	118				187		
1954	1400	124		12		266	149				510		
1955	1367	885		49		262	149				364		
1956	4261	891		88		681	384				544		
1957	3387	798		91		855	484				659		
1958	8598	5446		602		791	448				744		
1959	10707	5740		475		940	533				836		
1960	13061	8950		991		1374	778				914		
1961	4798	2472		675		907	517				739		
1962	2608	289		462		853	488				626		
1963	2629	139		281		807	457				607		
1964	2895	555		235		928	528				683		
1965	2866	64		197		1068	607				630		
1966	3849	421		387		1243	710				656		
1967	2981	214		187		1237	708				586		
1968	2393	262		99		971	554				648		
1969	3256	327		117		1058	596				843		
1970	4636	1109		196		1104	624				879		
1971	7669	2872		306		1301	740				1023		
1972	7427	2596		351		1736	996				1060		
1973	6563	90		814		1908	1156				1084		
1974	6073	121		791		1970	1129				1079		
1975	6825	127		921		2071	1204				1152		
1976	6832	164		873		2308	1252				1243		
1977	8092	400		1043		2337	1308				1281		

8-3　续　表 1

单位：万元

年 份	地方财政支出	基本建设支出	技术改造	支援农业	工交商事 业	教科文卫	#教育事业	城市维护	社会保障补助支 出	抚恤社救	行政管理	公检法司	政策补贴
1978	10332	1452		1266		2803	1605				1361		
1979	10928	1290		1398		3132	1749				1515		
1980	11202	627		1465		3505	2051				1820		
1981	10572	341		1126		3663	2088				1758		
1982	12681	312		1318		4282	2321				1950		
1983	13989	1229		666		5091	2683				2541		
1984	18742	2354		783		5581	2916				3599		
1985	22338	3274		632		6855	3744				2904		
1986	35161	7430		1311		8287	4266				3694		
1987	36428	4791		1302		8779	5043				3638		
1988	39672	5953		1296		10698	5980				3377		
1989	49665	8701		2041		11634	6577				3595		
1990	62151	10312		2424		13756	7472				5267		
1991	70092	10739		2909		14493	7613				6494		
1992	70181	12113		3542		16643	8924				8543		
1993	140335	65597		3460		20919	11791				11339		
1994	104576	18025		3462		26991	15260				14124		
1995	109770	18629		3517		28395	16147				16115		
1996	145990	10055	12525	4300	1547	32136	19306	14242		5871	19363	7967	1005
1997	165297	13900	12617	3925	1881	27060	21291	11870		3478	23381	9579	1016
1998	177821	25172	10585	3471	1649	34097	19726	11795		3783	18085	9814	504
1999	202951	21736	10150	4187	1414	40060	23047	12741	11813	3507	19480	11521	511
2000	216546	25597	9969	2143	1810	42016	24142	12079	23048	4190	20490	12157	527
2001	245235	36861	7005	3345	1776	48054	29196	13392	18417	4196	23172	13013	4309
2002	312753	46931	16431	2405	2089	54233	33640	16502	28089	7685	28241	16066	5477
2003	497066	64678	39130	13107	3553	71842	44462	19844	37093	13348	47879	25794	4671
2004	643749	73143	73729	32895	5136	86445	56233	28041	38177	13103	77743	32506	2356
2005	778564	87929	64551	43410	4681	107004	72366	49825	44614	17405	107591	34037	1335
2006	1057327	129145	72643	62871	3926	139395	96894	95095	80572	21885	110806	34964	5981

注：2003-2006年支援农业支出为农、林、水利、气象支出。

8-3 续 表 2

单位：万元

指 标	2007	2008	2009	2010	2011	2012	2013
公共财政预算支出	**1143996**	**1531681**	**1955634**	**2049617**	**2512724**	**2911038**	**3552582**
#一般公共服务	201266	221665	251449	242146	281211	326460	298080
公共安全	54797	72699	88236	101063	118322	130861	132082
教育	149685	184248	239935	281619	365274	403763	431563
科学技术	16705	20895	27231	29227	36556	38200	44914
文化体育与传媒	11860	16504	23594	25628	37401	45498	47073
社会保障和就业	207235	265359	357417	306442	337339	389005	453880
医疗卫生	37281	55737	75922	78962	103896	120209	149311
节能环保	25536	53466	50586	76050	63336	111849	78273
城乡社区事务	172279	253441	443583	451018	521101	565971	825031
农林水事务	83388	99458	129151	153203	214191	302194	300424
交通运输	18981	22010	44180	38752	57673	94474	90199
资源勘探电力信息等事务			114259	87786	94459	89222	160181
粮油物资储备管理事务			31699	4237	2790	5006	3894
住房保障支出				44711	135195	127765	398303
政府性基金支出	**201369**	**239393**	**314340**	**497045**	**622342**	**463693**	**872030**
财政总支出（原口径）	**1345365**	**1771074**	**2269974**	**2546662**	**3135066**	**3374731**	**4424612**

注：2012年以前公共财政预算支出为一般预算支出。

8-3　续　表 3

单位：万元

指　标	2014	2015	2016	2017
一般公共预算支出	**3546074**	**3932680**	**4143569**	**3303194**
一般公共服务支出	263855	263047	295908	264269
外交支出				
国防支出	3840	5155	4692	6284
公共安全支出	144959	155933	193252	167675
教育支出	425716	500593	534160	505189
科学技术支出	52740	53969	58364	39163
文化体育与传媒支出	64225	56241	60219	70127
社会保障和就业支出	583987	723089	732734	763336
卫生健康支出	165608	204241	237067	220935
节能环保支出	113497	168333	186051	165890
城乡社区支出	934972	865980	867225	240033
农林水支出	321671	294377	296016	243772
交通运输支出	94432	91700	132271	151420
资源勘探信息等支出	144832	154373	129012	59350
商业服务业等支出	53434	57185	59579	36927
金融支出	1061	1630	956	1601
援助其他地区支出				
自然资源海洋气象等支出	13518	75336	57802	36462
住房保障支出	89465	140286	184893	167946
粮油物资储备支出	5612	7468	6591	5687
灾害防治及应急管理支出				
国债还本付息支出	19788			
其他支出	48862	75653	19960	11921
债务付息支出		37009	84140	144117
债务发行费用支出		1082	2677	1090
政府性基金支出	**662017**	**691550**	**1090449**	**434359**

8-3 续 表 4

单位：万元

指 标	2018	2019	2020
一般公共预算支出	**3645197**	**3645308**	**3793266**
一般公共服务支出	266123	291367	307156
外交支出			
国防支出	6483	2498	3015
公共安全支出	160200	170779	161106
教育支出	545061	531860	535498
科学技术支出	48268	42806	41581
文化体育与传媒支出	56046	53768	50172
社会保障和就业支出	739007	852717	988941
卫生健康支出	240855	238460	242943
节能环保支出	160687	129504	83232
城乡社区支出	363296	379139	413895
农林水支出	347051	293557	277791
交通运输支出	184133	130738	103818
资源勘探信息等支出	114504	63613	49350
商业服务业等支出	33847	23644	27984
金融支出	1379	32331	2097
援助其他地区支出			
自然资源海洋气象等支出	23611	17678	22851
住房保障支出	103964	105604	112075
粮油物资储备支出	9999	5879	7749
灾害防治及应急管理支出		13346	15074
其他支出	53608	47408	103061
债务付息支出	185949	218120	243442
债务发行费用支出	1126	492	435
政府性基金支出	**858496**	**991229**	**1386441**

8-4　1950-2013年财政收支总额及增长速度

年 份	财政总收入（万元）	财政总支出（万元）	增长速度（%）	
			财政总收入	财政总支出
1950	147	95		
1951	283	220	92.5	131.6
1952	374	338	32.2	53.6
1953	275	594	-26.5	75.7
1954	599	1400	117.8	135.7
1955	1033	1367	72.5	-2.4
1956	3496	4261	238.4	211.7
1957	3378	3387	-3.4	-20.5
1958	5622	8598	66.4	153.9
1959	7676	10707	36.5	24.5
1960	10110	13061	31.7	22.0
1961	5014	4798	-50.4	-63.3
1962	4651	2608	-7.2	-45.6
1963	5587	2629	20.1	0.8
1964	6605	2895	18.2	10.2
1965	6850	2866	3.7	-1.0
1966	7319	3849	6.8	34.3
1967	6392	2981	-12.7	-22.6
1968	6318	2393	-1.2	-19.7
1969	6331	3256	0.2	36.1
1970	9598	4636	51.6	42.4
1971	17552	7669	82.9	65.4
1972	11659	7427	-33.6	-3.2
1973	12700	6563	8.9	-11.6
1974	8710	6073	-31.4	-7.5
1975	8510	6825	-2.3	12.4
1976	8454	6832	-0.7	0.1
1977	10558	8092	24.9	18.4
1978	16091	10332	52.0	27.7
1979	15646	10928	-2.7	5.8
1980	14681	11202	-6.2	2.5
1981	14116	10572	-3.8	-5.6

8-4　续　　表

年 份	财政总收入（万元）	财政总支出（万元）	增长速度（%）	
			财政总收入	财政总支出
1982	15145	12681	7.3	19.9
1983	13447	13989	-11.2	10.3
1984	16792	18742	24.9	34.0
1985	24228	22338	44.3	19.2
1986	35527	35161	46.6	57.4
1987	43271	36428	21.6	3.6
1988	53112	39672	22.9	8.9
1989	62205	49665	17.1	25.2
1990	75927	62151	22.1	25.1
1991	85721	70092	12.9	12.8
1992	92097	70181	7.4	0.1
1993	169862	140335	84.4	99.9
1994	188676	104576	11.1	-25.5
1995	199145	109770	5.5	5.0
1996	221228	145990	11.1	33.0
1997	243174	165297	9.9	13.2
1998	265538	177821	9.2	7.6
1999	272394	202951	2.6	14.1
2000	273236	216546	0.3	6.7
2001	283980	245235	3.9	13.2
2002	353386	312753	24.4	27.5
2003	502386	497066	42.2	58.9
2004	732737	643749	45.9	30.4
2005	1021695	778564	39.4	20.9
2006	1301171	1057327	27.4	35.8
2007	1630078	1345365	25.3	27.2
2008	2052008	1771074	25.9	31.6
2009	2442002	2269974	19.0	28.2
2010	2967788	2546662	21.5	12.2
2011	3559758	3135066	19.9	23.2
2012	3775825	3374731	6.1	7.6
2013	4316654	4424612	14.3	31.1

8-5　1951-2006年各项税收收入

单位：万元

年 份	税收总额	#地方税收	#工商税收	#增值税	#农业各税	#企 业所得税	税收总额占财政总收入比重（%）
1951	207	207	43				73.1
1952	254	254	48				67.9
1953	228	228	30				82.9
1954	457	457	222				76.3
1955	843	843	285				81.6
1956	2918	2918	2310				83.5
1957	2666	2666	1788				78.9
1958	3829	3829	3244				68.1
1959	5053	5053	4457				65.8
1960	6716	6716	6243				66.4
1961	4317	4317	4102				86.1
1962	4483	4483	4128				96.4
1963	5057	5057	4828				90.5
1964	5700	5700	5063				86.3
1965	5692	5692	4474				83.1
1966	6167	6167	4969				84.3
1967	6182	6182	4899				96.7
1968	5900	5900	4778				94.8
1969	5536	5536	4157				87.4
1970	7793	7793	6132				81.2
1971	9420	9420	8486				53.7
1972	9122	9122	8434				78.2
1973	10221	10221	9788				80.5
1974	9083	9083	8533				104.3
1975	9690	9690	9238				113.9
1976	10188	10188	9487				120.5
1977	13840	13840	10772				131.1

注：农业各税包括农业税、牧业税、耕地占用税、农业特产税和契税。2006年，农业各税不包括农业税、牧业税和农业特产税。

8-5 续 表

单位：万元

年 份	税收总额	#地方税收	#营业税	#增值税	#农业各税	#企 业所得税	税收总额占财政总收入比重（%）
1978	13718	13718	13373				85.3
1979	12796	12796	12446				81.8
1980	12786	12786	12536				87.1
1981	12833	12833	12512				90.9
1982	15202	15202	14921				100.4
1983	16861	16861	16557				125.4
1984	15960	15960	19020				95.0
1985	31397	31397	29044				129.6
1986	38929	38929	35534				109.6
1987	49033	49033	43215				113.5
1988	58561	58561	52618				110.2
1989	69750	69750	63703				112.1
1990	79250	79250	72897				104.4
1991	83035	83035	78513				96.9
1992	92430	92430	88816				100.4
1993	170065	170065	166586				100.1
1994	184563	76917	72045	33499	1646	3382	97.8
1995	191065	82752	77170	32181	2207	3654	95.9
1996	206418	101610	17746	33205	4672	6164	93.3
1997	223171	118478	18724	33384	5014	7333	91.8
1998	249895	127209	21564	35570	4618	8278	94.1
1999	244856	137504	22438	34244	4850	11227	89.9
2000	253219	141777	25931	35873	5393	15556	92.7
2001	262515	146242	22157	37479	5789	21766	92.4
2002	306214	152897	32506	44407	8065	10890	86.7
2003	408552	203804	51358	59547	12777	8977	81.3
2004	584945	304595	85723	80180	23168	12937	79.8
2005	850592	440946	146427	115813	40095	22429	83.3
2006	974138	456986	130725	97141	47136	25794	74.9

注：1995年以前营业税为工商税收。

主要统计指标解释

公共财政预算收入　是指政府凭借国家政治权力，以社会管理者身份筹集以税收为主体的财政收入，主要用于保障和改善民生、维持国家行政职能正常运转、保障国家安全等方面。从2012年起各级政府一般预算收入改称为公共财政预算收入，在口径上与2011年以前的"一般预算收入"相同。公共财政预算收入包括税收收入和非税收收入，其中税收收入包括增值税、营业税、消费税、土地增值税、城市维护建设税、资源税、城市土地使用税、企业所得税、个人所得税、关税、证券交易印花税、车辆购置税、农牧业税和耕地占用税等。

非税收入　是指由各级人民政府及其所属部门和单位依法利用行政权力、政府信誉、国家资源、国有资产或提供特定公共服务征收、收取、提取、募集的除税收和政府债务收入以外的财政收入，包括行政事业性收费、政府性基金、国有资源有偿使用收入、国有资产有偿使用收入、国有资本经营收入、彩票公益金、罚没收入、以政府名义接受的捐赠收入、主管部门集中收入、政府财政资金产生的利息收入等十类。

财政收入统计口径　按照财政部、自治区财政厅要求，从2007年起，全市各级财政统一按剔除基金收入和基金支出后统计地方财政总收入和地方财政支出。

新统计口径：

地方财政总收入=公共财政预算收入+上划中央税收+上划自治区税收

地方财政支出=公共财政预算支出

原统计口径：

财政总收入=地方财政收入+上划中央收入+上划自治区收入

地方财政收入=公共财政预算收入+基金收入

财政总支出=公共财政预算支出+基金支出

财政支出　国家财政将筹集起来的资金进行分配使用，以满足经济建设和各项事业的需要，主要包括：

（1）基本建设支出：指按国家有关规定，属于基本建设范围内的基本建设有偿使用、拨款、资本金支出以及经国家批准对专项和政策性基建投资贷款，在部门的基建投资额中统筹支付的贴息支出。

（2）企业挖潜改造资金：指国家预算内拨给的用于企业挖潜、革新和改造方面的资金。包括各部门企业挖潜改造资金和企业挖潜改造贷款资金，为农业服务的县办"五小"企业技术改造补助，挖潜改造贷款贴息资金。

（3）地质勘探费用：指国家预算用于地质勘探单位的勘探工作费用，包括地质勘探管理机构及其事业单位经费、地质勘探经费。

（4）科技三项费用：指国家预算用于科技支出的费用，包括新产品试制费、中间试验费、重要科学研究补助费。

（5）支援农村生产支出：指国家财政支援农村集体(户)各项生产的支出。包括对农村举办的小型农田水利和打井、喷灌等的补助费，对农村水土保持措施的补助费，对农村举办的小水电站的补助费，特大抗旱的补助费，农村开荒补助费，扶持乡镇企业资金，支援农村合作生产组织资金、农村农技推广和植保补助费，农村草场和畜禽保护补助费，农村造林和林木保护补助费，农村水产补助费，发展粮食生产专项资金。

（6）农林水利气象等部门的事业费用：指国家财政用于农垦、农场、农业、畜牧、农机、林业、森工、水利、水产、气象、乡镇企业的技术推广、良种推广(示范)、动植物(畜禽、森 林)保护、水质监测、勘探设计、资源调查、干部训练等项费用，园艺特产场补助费，中等专业学校经费，飞播牧草试验补助费，营林机构、气象机构经费，渔政费以及农业管理事业费等。

（7）工业交通商业等部门的事业费：指国家预算支付给工交商各部门用于事业发展的经费， 包括勘探设计费、中等专业学校经费、技术学校经费、干部训练费。

（8）文教科学卫生事业费：指国家预算用于文化、出版、文物、教育、卫生、中医、公费医疗、体育、档案、地震、海洋、通讯、电影电视、计划生育、党政群干部训练、自然科学、社会科学、科协等项事业的人员和公用经费支出以及高技术研究专项经费。主要包括工资、补助工资、福利费、离退休费、助学金、公务费、设备购置费、修缮费、业务费、差额补助费。

（9）抚恤和社会福利救济费：指国家预算用于抚恤和社会福利救济事业的经费。包括由民政部门开支的烈士家属和牺牲病残人员家属的一次性、定期抚恤金，革命伤残人员的抚恤金，各种伤残 补助费，烈军属、复员退伍军人生活补助费，退伍军人安置费，优抚事业单位经费，烈士纪念建筑物管理、维修费，自然灾害救济事业费和特大自然灾害灾后重建补助费等。

（10）行政事业单位离退休支出：指实行归口管理的行政事业单位离退休经费。

（11）社会保障补助支出：指国家预算用于社会保障的补助支出，包括对社会保障基金的补助、促进就业补助、国有企业下岗职工补助、补充全国社会保障基金等。

（12）国防支出：指国家预算用于国防建设和保卫国家安全的支出，包括国防费、国防科研事业费、民兵建设以及专项工程支出等。

（13）行政管理费：包括行政管理支出，党派团体补助支出，外交支出、公安安全支出，司法 支出、法院支出，检察院支出和公检法办案费用补助。

（14）政策性补贴支出：指经国家批准，由国家财政拨给用于粮棉油等产品的价格补贴支出。主要包括粮、棉、油差价补贴，平抑物价和储备糖补贴，农业生产资料价差补贴，粮食风险基金，副食品风险基金，地方煤炭风险基金等。

（15）债务利息支出：指国家预算用于偿还国内外债务利息的支出。

中央财政收入和地方财政收入　指按现行分税制财政体制划分的中央本级收入和地方本级收入。1994年分税制财政体制以后，属于中央财政的收入包括关税、海关代征消费税和增值税，消费税，中央企业所得税，地方银行和外资银行及非银行金融企业所得税，铁道、银行总行、保险总公司等集中缴纳的营业税、所得税、利润和城市维护建设税，增值税的75%部分，证券交易税（印花税）50%部分和海洋石油资源税。属于地方财政的收入包括营业税，地方企业所得税，个人所得税，城镇土地使用税，固定资产投资方向调节税，城镇维护建设税，房产税，车船使用税，印花税、屠宰税，农牧业税，农业特产税，耕地占用税，契税，增值税25%部分，证券交易税（印花税）6%部分和除海洋石油资源税以外的其他资源税。

中央财政支出和地方财政支出　指根据政府在经济和社会活动中的不同职责，划分中央和地方政府的责权，按照政府的责权划分确定的支出。中央财政支出包括国防支出，武装警察部队支出，中央级行政管理费和各项事业费，重点建设支出以及中央政府调整国民经济结构、协调地区发展、实施宏观调控的支出。

地方财政支出主要包括地方行政管理和各项事业费，地方统筹的基本建设、技术改造支出，支援农村生产支出，城市维护和建设经费，价格补贴支出等。

9 能源与环境

Energy and Environment

资料整理：王宇星　苏旭

9-1 能源消费总量及构成

年 份	能源消费总量（万吨标准煤）	占能源消费总量的比重（%）	
		煤炭	天然气
2010	3135.24	80.00	4.05
2011	3525.31	83.90	4.56
2012	3664.40	84.01	2.67
2013	3800.14	84.46	2.26
2014	3937.05	87.56	2.21
2015	4059.28	84.92	4.66
2016	4154.07	88.15	4.57
2017	4197.70	84.00	2.92
2018	4458.08	89.45	3.18
2019	4658.86	86.37	3.84
2020	4908.13	87.18	3.51

9-2 主要能源消费指标

年 份	单位地区生产总值能耗变化率（±%）	单位规模以上工业增加值能耗变化率（±%）	单位地区生产总值电耗变化率（±%）
2010	-4.74	-6.74	2.29
2011	-2.60	-4.55	4.34
2012	-7.60	-15.38	-8.98
2013	-5.08	-9.82	-7.84
2014	-4.55	-8.73	-2.62
2015	-4.65	-9.61	-8.42
2016	-4.92	-7.23	-5.04
2017	-4.24	-2.59	12.01
2018	-0.61	2.83	10.59
2019	-1.39	-3.84	4.10
2020	2.33	-2.67	5.41

9-3 综合能源平衡表

单位：万吨标煤

项 目	2018	2019	2020
可供本地区消费的能源量	**4458.47**	**4658.86**	**4908.13**
一次能源生产量	1214.26	1602.29	1389.23
外市调入量	4361.35	3783.09	4296.69
本市调出量（-）	1105.08	1370.05	806.30
年初年末库存差额	-12.06	643.53	28.51
能源消费总量	**4458.47**	**4658.86**	**4908.13**
在消费总量中：			
农、林、牧、渔业	15.01	14.76	15.09
工业	3770.11	3966.79	4266.55
建筑业	30.53	30.31	33.48
交通运输、仓储和邮政业	126.99	97.34	103.43
批发、零售业和住宿、餐饮业	187.16	218.07	204.80
其他	146.59	146.54	112.51
生活消费	182.08	185.05	172.28
在消费总量中：			
终端消费量	4731.72	5021.32	5175.53
#工业	4043.36	4329.25	4533.94
加工转换损失量	-273.25	-362.46	-288.35
平衡差额			

9-4　电力平衡表

单位：亿千瓦时

项　目	2018	2019	2020
可供量	**611.82**	**674.85**	**739.24**
生产量	631.69	725.69	798.05
火电	558.75	614.67	668.01
其他能源发电	72.94	111.02	130.04
市外净调入（+）/调出（-）量	-19.87	-50.84	-58.81
消费量	**611.82**	**674.85**	**739.24**
在消费总量中：			
农、林、牧、渔业	1.24	2.69	1.30
工业	567.20	631.26	695.86
建筑业	0.90	1.04	0.90
交通运输、仓储和邮政业	4.00	4.32	3.96
批发、零售业和住宿、餐饮业	6.77	8.19	6.89
其他	11.46	11.89	13.30
生活消费	20.25	15.46	17.03
在消费总量中：			
终端消费	611.82	674.85	732.32
#工业	567.20	631.26	688.94

9-5　规模以上工业企业能源

能源名称	单位	年初库存量	购进量
原煤	吨	1919249	52034439
洗精煤	吨	234367	8495886
其他洗煤	吨	28497	696393
煤制品	吨	67	28610
焦炭	吨	677848	4995256
其他焦化产品	吨	6890	153806
焦炉煤气	万立方米		18718
高炉煤气	万立方米		119943
转炉煤气	万立方米		
天然气（气态）	万立方米	83	70360
液化天然气（液态）	吨		
汽油	吨	56	965
煤油	吨		1218
柴油	吨	5073	104169
燃料油	吨	120	139
润滑油	吨	103	6206
石油焦	吨	12201	442898
石油沥青	吨	1079	65547
其他石油制品	吨		2561
热力	百万千焦		3066947
电力	万千瓦时		3808635
煤矸石（用于燃料）	吨		872212
城市生活垃圾（用于燃料）	吨	7535	399275
余热余压	百万千焦		
能源合计	**吨标准煤**		

购进、消费与库存（2020年）

#购自省外	工业生产消费量	#用于原材料	年末库存
1530073	60858158	3435492	1642070
5817992	8415749		314505
239235	615826	5377	108375
	24832		3778
331952	9874068	102317	759804
6870	146630	2405	14066
	253018		
	2928192		
	242249		
	70033	1211	78
255	1610	16	12
30	1202	734	16
73660	103007	24675	6200
	138		121
6023	6222	22	88
442898	431132	150588	23628
2650	65455	2650	1121
2561	2559		2
	9008885		
	6684446		
	872212		
	368519		5789
	19574088		
	70661130	**3084566**	

9-6 规模以上工业企业主要能源

行业名称	原煤（吨）	洗精煤（吨）	焦炭（吨）	焦炉煤气（万立方米）
煤炭开采和洗选业	16729540			
黑色金属矿采选业	366824		56937	
有色金属矿采选业	397			
非金属矿采选业	3023			
农副食品加工业				
食品制造业				
酒、饮料和精制茶制造业	1188			
纺织业				
纺织服装、服饰业				
皮革、毛皮、羽毛及其制品和制鞋业				
木材加工和木、竹、藤、棕、草制品业				
造纸和纸制品业				
印刷和记录媒介复制业				
文教、工美、体育和娱乐用品制造业				
石油、煤炭及其他燃料加工业		1419464		19288
化学原料和化学制品制造业	4777190			
医药制造业				
橡胶和塑料制品业				
非金属矿物制品业	326553			
黑色金属冶炼和压延加工业	2685531	6996285	9763347	233730
有色金属冶炼和压延加工业	14817051		47236	
金属制品业			6548	
通用设备制造业				
专用设备制造业				
汽车制造业				
铁路、船舶、航空航天和其他运输设备制造业				
电气机械和器材制造业				
计算机、通信和其他电子设备制造业				
仪器仪表制造业				
其他制造业				
废弃资源综合利用业				
金属制品、机械和设备修理业				
电力、热力生产和供应业	21150655			
燃气生产和供应业				
水的生产和供应业	206			

按行业分组消费量（2020年）

高炉煤气（万立方米）	转炉煤气（万立方米）	天然气（万立方米）	汽油（吨）	柴油（吨）	燃料油（吨）	石油焦（吨）	石油沥青（吨）
				27719			
			187	23719			
			28	271			
			19	859			
		447	30	25			
		1039	3				
		824	18	46			
		155	14	12			
				425			
		6396	730	2216		4863	
		103					
		9551		1727		426269	65455
2928192	242249	9770	170	39492			
		10240	79	2993	138		
		600	12	26			
		168	10	131			
		138		98			
		1717	8	19			
		6	6	8			
		104		26			
		179	21	2			
				1144			
		17					
		59	103	2041			
		28457	85	8			
		62	87	1			

9-6 续 表

行业名称	热力（百万千焦）	电力（万千瓦时）	煤矸石（用于燃料）（吨）	余热余压（百万千焦）
煤炭开采和洗选业		17930		
黑色金属矿采选业		76945		
有色金属矿采选业		11677		
非金属矿采选业		1147		
农副食品加工业	298338	2622		
食品制造业		6873		
酒、饮料和精制茶制造业		3711		
纺织业				
纺织服装、服饰业		980		
皮革、毛皮、羽毛及其制品和制鞋业		7		
木材加工和木、竹、藤、棕、草制品业				
造纸和纸制品业	42227	1823		
印刷和记录媒介复制业				
文教、工美、体育和娱乐用品制造业				
石油加工、炼焦和核燃料加工业		6298		
化学原料和化学制品制造业	570602	436962	872212	3370124
医药制造业		117		
橡胶和塑料制品业		1968		
非金属矿物制品业		414032		863463
黑色金属冶炼和压延加工业	6779782	1351647		15340501
有色金属冶炼和压延加工业	96048	3868645		
金属制品业		7453		
通用设备制造业	9834	3264		
专用设备制造业	2322	3879		
汽车制造业	41064	9160		
铁路、船舶、航空航天和其他运输设备制造业	44082	587		
电气机械和器材制造业		1579		
计算机、通信和其他电子设备制造业		74752		
仪器仪表制造业		34		
其他制造业				
废弃资源综合利用业		1146		
金属制品、机械和设备修理业	40082	107		
电力、热力生产和供应业	1084503	345763		
燃气生产和供应业		15512		
水的生产和供应业		17825		

9-7 规模以上工业企业能源加工转换与回收利用（2020年）

能源名称	单位	加工转换投入合计	火力发电	供热	原煤入洗	炼焦	天然气液化	能源加工转换产出	回收利用
原煤	万吨	5435.40	3279.80	485.90	1669.70				
洗精煤（用于炼焦）	万吨	841.57				841.57		786.08	
其他洗煤	万吨							663.82	
焦炭	万吨							630.60	
其他焦化产品	万吨							31.36	
焦炉煤气	亿立方米	3.82	3.10	0.72				26.13	
高炉煤气	亿立方米	121.95	106.41	15.54					292.80
转炉煤气	亿立方米	6.76	4.19	2.57					24.22
天然气（气态）	亿立方米	3.35		0.51			2.84		
液化天然气（液态）	万吨							19.12	
汽油	吨								
柴油	吨	953.61	787.82	165.79					
热力	万百万千焦							7795.31	
电力	亿千瓦时							668.01	
煤矸石用于燃料	万吨	87.22	64.75	22.47				37.42	
城市垃圾用于燃料	万吨	36.85	36.85						
余热余压	万百万千焦	519.08	519.08						2254.65
能源合计	**万吨标准煤**	**4185.85**	**2022.33**	**330.23**	**966.11**	**831.43**	**35.76**	**2799.11**	**473.70**

9-8 全市重点调查工业污染排放

行业名称	工业废气排放量（亿立方米）	二氧化硫排放量（吨）	氮氧化物排放量（吨）	烟（粉）尘排放量（吨）
黑色金属冶炼和压延加工业	4894.13	11386.36	18483.69	5768.68
有色金属冶炼和压延加工业	2340.90	22850.53	4364.61	1675.15
电力、热力生产和供应业	1842.67	6319.90	17806.71	1884.24
非金属矿物制品业	209.14	975.96	3126.92	6983.44
化学原料和化学制品制造业	301.75	358.69	880.21	1079.66
石油、煤炭及其他燃料加工业	439.88	118.06	1671.24	2571.36
金属制品业	59.97	2.82	63.70	192.44
黑色金属矿采选业	186.01	15.59	4.53	5556.65
食品制造业	9.89	0.09	3.57	
非金属矿采选业	9.11	82.48	233.88	97.35
酒、饮料和精制茶制造业	0.93	0.21	15.73	
汽车制造业	0.84	0.01	3.63	
计算机、通信和其他电子设备制造业	0.39		1.52	3.64
纺织业	0.18			
农副食品加工业	10.82	2.42	10.05	0.45
医药制造业	0.01	0.04	1.64	
煤炭开采和洗选业	0.05	7.23	1.41	6790.21

及处理利用情况（2020年）

工业废水排放量（万吨）	化学需氧量排放量（吨）	氨氮排放量（吨）	一般工业固体废物产生量（万吨）	一般工业固体废物综合利用量（万吨）	一般工业固体废物处置量（万吨）
1089.90	325.16	19.79	1141.97	665.66	415.84
24.66	3.24	0.08	434.89	113.10	252.59
429.70	117.12	13.43	749.12	567.97	50.12
	97.31	6.32			
444.79	409.36	34.93	182.11	108.40	2.82
331.71			9.50	4.70	4.38
0.26			2791.35	420.89	595.24
	51.58		2.55	0.13	2.24
155.71			2.56	2.55	0.01
	89.40	1.71	0.26	0.26	
70.54	9.91	0.36			
7.30	23.15	0.21	0.09	0.08	0.01
99.20			190.79	67.06	106.10
21.39	9.91	0.36			
1.08	93.92	2.40	0.17	0.06	0.10
8.50	0.19	0.01	0.02	0.01	0.01
			190.79	67.06	122.21

9-9　工业企业“三废”排放及治理情况

指　标	2016	2017	2018	2019	2020
废水					
工业废水排放量（万吨）	3345.17	3199.42	3262.76	3285.33	2695.87
工业化学需氧量排放量（吨）	1078.71	1284.66	1232.88	1705.42	2209.20
工业氨氮排放量（吨）	82.30	110.89	95.05	152.93	156.51
废气					
工业废气排放量（亿立方米）	6965.04	7876.49	9764.63	9521.47	10317.60
工业二氧化硫排放量（万吨）	4.21	4.30	4.35	4.62	4.21
工业氮氧化物排放量（万吨）	4.31	4.87	5.08	4.67	4.67
工业烟（粉）尘排放量（万吨）	6.12	6.31	6.28	6.39	3.38
固体废物					
工业固体废物产生量（万吨）	3521.83	4238.70	4328.53	6002.40	5506.42
工业固体废物综合利用量（万吨）	1574.68	2057.28	1753.47	2156.65	1951.74
工业固体废物处置量（万吨）	404.44	937.70	314.88	1383.33	1429.66
工业固体废物处置利用率（%）	56.20	70.66	47.78	58.98	61.41
工业固体废物贮存量（万吨）	1542.71	1243.72	2260.18	2462.42	2125.02
污染治理					
本年竣工项目数（个）	37	12	13	9	3
施工项目本年完成投资额（万元）	88446.6	57576.4	18615.9	25308.1	17556.2
工业废水治理项目	16727.0	22191.0	1000.0		11374.2
工业固体废物治理项目	11253.0		200.0	13.3	
工业废气治理项目	58806.2	29129.9	8358.1	24294.8	
其他治理项目	1660.4	6255.5	9057.8	1000.0	6182.0

注：2020年实行新报表制度，非重点工业源废水、废气排放量的计算方法有所改变，全市工业源废水、废气排放量较之前年份变化较大。

主要统计指标解释

能源消费总量　指一定时期内全国物质生产部门、非物质生产部门和生活消费的各种能源的总和。该指标是观察能源消费水平、构成和增长速度的总量指标。能源消费总量包括原煤和原油及其制品、天然气、电力，不包括低热值燃料、生物质能和太阳能等的利用。能源消费总量分为终端能源消费量、能源加工转换损失量和能源损失量三部分。

（1）终端能源消费量：　指一定时期内全国生产和生活消费的各种能源在扣除了用于加工转换二次能源消费量和损失量以后的数量。

（2）能源加工转换损失量：指一定时期内全国投入加工转换的各种能源数量之和与产出各种能源产品之和的差额。该指标是观察能源在加工转换过程中损失量变化的指标。

（3）能源损失量：指一定时期内能源在输送、分配、储存过程中发生的损失和由客观原因造成的各种损失量，不包括各种气体能源放空、放散量。

能源加工转换效率　指一定时期内能源经过加工、转换后，产出的各种能源产品的数量与同期内投入加工转换的各种能源数量的比率。它是观察能源加工转换装置和生产工艺先进与落后、管理水平高低等的重要指标。计算公式为：

能源加工转换效率=能源加工、转换产出量/能源加工、转换投入量×100%

工业废水排放量　指经过企业厂区所有排放口排到企业外部的工业废水量。包括生产废水、外排的直接冷却水、废气治理设施废水、超标排放的矿井地下水和与工业废水混排的厂区生活污水，不包括外排的间接冷却水（清污不分流的间接冷却水应计算在内）。

工业废气排放量　指企业厂区内燃料燃烧和生产工艺过程中产生的各种排入空气中含有污染物的气体的总量，以标准状态［273K，101325pa］计。

工业二氧化硫排放量　指企业在燃料燃烧和生产工艺过程中排入大气的二氧化硫总质量。

烟（粉）尘排放量　烟尘是指通过燃烧煤、石油、柴油、木柴、天然气等产生的烟气中的尘粒。工业粉尘指在生产工艺过程中排放的能在空气中悬浮一定时间的固体颗粒。如钢铁企业耐火材料粉尘、焦化企业的筛焦系统粉尘、烧结机的粉尘、石灰窑的粉尘、建材企业的水泥粉尘等。烟（粉）尘排放量指企业在燃料燃烧和生产工艺过程中排入大气的烟尘及工业粉尘的总质量之和。烟尘或工业粉尘排放量可以通过除尘系统的排风量和除尘设备出口烟尘浓度相乘求得。

工业固体废物产生量　指报告期内企业在生产过程中产生的固体状、半固体状和高浓度液体状废弃物的总量，包括危险废物和一般工业固体废物。

工业固体废物综合利用量　指通过回收、加工、循环、交换等方式，从固体废物中提取或者使其转化为可以利用的资源、能源和其他原材料的固体废物量（包括当年利用往年的工业固体废物累计贮存量），如用作农业肥料、生产建筑材料、筑路等。综合利用量由原产生固体废物的单位统计。

工业固体废物综合利用率　指工业固体废物综合利用量占工业固体废物产生量（包括综合利用往年贮存量）的百分率。计算公式为：

工业固体废物综合利用率=工业固体废物综合利用量/（工业固体废物产生量+综合利用往年贮存量）×100%

工业固体废物贮存量 指以综合利用或处置为目的，将固体废物暂时贮存或堆存在专设的贮存设施或专设的集中堆存场所内的数量。专设的固体废物贮存场所或贮存设施必须有防扩散、防流失、防渗漏、防止污染大气、水体的措施。

工业固体废物处置量 指将固体废物焚烧或者最终置于符合环境保护规定要求的场所，并不再回取的工业固体废物量（包括当年处置往年的工业固体废物累计贮存量）。处置方法有填埋（其中危险废物应安全填埋）、焚烧、专业贮存场（库）封场处理、深层灌注、回填矿井等。

工业固体废物排放量 指报告期内企业将所产生的固体废物排到固体废物污染防治设施、场所以外的数量，不包括矿山开采的剥离废石和掘进废石（煤矸石和呈酸性或碱性的废石除外）。

10 城市概况

General Survey of Cities

资料整理：姚海英

10-1　城市建设用地（2020年）

指　标	单　位	全市	#市区
区划面积	平方公里	27768	2965
城市建成区面积	平方公里	247.14	211.62
城市现状建设用地面积	平方公里	230.73	195.79
居住用地	平方公里	68.74	58.6
公共管理与公共服务用地	平方公里	19.32	15.82
工业用地	平方公里	54.69	52.5
物流仓储用地	平方公里	8.54	7.5
交通设施用地	平方公里	31.56	24.4
商务服务业设施用地	平方公里	11.94	9.83
公用设施用地	平方公里	5.05	3.49
绿地	平方公里	30.89	23.65

注：市区数据不包括土默特右旗、固阳县和达尔罕茂明安联合旗。

10-2　城市自来水情况（2020年）

指　标	单　位	全市	#市区
年末自来水实际生产能力	万立方米 / 日	110	104
年末供水管道长度(不包括自备水源井)	公里	2497	1957
全年供水总量	万立方米	20685	19781
#生产用水	万立方米	8667	8564

注：表中年末自来水综合生产能力为城市公共供水系统口径。

10-3　城市煤气、液化石油气、天然气情况（2020年）

指　标	单　位	全市	#市区
人工煤气			
供气管道长度	公里	291	291
全年供气总量	万立方米	3171	3171
#家庭用气	万立方米	2446	2446
用气户数	万户	6.5	6.5
#家庭用户	万户	6.3	6.3
用气人口	万人	14.43	14.43
液化石油气			
储气能力	吨	505	357
全年供气总量	吨	9281	8454
#家庭用气	万立方米	659	200
用气户数	万户	2.21	1.59
#家庭用户	万户	1.4	0.81
用气人口	万人	5.41	3.65
天然气			
供气管道长度	公里	2924	2592
供气总量	万立方米	118019	106588
#家庭用量	万立方米	56742	54969
用气户数	万户	84.23	78.50
用气人口	万人	194.73	174.76

10-4　城市集中供热情况（2020年）

指　标	单　位	全市	#市区
供热能力			
热水	兆瓦	9363	8014
全年供热总量			
热水	万吉焦	4707	4233
供热管道长度	公里	3979	3487
供热面积	万平方米	10941	10064
#住宅	万平方米	7742	7141

10-5　城市市政工程情况（2020年）

指　标	单　位	全市	#市区
年末实有铺装道路长度	公里	1928.21	1677.45
年末实有铺装道路面积	万平方米	3856.35	3191.94
#人行道面积	万平方米	1203.72	994.82
桥梁数	座	81	66
路灯盏数	盏	137261	119327
排水管道长度	公里	2825	2478
建成区排水管道密度	公里／平方公里	11.43	11.71
污水年排放量	万立方米	13646	12989
污水处理厂座数	座	9	6
污水处理能力	万立方米／日	47.05	43.85
污水处理总量	万立方米	13140	12547
再生水利用量	万立方米	2951	2790

10－6　城市公共汽电车、出租汽车情况

指　　标	单　　位	2019	2020
年末实有公共汽电车运营车数	辆	1315	1247
年末实有标准运营车数	标台	1773	1564
运营线路长度	公里	1603	1265
公路客运量（全社会）	万人次	548.7	185.5
出租汽车数	辆	5827	6403

10－7　城市园林绿化面积（2020年）

指　　标	单　　位	全市	#市区
园林绿化覆盖面积	公顷	12856.20	10597.90
#建成区	公顷	10731.36	9438.58
园林绿地面积	公顷	11723.58	9706.71
#建成区园林绿地面积	公顷	9756.78	8482.05
#公园绿地面积	公顷	3310.58	2957.77
公园个数	个	57	42
公园面积	公顷	2723.47	2482.94

10-8　城市公共卫生情况（2020年）

指　　标	单　　位	全市	#市区
道路清扫保洁面积	万平方米	4746	4169
生活垃圾清运量	万吨	85.87	76.47
生活垃圾无害化处理厂（场）数	座	6	4
生活垃圾无害化处理能力	吨／日	2977	2820
生活垃圾无害化处理量	万吨	85.87	76.47
公共厕所数	座	1674	1488
#三级以上	座	466	386

10-9　城市设施水平（2020年）

指　　标	单　　位	全市	#市区
人均城市道路面积	平方米	17.67	16.55
建成区绿地率	%	39.48	40.08
建成区绿化覆盖率	%	43.42	44.60
污水处理率	%	96.29	96.60
生活垃圾无害化处理率	%	100.00	100.00

10-10 城 市

年 份	自来水			煤气（天然气）	
	年底水管总长度（公里）	水厂综合生产能力（万吨／日）	供水总量（万立方米）	供气总量（万立方米）	用气人口（万人）
1949	17	1.4	29		
1950	24	0.4	30		
1952	42	0.4	36		
1957	220	1.4	321		
1962	261	12.2	2984		
1965	325	11.2	2725		
1970	417	11.7	4105		
1975	567	13.9	4736		
1978	578	18.0	5096		
1980	610	19.5	5148		
1985	872	63.5	5364	956	8.40
1990	931	59.4	21456	3040	21.90
1991	941	68.4	22465	3296	24.00
1992	958	68.5	22724	3609	25.90
1993	973	69.0	23033	3476	28.00
1994	985	70.7	23775	3720	29.50
1995	966	71.5	25453	3984	31.03
1996	981	71.5	25425	4213	33.16
1997	1055	71.5	24826	4592	35.25
1998	1253	71.5	23833	4580	38.56
1999	1303	71.5	24763	4547	39.80
2000	1323	101.5	24830	4161	43.73
2001	1384	97.6	22088	3080	43.96
2002	1547	105.8	22166	3167	48.87
2003	1740	108.0	22712	3418	51.14
2004	1740	108.0	34568	3849	66.41
2005	1740	104.5	34568	4006	70.93
2006	1370	51.0	7025	3084	56.00
2007	1548	102.7	12080	3084	56.70
2008	1406	108.0	13330	3084	51.94
2009	1409	51.0	10915	3084	52.41
2010	1480	51.0	11704	3069	51.94
2011	1722	56.6	13853	2806	49.00
2012	1745	53.2	12928	2786	46.16
2013	1746	53.2	15973	3500	40.20
2014	1861	93.3	16616	3500	41.20
2015	1934	93.4	17629	3090	39.40
2016	1992	97.1	17741	72448	166.99
2017	2342	107.9	19488	76648	181.52
2018	2378	109.7	18657	84768	183.80
2019	2409	102.2	19553	120551	188.60
2020	2466	102.4	19777	118019	194.73

注：1. 2006年及2009年以后自来水数据为公共供水企业数据，不含自备水；
　　2. 2016年以前供气总量及用气人口为人工煤气口径，2016年及以后为天然气口径。

公 用 事 业

园林绿化		铺装道路长度（公里）	排水管道长度（公里）	路灯盏数（盏）	公共汽（电）车营运车辆（辆）
城市绿化覆盖面积（公顷）	公园（个）				
		4		43	
		4	2	92	
		6	3	279	
29	2	161	41	2035	21
	3	199	81	2522	65
190	3	187	77	2616	67
51	3	256	80	3241	90
832	4	195	96	3447	169
1091	4	200	102	3463	215
1174	4	220	138	3398	251
1338	7	332	201	5993	265
3692	9	421	610	7800	486
3838	39	426	627	8930	448
3858	39	435	635	9267	465
3881	39	442	645	9565	538
3904	39	468	678	9635	585
4394	38	382	686	7797	1019
4272	39	445	713	8260	538
4487	39	468	724	9253	540
4620	9	506	731	9869	538
4736	13	525	733	11007	610
4870	13	544	766	12542	682
5265	11	583	810	13820	813
5361	12	733	960	18761	788
5626	12	784	1026	20892	772
5941	13	828	1038	23659	984
6755	15	873	1097	31540	1125
6971	15	1028	1279	30000	1094
7224	17	1142	1423	38000	1174
7364	17	1142	1423	38000	1174
7596	20	1280	1665	60773	1321
7845	21	1304	1750	66153	1342
7860	24	1479	2105	75296	1395
8527	24	1529	2212	80281	1342
8730	26	1617	2241	83754	1194
9563	33	1674	2335	90898	1304
9953	33	1741	2480	113639	1387
11430	35	1821	2590	124073	1489
12245	58	1868	2714	132283	1471
12335	58	1883	3362	133023	1822
12845	56	1923	2795	136901	1315
12856	57	1928	2825	137261	1247

主要统计指标解释

城市建成区面积　指城市行政区内实际已成片开发建设、市政公用设施和公共设施基本具备的区域。

城市现状建设用地面积　指城市内的居住用地、公共管理与公共服务设施用地、商业服务业设施用地、工业用地、物流仓储用地、道路交通设施用地、公用设施用地、绿地与广场用地。

年末自来水实际生产能力　指年底城建部门管理的自来水厂和自备水源的社会单位取水、净化、送水、出厂输水干管等环节的实际生产能力。

年末供水管道长度　指从送水泵到用户水表之间所有管道的长度。

全年供水总量　指公用自来水厂和自备水源的社会单位全年的供水总量，包括有效供水量及损失水量。

供热能力　指供热企业（单位）向城市输送的供热源的设计能力。

全年供热总量　指在报告期末热电厂、热力公司和达到标准的集中采暖锅炉房向城市输送的全部蒸汽、热水量。

供热管道长度　指从各类热源到用户接入口之间的全部供气、供热水的管道长度。不包括各类热源厂内部的管道长度。

年底实有铺装道路长度　指年末除土路外，路面经过铺装宽度在3.5米以上的道路，包括高级、次高级道路和普通道路。

桥梁数　指城市范围内，修建在河道上的桥梁和道路与道路立交、道路跨越铁路的立交桥及人行天桥数量。包括永久性桥和半永久性桥，不包括临时性桥、铁路桥、涵洞。

排水管道长度　指所有排水总管、干管、支管及暗渠、检查井、连接井进出水口等长度之和。

污水处理能力　指污水处理厂每昼夜处理污水量的设计能力。

生活垃圾清运量　指报告期内收集和运送到垃圾处理厂(场)的生活垃圾数量。生活垃圾指城市日常生活或为城市日常生活提供服务的活动中产生的固体废物以及法律行政规定的视为城市生活垃圾的固体废物。包括：居民生活垃圾、商业垃圾、集市贸易市场垃圾、街道清扫垃圾、公共场所垃圾和机关、学校、厂矿等单位的生活垃圾。

生活垃圾无害化处理率　指报告期生活垃圾无害化处理量与生活垃圾产生量比率。在统计上，由于生活垃圾产生量不易取得，可用清运量代替。计算公式为：

生活垃圾无害化处理率=生活垃圾无害化处理量/生活垃圾产生量×100%

年末实有公共汽电车运营车数　指年底可参加营运的全部车辆数，包括营运车辆数和库存查封未参加营运的车辆。不包括非营运车辆，如架线车、油罐车、工程车、货车及其他专用车辆和借入的客运车辆。

城市园林绿地面积　指报告期末用作园林和绿化的各种绿地面积。包括公共绿地、专用绿地、生产绿地、防护绿地、郊区风景林地的面积。

公共绿地面积　指向公众开放的市级、区级、居住区级各类公园、街旁游园面积，包括其范围内的水域。其中：居住区级公园应不小于1万平方米，街旁游园的宽度不小于8米，面积不小于400平方米。

11 农业

Agriculture

资料整理：马莉　李志伟　王晓辉

11-1 农村牧区基层组织和农牧业基本情况（2020年）

指标	总计	农村	牧区
农村牧区基层组织情况			
乡镇（苏木）个数（个）	39	30	9
#镇个数	29	24	5
村委会（嘎查）个数（个）	527	485	42
农村牧区社会基础设施			
自来水受益村数（个）	516	479	37
通有线电视村数（个）	493	451	42
通宽带村数（个）	512	474	38
农牧业生产条件			
农作物总播种面积（千公顷）	308.61		
年末草场面积（千公顷）	2023.84		
有效灌溉面积（千公顷）	129.77		
农牧业机械总动力（万千瓦）	146.32		
化肥施用量（折纯）（万吨）	7.24		
农村牧区用电量（万千瓦小时）	38783.94		
主要农牧业生产情况			
粮食总产量（万吨）	112.74		
油料总产量（万吨）	12.49		
蔬菜总产量（万吨）	87.81		
水果总产量（万吨）	7.53		

11-2　历年农林牧渔业总产值

单位：万元

年份	农林牧渔业总产值	农业	#种植业	林业	牧业	渔业	农林牧渔服务业
1984	29438	23027	19415	811	5568	32	
1985	30139	21364	19733	695	7993	87	
1986	28856	18628	16539	834	9223	171	
1987	30268	18434	15983	599	10922	313	
1988	49693	27856	25514	914	20669	254	
1989	48515	29884	27717	646	17614	371	
1990	68643	49518	47029	1503	17070	552	
1991	65085	43235	40166	1438	19690	722	
1992	81801	55461	52031	1402	23609	1329	
1993	108378	71198	65723	2405	33105	1670	
1994	152304	93772	85051	2682	53889	1961	
1995	198825	132292	123861	3430	60380	2723	
1996	244235	164195	150943	4656	72973	2411	
1997	267164	175844	159847	4672	83518	3130	
1998	260602	158517	144068	6895	91182	4008	
1999	273356	172166	157948	6709	91034	3447	
2000	287128	185527	170142	6937	91279	3385	
2001	284176	170545	155898	9345	100987	3299	
2002	345441	200086	185963	12021	129872	3462	
2003	367968	192999	192263	8557	155818	3648	6946
2004	497986	219725	219725	7942	254159	5481	10679
2005	550274	227965	227965	4985	296891	5401	15032
2006	614098	253953	253953	4565	334117	5694	15769
2007	747625	293454	293454	4152	437553	2607	9859
2008	915330	358776	358776	6984	516623	8447	24500
2009	967302	362964	362964	8400	563466	8000	24472
2010	1181436	421199	421199	10080	709967	9600	30590
2011	1430113	413289	413289	7516	984821	7630	16857
2012	1596220	475268	475268	7351	1086537	8606	18458
2013	1768698	584615	584615	8297	1144924	10761	20101
2014	1796369	632897	632897	9232	1121147	11686	21407
2015	1801553	617058	617058	9536	1140156	12325	22478
2016	1693605	616394	616394	9464	1031364	12654	23729
2017	1566592	581414	581414	9457	938128	12553	25040
2018	1620739	600707	600707	9669	971614	12689	26060
2019	1707991	638255	638255	9709	1021716	11255	27055
2020	1882694	668303	668303	8604	1166708	11172	27907

注：本表数据按现行价格计算。

11-3　历年农林牧渔业总产值指数

上年=100

年份	农林牧渔业总产值	农业	#种植业	林业	牧业	渔业	农林牧渔服务业
1949	100.0	100.0	100.0	100.0	100.0	100.0	
1950	105.0	102.3	102.0	112.5	112.4	100.0	
1951	112.4	111.2	111.1	111.1	115.6	100.0	
1952	141.4	163.1	146.9	125.0	129.8	320.0	
1953	90.0	80.9	80.6	108.0	114.2	100.0	
1954	143.4	155.5	156.3	126.9	120.6	100.0	
1955	90.3	84.8	84.5	108.0	103.3	102.5	
1956	128.5	142.4	142.3	133.1	100.4	119.2	
1957	71.3	60.6	59.8	145.2	99.7	141.9	
1958	127.0	122.1	120.7	144.4	134.9	100.0	
1959	143.3	162.2	165.0	101.2	115.1	184.1	
1960	93.7	78.2	78.3	151.9	126.5	54.3	
1961	77.0	68.8	68.4	38.4	90.1	36.4	
1962	106.0	120.7	121.3	83.2	90.8	162.5	
1963	92.4	89.1	88.2	119.2	96.7	88.5	
1964	113.2	130.1	130.9	233.5	89.0	108.7	
1965	85.8	78.9	78.1	122.0	97.5	100.0	
1966	91.8	112.9	113.7	156.2	55.3	68.0	
1967	123.0	116.9	116.8	49.9	156.3	64.7	
1968	86.2	78.5	77.8	70.6	105.0	154.6	
1969	113.6	122.6	123.5	69.1	99.9	100.0	
1970	112.6	116.3	116.5	159.9	103.5	105.9	
1971	101.8	100.7	100.2	92.6	105.1	66.7	
1972	99.4	95.1	98.6	83.3	109.8	108.3	
1973	107.8	107.2	107.0	192.0	106.6	30.8	
1974	112.5	126.5	129.3	68.9	86.8	150.0	
1975	95.2	89.3	89.0	145.9	110.3	200.0	
1976	98.1	107.2	107.4	101.3	20.6	191.7	
1977	101.91	96.8	96.8	171.6	113.6	100.0	
1978	85.8	76.3	75.5	118.7	108.8	69.6	
1979	126.2	134.3	135.4	87.9	114.9	137.5	
1980	79.4	72.8	72.9	83.0	94.4	81.8	
1981	117.2	127.9	128.0	73.6	101.7	144.4	
1982	102.4	100.8	100.7	119.6	105.0	103.9	
1983	102.2	108.3	108.9	133.8	86.8	133.3	

注：本表指数按可比价格计算。

11-3 续 表

上年=100

年 份	农林牧渔业总产值	农 业	#种植业	林 业	牧 业	渔 业	农林牧渔服务业
1984	134.3	148.2	143.1	99.4	100.7	125.0	
1985	105.9	100.6	100.6	94.9	127.4	242.2	
1986	91.8	81.1	78.3	93.8	124.6	133.9	
1987	89.3	82.2	78.3	65.0	104.1	186.3	
1988	119.7	128.0	135.4	137.4	106.5	72.8	
1989	106.0	106.8	109.0	78.8	105.0	161.6	
1990	122.2	130.9	131.8	199.7	102.1	150.0	
1991	95.5	88.8	87.5	68.3	113.3	131.5	
1992	119.5	128.8	130.1	104.7	101.7	126.5	
1993	111.8	108.5	105.6	149.3	117.1	149.4	
1994	103.6	96.6	95.7	120.5	118.6	102.8	
1995	112.6	117.2	117.6	132.5	103.4	94.5	
1996	111.0	107.5	102.8	100.8	118.7	127.4	
1997	100.8	103.3	100.4	82.6	106.8	105.5	
1998	97.3	92.0	88.5	120.8	105.3	119.2	
1999	105.4	108.7	112.0	78.5	101.1	112.9	
2000	108.0	112.9	114.8	133.3	98.5	107.3	
2001	97.0	89.9	86.1	119.5	109.7	100.2	
2002	118.1	114.8	118.7	124.4	123.9	101.1	
2003	121.8	116.4	116.9	82.7	131.4	104.8	143.0
2004	120.8	98.8	99.5	88.8	148.6	124.3	153.3
2005	114.7	101.2	101.2	65.2	124.2	99.7	187.5
2006	114.0	102.9	102.9	85.0	120.0	118.3	139.9
2007	121.2	121.0	121.0	121.1	121.2	121.3	125.5
2008	114.0	106.0	106.0	120.0	118.0	116.0	122.0
2009	105.8	102.4	102.4	119.4	107.7	97.2	101.0
2010	107.4	103.6	103.6	120.0	114.8	119.8	121.1
2011	105.9	91.5	91.5	65.3	118.0	60.7	52.2
2012	105.7	109.7	109.7	104.2	104.1	105.4	106.1
2013	104.5	123.0	123.0	108.6	96.7	113.2	105.4
2014	103.0	105.0	105.0	99.8	101.9	103.5	105.0
2015	103.2	92.9	92.9	102.8	109.0	104.6	103.8
2016	103.4	102.9	102.9	100.7	103.7	103.0	103.1
2017	103.5	100.0	100.0	101.0	105.6	103.6	104.3
2018	103.7	101.4	101.4	100.6	105.4	100.0	102.6
2019	100.8	104.1	104.1	101.3	98.8	94.2	101.8
2020	110.2	104.7	104.7	88.6	114.2	99.3	103.1

11-4 主要农牧业机械拥有量

指　标	2016	2017	2018	2019	2020
农牧业机械总动力（千瓦）	1644638	1224378	1291041	1389394	1463191
大型农用拖拉机（混合台）	8415	9101	9943	880	1038
大型农用拖拉机（千瓦）	308872	360084	410864	92804	114828
中型农用拖拉机（台）				14750	16571
中型农用拖拉机（千瓦）				586002	647124
小型拖拉机（台）	29159	29254	28649	22303	21256
小型拖拉机（千瓦）	325691	325941	323254	263669	257691
联合收获机（台）	1752	1817	1945	2061	2113
联合收获机（千瓦）	131330	136625	148397	163534	169172
大中型拖拉机配套农具（台）	13593	15956	16645	57705	59526
机动脱粒机（台）	1090	1106	1126	1130	1130
牧草收获机（台）	47	47	47	59	66
饲料粉碎机（台）	7880	8065	8164	7073	7108
农用水泵（台）	6290	6305	6315	6445	6358

注：2016-2018年大型农用拖拉机为大中型农用拖拉机数据。

11-5　农村牧区灌溉、化肥施用量、用电、水库和水土治理情况

指　标	2016	2017	2018	2019	2020
有效灌溉面积（千公顷）	**128.48**	**129.77**	**129.77**	**129.77**	**129.77**
节水灌溉面积（千公顷）	**109.29**	**117.46**	**120.31**	**121.91**	**121.91**
#喷灌和微灌	31.03	39.03	46.74	46.74	46.74
化肥施用量（吨）	**77189**	**71971**	**75700**	**75585**	**72398**
#氮　肥	42113	39326	41174	40981	37407
磷　肥	6492	5361	5454	5465	5774
钾　肥	2578	2635	2554	2474	2671
复合肥	26006	24649	26518	26666	26546
农村用电量（万千瓦小时）	**35861**	**36364**	**36489**	**36818**	**38784**
水库个数（座）	**16**	**16**	**16**	**16**	**13**
#中型水库	5	5	5	5	5
小型水库	11	11	11	11	8
水库容量（万立方米）	**24320**	**24320**	**24320**	**24320**	**23466**
#中型水库	20821	20821	20821	20821	20821
小型水库	3499	3499	3499	3499	2645

11-6 农业机械化、电气化情况

指　标	2016	2017	2018	2019	2020
农业机械化程度					
机耕地面积（千公顷）	306.29	304.33	264.87	283.35	297.05
机械播种面积（千公顷）	297.67	301.73	251.40	281.69	290.21
占农作物总播种面积的比重（%）	90.04	97.06	92.16	95.58	94.04
机械收割面积（千公顷）	273.33	273.27	212.27	239.51	246.43
占农作物总播种面积的比重（%）	82.68	87.90	77.82	81.26	79.85
农业电气化情况					
农村用电量（万千瓦小时）	35861	36364	36489	36818	38784
平均每公顷耕地用电量（千瓦小时）	845.04	856.89	861.43	869.18	

11-7 自然灾害面积

单位:千公顷

指　标	2016	2017	2018	2019	2020
农作物受灾面积	**50.75**	**128.31**	**146.77**	**13.32**	**14.85**
旱　　灾	33.63	119.17	85.17		
洪 涝 灾	2.16	5.92	61.51	0.01	9.94
风 雹 灾	14.96	3.19	0.06	12.79	4.75
低温冷冻灾			0.03	0.52	0.16
雪　　灾		0.03			
生 物灾 害					
农作物绝收面积	**1.45**	**2.70**	**22.46**	**2.60**	**3.15**
旱　　灾		1.88			
洪 涝 灾	0.09	0.25	22.45		2.82
风 雹 灾	1.36	0.57		2.60	0.33
低温冷冻灾			0.01		
雪　　灾					
生 物 灾 害					

11-8 历年耕地面积、造林面积和播种面积

单位：千公顷

年份	年末实有耕地面积	旱地	#水浇地	当年造林面积	总播种面积	#粮食作物播种面积	#经济作物播种面积
1949	275.00	275.00			197.30	173.50	23.70
1950	304.80	304.80			222.60	196.10	26.40
1951	337.50	337.50			267.20	233.60	33.50
1952	345.90	345.90			268.70	235.60	33.00
1953	357.20	357.20			277.30	242.70	34.50
1954	353.90	353.90			275.90	242.70	32.80
1955	359.50	359.50			282.00	245.30	35.80
1956	364.10	364.10		1.35	295.90	254.10	40.60
1957	372.30	372.30		2.29	300.60	250.70	49.00
1958	372.20	372.20	24.40	7.38	305.80	259.70	40.90
1959	368.00	368.00	25.30	5.27	273.30	212.30	57.80
1960	398.40	398.40	27.20	9.11	353.50	276.30	54.40
1961	383.50	383.50	25.50	1.04	343.80	288.30	47.30
1962	366.70	366.70	18.70	0.77	312.00	269.00	39.00
1963	357.40	357.40	26.20	0.77	302.20	260.60	37.80
1964	364.20	364.20	33.10	4.00	309.60	262.60	43.00
1965	366.00	366.00	49.40	3.08	312.30	267.20	42.30
1966	364.00	364.00	78.80	4.64	306.10	262.60	38.30
1967	357.90	357.90	75.40	2.97	296.30	247.80	44.20
1968	359.90	359.90	68.50	2.06	282.70	243.40	38.00
1969	343.10	343.10	69.00	1.53	280.20	238.50	39.10
1970	352.30	352.30	72.90	2.18	294.60	250.50	40.80
1971	352.10	352.10	73.80	1.82	291.30	252.30	30.90
1972	351.60	351.60	75.70	1.35	290.40	249.10	33.30
1973	350.40	350.40	81.10	2.10	285.10	241.40	35.00
1974	350.40	350.40	82.20	2.08	285.20	242.00	35.80
1975	351.00	351.00	90.70	2.80	281.60	237.90	36.30
1976	346.60	346.60	88.70	2.65	281.40	233.00	38.70
1977	340.00	340.00	91.10	5.13	274.50	230.10	38.90
1978	347.40	347.40	91.10	4.25	269.30	225.10	39.30
1979	342.10	342.10	92.60	4.92	275.20	224.40	43.90
1980	336.00	336.00	74.80	4.59	262.50	210.30	43.60
1981	327.80	327.80	81.10	4.16	242.70	196.70	38.90
1982	326.00	326.00	71.00	4.65	244.60	197.20	41.60
1983	316.70	316.70	70.40	6.24	255.70	195.90	53.30

11-8 续 表

单位：千公顷

年 份	年末实有耕地面积	旱 地	水浇地	当年造林面 积	总播种面 积	#粮食作物播种面积	#经济作物播种面积
1984	310.50	310.50	71.20	9.43	257.20	187.60	60.50
1985	307.40	307.40	71.20	10.18	248.70	175.30	61.40
1986	297.00	297.00	69.70	6.47	241.60	172.90	46.10
1987	296.00	296.00	73.80	5.75	224.60	148.80	59.50
1988	293.60	293.60	72.40	6.86	254.20	177.60	60.60
1989	291.10	291.10	75.90	4.79	234.80	174.20	50.40
1990	292.40	292.40	81.50	8.40	268.90	199.80	54.00
1991	293.10	293.10	85.10	9.67	271.50	196.60	68.00
1992	293.00	293.00	91.00	10.72	278.00	200.00	72.50
1993	290.50	290.50	90.60	10.74	258.00	191.80	60.60
1994	293.80	293.80	95.10	11.76	274.30	196.50	66.60
1995	293.80	293.80	97.90	16.23	278.80	198.80	73.60
1996	303.20	303.20	99.60	8.37	279.20	206.90	59.40
1997	470.28	301.50	107.60	8.67	279.80	209.80	57.90
1998	468.87	302.20	111.60	8.49	284.70	213.20	61.20
1999	464.30	464.30	149.80	7.57	278.70	213.00	56.80
2000	447.40	447.40	148.80	17.47	276.30	189.70	75.70
2001	405.80	405.80	149.70	26.15	204.80	128.90	65.10
2002	396.03	396.03	128.50	26.37	261.69	160.62	75.20
2003	429.62	429.62	134.67	18.47	267.10	156.80	67.06
2004	428.73	428.73	146.16	17.14	285.09	178.20	63.61
2005	423.96	423.96	145.60	7.21	294.71	190.87	67.28
2006	423.14	423.14	153.95	2.73	317.15	199.20	70.62
2007	421.29	421.29	153.85	5.23	291.20	208.26	82.94
2008	422.11	422.11	136.99	8.67	297.42	208.62	88.80
2009	427.76	242.24	185.52	47.32	305.86	220.36	85.50
2010	426.85	241.90	184.94	26.86	310.31	225.18	85.13
2011	426.04	241.72	184.32	21.33	309.13	222.77	86.36
2012	425.48	241.16	184.33	34.37	311.61	226.70	84.91
2013	425.85	241.13	184.72	40.26	313.27	227.27	86.00
2014	425.80	240.93	184.87	31.10	334.96	227.11	107.85
2015	425.09	240.70	184.39	38.43	319.19	220.17	99.02
2016	424.37	240.36	184.02	38.03	329.62	212.30	117.32
2017	423.84	240.05	183.79	35.03	313.09	211.57	101.52
2018	423.59	239.99	183.60	30.67	272.78	191.11	81.67
2019				47.50	294.73	193.58	101.15
2020				52.23	308.61	197.11	111.50

注：2009年以后耕地面积为国土局提供数据（耕地面积=旱地+水浇地），2009年以前水浇地为旱地的组成项。

11-9 历年主要粮食

年份	农作物总播种面积	粮食作物播种面积	谷物	#小麦	#玉米
1949	197.30	173.50		36.40	
1950	222.60	196.10		38.90	
1951	267.20	233.60		42.30	
1952	268.70	235.60		46.40	
1953	277.30	242.70		49.40	
1954	275.90	242.70		56.10	
1955	282.00	245.30		57.70	
1956	295.90	254.10		53.20	0.70
1957	300.60	250.70	225.10	62.50	0.80
1958	305.80	259.70	221.50	63.70	0.80
1959	273.30	212.30	186.50	56.30	1.00
1960	353.50	276.30	237.20	76.80	1.20
1961	343.80	288.30	248.40	74.30	1.30
1962	312.00	269.00	239.00	73.30	1.30
1963	302.20	260.60	181.70	73.80	1.20
1964	309.60	262.60	237.90	75.60	1.30
1965	312.30	267.20	245.10	77.30	1.50
1966	306.10	262.60	242.30	70.70	3.10
1967	296.30	247.80	227.40	73.50	2.50
1968	282.70	243.40	225.70	71.60	1.70
1969	280.20	238.50	221.10	74.40	1.70
1970	294.60	250.50	241.60	88.10	1.30
1971	291.30	252.30	234.30	88.80	5.10
1972	290.40	249.10	231.90	87.80	7.60
1973	285.10	241.40	224.50	88.20	5.40
1974	285.20	242.00	224.60	86.30	5.10
1975	281.60	237.90	219.80	88.80	3.80
1976	281.40	233.00	212.60	97.80	3.60
1977	274.50	230.10	209.10	100.80	3.60
1978	269.30	225.10	199.80	91.70	4.70
1979	275.20	224.40	197.80	80.00	4.10
1980	262.50	210.30	187.60	83.30	3.50
1981	242.70	196.70	179.00	84.40	2.10
1982	244.60	197.20	179.30	86.20	1.90
1983	255.70	196.80	179.90	89.60	2.20

作 物 播 种 面 积

单位：千公顷

#荞麦	#谷子	#莜麦	#糜黍	薯 类	豆 类	#大豆
0.60	1.90	6.20	14.60			2.20
2.50	2.10	7.50	21.10			6.00
0.40	5.60	8.80	20.60			4.60
0.10	6.50	10.00	20.00			3.40
0.20	5.70	9.00	16.00			3.20
0.30	4.80	8.50	16.70			2.80
0.40	7.80	8.70	19.00			1.50
0.40	5.40	9.70	13.40	17.80	7.80	1.80
1.10	8.20	37.30	16.80	33.00	5.20	1.20
1.00	5.10	27.50	13.40	20.80	5.00	0.30
28.20	14.50	40.20	43.70	32.90	6.20	0.60
21.80	15.50	51.60	42.30	33.80	6.10	0.90
2.80	10.40	14.50	4.40	24.30	5.70	1.20
5.50	7.60	16.00	14.10	19.30	5.60	1.20
5.20	8.10	17.00	14.70	18.70	6.00	1.70
6.00	8.60	16.80	15.70	16.20	5.90	1.80
7.50	8.50	13.40	19.60	14.80	5.50	1.70
5.10	7.70	16.60	13.70	15.90	4.50	1.40
6.30	5.80	15.70	14.40	13.30	4.40	1.30
5.80	6.20	15.10	13.00	12.70	4.70	1.30
5.00	6.80	15.90	13.20	7.50	1.40	1.30
18.70	15.30	47.90	39.00	14.30	3.70	3.70
17.70	15.60	43.70	38.40	14.20	3.00	3.00
19.70	15.20	38.70	40.00	14.50	2.40	2.40
19.80	17.50	36.00	39.80	14.70	2.70	2.70
27.70	13.60	30.40	34.90	16.10	2.00	2.00
19.00	13.00	28.70	31.90	18.40	2.00	2.00
17.60	12.10	29.70	31.30	18.80	2.20	2.20
17.20	11.30	28.50	32.30	23.00	2.30	2.30
17.60	11.30	31.50	40.80	24.10	2.50	2.50
15.60	8.30	43.70	35.50	20.90	1.80	1.80
16.80	7.00	30.20	32.10	16.60	1.10	1.10
19.50	6.80	28.60	30.20	16.90	1.00	1.00
20.60	6.10	27.80	27.40	15.90	1.00	0.90

11-9 续

年份	农作物总播种面积	粮食作物播种面积	谷物	#小麦	#玉米
1984	257.20	187.60	171.40	87.30	1.90
1985	248.70	175.30	159.30	81.50	3.00
1986	241.60	172.90	156.70	80.60	3.80
1987	224.60	148.80	133.40	83.10	5.90
1988	254.20	177.60	161.10	86.90	4.80
1989	234.80	174.20	158.10	86.60	6.40
1990	268.90	199.80	183.40	93.00	10.00
1991	271.50	196.60	179.00	89.80	12.40
1992	278.00	200.00	180.70	99.80	13.10
1993	258.00	191.80	175.70	93.60	18.00
1994	274.30	196.50	176.20	92.50	25.10
1995	278.80	198.80	179.00	88.00	29.60
1996	279.20	206.90	178.00	90.30	31.90
1997	279.80	209.80	180.90	93.30	31.30
1998	284.70	213.20	178.20	87.70	35.80
1999	278.70	213.10	170.80	74.40	43.30
2000	276.30	189.70	138.10	56.90	35.70
2001	204.80	128.90	94.70	42.60	33.20
2002	261.69	160.62	124.57	38.53	45.12
2003	267.10	156.80	108.69	15.93	69.42
2004	285.09	178.20	126.31	34.94	72.76
2005	294.71	190.87	137.64	38.24	85.50
2006	317.15	199.20	127.10	26.65	85.60
2007	291.20	208.26	140.56	18.96	93.09
2008	297.42	208.62	154.08	23.30	94.23
2009	305.86	220.36	150.51	29.58	96.06
2010	310.31	225.18	141.15	30.44	97.46
2011	309.13	222.77	139.47	32.31	95.31
2012	311.61	226.70	156.35	51.48	100.03
2013	313.27	227.27	164.78	40.77	103.93
2014	334.96	227.11	172.85	43.07	116.19
2015	319.19	220.17	176.47	41.86	118.59
2016	329.62	212.30	170.96	42.04	108.33
2017	313.09	211.57	172.84	43.01	104.75
2018	272.78	191.11	169.21	34.48	116.57
2019	294.73	193.58	177.03	32.57	118.81
2020	308.61	197.11	181.64	31.36	124.03

表

单位：千公顷

#荞麦	#谷子	#莜麦	#糜黍	薯 类	豆 类	#大豆
20.70	5.60	26.30	24.60	15.50	0.70	0.70
19.30	4.70	23.60	22.50	15.10	0.90	0.90
19.50	3.10	17.00	19.50	15.70	0.50	0.50
20.10	1.80	19.20	13.30	15.10	0.30	0.30
21.80	3.30	22.40	17.70	16.20	0.30	0.30
21.80	2.90	17.40	18.20	15.50	0.60	0.60
26.80	3.50	23.00	17.90	15.80	0.60	0.60
23.30	3.40	21.70	19.00	16.50	1.10	1.10
22.20	3.10	22.00	14.10	16.80	2.50	0.50
23.90	2.00	17.30	8.10	15.20	0.90	0.90
33.40	1.80	12.50	7.30	17.50	2.80	0.80
25.10	1.70	14.90	6.60	17.50	2.30	0.40
29.00	1.70	14.20	9.30	21.40	7.50	0.70
29.10	2.00	14.70	8.90	20.90	8.00	0.90
29.60	2.00	12.80	9.00	25.40	9.60	0.90
31.70	1.70	9.60	9.40	36.00	6.30	0.70
34.00	1.10	5.00	5.00	48.10	3.50	0.80
13.60	0.30	2.20	2.40	29.50	4.70	0.90
30.49	0.87	5.57	3.53	30.25	5.80	0.46
17.50	0.61	2.70	2.24	44.16	3.95	0.52
13.56	0.37	2.99	1.37	48.55	3.34	0.25
9.41	0.44	2.16	1.61	49.32	3.91	0.39
10.71	0.26	1.95	1.84	68.70	3.40	0.21
26.65	0.36	0.09	1.27	66.55	1.14	0.06
33.15	0.29	1.33	1.05	53.37	1.17	0.07
19.26	0.35	2.87	1.64	68.16	1.69	0.06
9.14	0.22	2.49	1.23	82.11	1.92	0.07
9.14	0.13	0.48	0.72	82.91	0.40	0.10
2.35	0.08	1.63	0.62	70.15	0.19	0.09
15.52	0.21	3.55	0.44	62.29	0.20	0.07
9.81	0.26	2.03	0.69	54.09	0.17	0.08
13.51	0.39	1.36	0.58	43.00	0.70	0.01
16.20	0.31	2.36	0.76	41.14	0.20	0.01
18.47	0.30	4.31	0.76	38.71	0.03	0.02
12.03	0.32	2.78		21.74	0.17	0.03
19.49	0.19	2.23		16.29	0.25	0.10
17.94	0.23	5.67		15.08	0.40	0.31

11-10 历年主要经济作物播种面积

单位：千公顷

年 份	经济作物播种面积	油 料	#葵花籽	#胡麻籽	#油菜籽	甜 菜	药 材	蔬 菜	瓜 类	其它作物播种面积	#青饲料
1949	23.70	21.20						0.40		0.10	0.10
1950	26.40	23.70		0.80	4.60			0.40		0.10	0.10
1951	33.50	30.60		2.10	6.80			0.40		0.10	0.10
1952	33.00	29.00		2.10	5.20			0.60	0.60	0.10	0.10
1953	34.50	29.50		1.80	6.50			0.50	0.60	0.10	0.10
1954	32.80	27.50		1.80	5.70	0.10		0.50	0.70	0.40	0.30
1955	35.80	28.90		2.50	6.10	0.90		0.80	0.80	0.90	0.90
1956	40.60	31.60		1.70	8.50	1.10		1.60	0.90	1.20	1.20
1957	49.00	36.10		1.90	8.90	1.90		2.10		0.90	0.90
1958	40.90	29.00		8.70	12.40	1.70		2.90	1.40	5.20	5.20
1959	57.80	37.70	0.10	10.10	14.50	2.00		5.40	1.20	3.20	3.20
1960	54.40	32.80	0.10	13.60	15.60	4.70		11.70	1.30	22.80	22.80
1961	47.30	28.40	0.10	11.90	11.90	1.70		11.00	1.40	8.20	7.00
1962	39.00	21.90		0.20	5.40	1.00		7.80		4.00	4.00
1963	37.80	24.10		0.70	5.50	0.90		7.10	0.80	3.80	3.80
1964	43.00	27.40		0.90	6.80	2.40		7.20	0.80	4.00	4.00
1965	42.30	25.80		0.90	5.40	2.90		8.20		2.80	2.80
1966	38.30	18.60		0.60	3.90	2.90		5.90	0.50	5.20	5.20
1967	44.20	23.70		0.90	6.00	4.60		5.60	0.70	4.30	4.30
1968	38.00	20.00			5.00	3.20		5.40		1.30	1.30
1969	39.10	20.60		0.60	5.30	3.90		5.90	0.40	2.60	2.60
1970	40.80	21.40		0.80	5.20	3.50		5.50	0.40	3.40	3.40
1971	30.90	18.40		5.80	7.60	2.70	0.30	8.70	1.10	8.10	8.10
1972	33.30	17.90		4.80	8.60	4.00	0.10	8.70	1.20	8.00	7.90
1973	35.00	18.00		5.00	8.20	4.40	0.10	9.50	1.10	8.70	8.70
1974	35.80	19.20		4.70	9.00	4.90	0.30	9.50	1.80	7.40	7.40
1975	36.30	19.90	1.30	4.80	9.00	4.50	0.30	8.00	1.50	7.40	7.30
1976	38.70	21.90	1.80	4.90	10.30	5.00	0.30	8.80	1.50	9.70	9.60
1977	38.90	22.80	2.60	4.70	10.70	4.80	0.30	9.70	1.30	7.30	7.10
1978	39.30	23.00	3.90	4.30	10.00	4.30	0.50	9.70	1.80	8.00	7.50
1979	43.90	27.60	3.70	4.40	13.90	3.10	0.20	10.40	2.00	6.90	6.50
1980	43.60	30.40	7.20	4.00	14.40	2.10	0.20	8.30	1.60	8.60	8.00
1981	38.90	28.00	7.90	3.20	13.40	1.50	0.40	7.50	1.50	7.10	6.00
1982	41.60	31.10	12.40	3.20	13.00	0.90	0.60	7.40	1.30	5.80	5.30
1983	53.30	42.40	24.00	3.20	12.50	1.30	1.20	6.60	0.80	6.50	6.00

11-10 续 表

单位：千公顷

年 份	经济作物播种面 积	油 料	#葵花籽	#胡麻籽	#油菜籽	甜 菜	药 材	蔬 菜	瓜 类	其它作物播种面 积	#青饲料
1984	60.50	45.50	27.50	2.90	11.80	2.70	2.90	6.80	1.70	9.10	8.10
1985	61.40	41.90	15.50	6.00	17.70	8.90	1.80	6.00	1.90	12.00	9.80
1986	46.10	29.50	13.70	7.70	6.70	5.60	0.70	7.00	2.20	22.60	21.70
1987	59.50	34.60	16.70	8.30	8.70	4.40	0.40	5.70	1.00	16.30	15.50
1988	60.60	43.20	22.10	8.10	11.60	6.10	1.20	6.80	1.20	16.00	15.10
1989	50.40	35.20	22.70	7.00	4.20	6.20	1.10	6.50	0.50	10.20	9.90
1990	56.10	42.10	23.20	6.80	10.20	6.60	0.40	6.80	0.20	15.10	12.90
1991	68.00	43.80	20.80	8.40	13.80	9.20	0.50	5.30	0.30	6.90	4.90
1992	72.50	47.30	26.60	9.40	10.50	7.90	0.90	7.20	0.60	5.50	4.20
1993	60.60	36.20	24.30	6.70	4.80	7.90	2.10	7.50	0.50	5.60	4.90
1994	66.60	45.90	28.10	7.20	6.80	6.40	1.40	6.90	0.80	11.20	9.50
1995	73.60	47.80	26.10	8.00	12.40	9.10	1.10	7.60	0.50	6.40	6.20
1996	59.40	41.80	20.10	8.80	12.80	8.60	0.20	7.90	0.80	12.90	12.70
1997	57.90	42.60	18.10	9.60	14.70	7.00	0.50	6.90	0.90	12.10	11.30
1998	61.20	43.40	20.60	8.20	14.50	7.40	1.00	8.50	1.00	10.30	9.70
1999	56.80	43.80	21.80	8.00	12.90	2.90	1.20	7.80	1.10	8.90	8.60
2000	75.70	55.30	29.00	7.00	17.10	2.90	4.20	10.10	3.10	10.90	9.70
2001	65.10	43.90	34.20	4.20	5.50	3.10	6.50	8.80	2.70	10.80	9.60
2002	75.20	54.73	35.87	5.79	12.31	2.87	5.69	9.74	2.17	25.87	24.23
2003	67.06	48.93	27.48	4.97	15.54	1.62	6.02	9.19	1.30	43.24	34.45
2004	63.61	45.20	22.62	2.62	16.95	1.82	6.89	8.44	1.26	43.29	38.83
2005	67.28	46.72	15.54	3.41	20.80	3.63	6.36	9.01	1.56	36.57	28.33
2006	70.62	48.07	18.56	2.42	21.92	4.46	6.63	9.82	1.64	47.34	38.07
2007	82.94	23.88	8.49	1.39	8.38	2.94	2.81	7.66	1.43	44.23	33.63
2008	88.80	35.73	19.48	2.38	11.22	2.70	4.64	8.60	1.53	35.60	27.84
2009	85.50	40.16	18.49	3.98	15.69	2.25	1.04	10.12	1.53	30.39	25.48
2010	85.13	40.95	20.63	3.04	16.07	1.76	0.83	10.96	1.33	29.30	24.41
2011	86.36	44.04	29.20	2.74	11.28	0.63	0.59	11.86	1.51	27.74	18.07
2012	84.91	40.64	22.83	1.97	15.46	0.13	0.83	13.45	1.44	28.43	22.46
2013	86.00	42.23	24.60	1.41	16.22	0.02	0.66	12.00	1.52	29.58	24.46
2014	107.85	71.95	27.41	2.93	41.61	0.01	0.77	12.65	1.78	20.70	18.30
2015	99.02	62.51	34.06	2.49	25.96	0.01	1.38	11.39	1.70	22.03	19.20
2016	117.32	90.09	41.09	2.97	45.67	0.00	1.91	12.05	1.62	11.65	6.56
2017	101.52	70.52	38.25	2.52	29.33	0.19	3.75	11.85	1.42	13.79	8.64
2018	81.67	51.31	38.05	1.13	12.13	1.92	4.88	11.36	1.63	10.58	7.53
2019	101.15	64.94	43.91	0.91	20.12	4.95	3.94	11.58	1.57	14.16	12.03
2020	111.50	70.63	49.71	0.60	20.32	5.27	4.58	11.97	1.51	17.55	15.48

11-11　历年主要粮食作物产量

单位：万吨

年 份	粮 食	谷 物	#小麦	#玉米	#荞麦	#谷子	#莜麦	#糜黍	薯 类	豆 类	#大豆
1949	9.80	9.80	2.20								
1950	10.50	10.43	1.90		0.79	0.11	0.11	0.79			
1951	11.80	11.72	2.30		0.48	0.10	0.10	0.48			
1952	18.20	17.97	3.30		1.30	0.50	0.50	1.30			
1953	13.90	13.76	2.80		0.80	0.33	0.33	0.80			
1954	22.70	22.50	5.00		1.59	0.56	0.56	1.59			
1955	18.20	18.11	4.30		1.10	0.43	0.43	1.10			
1956	25.30	25.23	4.20		1.44	0.75	0.75	1.44			
1957	14.30	12.60	3.60		0.53	0.24	0.24	0.53	1.50	0.20	0.20
1958	15.90	10.80	1.40		1.22	0.83	0.83	1.22	4.90	0.20	0.20
1959	20.90	17.40	5.80		1.39	0.54	0.54	1.39	3.20	0.30	0.30
1960	14.30	10.90	4.60	0.10	1.63	0.61	0.61	1.63	3.10	0.30	0.30
1961	11.60	8.70	1.80	0.10	2.40	0.84	0.84	2.40	2.70	0.20	0.20
1962	13.60	11.20	4.20	0.10	0.10	0.64	0.64	0.10	2.20	0.20	0.20
1963	13.80	11.80	3.00	0.20	0.93	0.44	0.44	0.93	1.80	0.20	0.20
1964	18.90	16.89	3.80	0.20	1.39	0.77	0.77	1.39	1.90	0.11	0.11
1965	12.00	10.60	3.70	0.20	0.70	0.35	0.35	0.70	1.20	0.20	0.20
1966	14.80	13.00	2.40	0.70	1.35	0.63	0.63	1.35	1.40	0.40	0.40
1967	17.50	15.60	3.70	0.60	1.24	0.80	0.80	1.24	1.60	0.30	0.30
1968	13.80	12.00	3.50	0.40	1.06	0.45	0.45	1.06	1.50	0.30	0.30
1969	16.90	15.80	5.80	0.40	0.96	0.58	0.58	0.96	0.90	0.20	0.20
1970	19.70	17.80	6.80	0.50	1.14	0.77	0.77	1.14	1.50	0.40	0.40
1971	20.80	19.90	6.60	1.20	3.87	1.79	1.79	3.87	0.60	0.30	0.30
1972	18.50	16.96	5.80	1.70	3.66	1.59	1.59	3.66	1.30	0.24	0.24
1973	20.20	18.36	5.20	1.70	4.34	1.85	1.85	4.34	1.60	0.24	0.24
1974	27.10	25.30	9.00	1.70	4.79	2.25	2.25	4.79	1.50	0.30	0.30
1975	23.90	21.50	7.80	1.50	3.87	1.53	1.53	3.87	2.10	0.30	0.30
1976	24.40	21.97	10.80	1.00	2.43	1.59	1.59	2.43	2.30	0.13	0.13
1977	23.80	20.98	9.80	1.30	3.23	1.61	1.61	3.23	2.70	0.20	0.20
1978	17.20	14.00	4.90	1.70	2.45	1.19	1.19	2.45	3.00	0.20	0.20
1979	23.70	19.70	8.90	1.40	3.54	1.31	1.31	3.54	3.80	0.20	0.20
1980	16.20	13.60	5.90	1.00	3.24	0.93	0.93	3.24	2.50	0.10	0.10
1981	21.40	18.40	8.30	0.70	5.09	0.96	0.96	5.09	2.90	0.10	0.10
1982	18.40	16.20	9.30	0.60	3.46	0.60	0.60	3.46	2.10	0.10	0.10
1983	19.70	16.90	9.90	0.70	3.22	0.76	0.76	3.22	2.70	0.10	0.10

11-11 续 表

单位：万吨

年 份	粮 食	谷 物	#小麦	#玉米	#荞麦	#谷子	#莜麦	#糜黍	薯 类	豆 类	#大豆
1984	26.50	22.10	13.10	0.70	3.60	0.85	1.86	3.60	4.30	0.10	0.10
1985	22.30	18.44	11.00	1.00	2.66	0.50	1.73	2.66	3.80	0.06	0.06
1986	16.30	13.65	8.70	1.00	1.44	0.29	0.59	1.44	2.60	0.05	0.05
1987	12.80	10.48	7.20	1.70	0.87	0.13	0.11	0.87	2.30	0.02	0.02
1988	23.30	18.78	10.50	1.80	2.20	0.65	1.86	2.20	4.50	0.02	0.02
1989	23.20	19.06	11.10	3.00	1.86	0.45	0.61	1.86	4.10	0.04	0.04
1990	35.60	30.20	16.40	5.70	2.77	0.65	2.03	2.77	5.30	0.10	0.10
1991	27.50	24.00	12.00	7.70	1.84	0.42	0.73	1.84	3.40	0.10	0.10
1992	37.10	31.77	16.20	9.40	2.02	0.51	1.14	2.02	5.20	0.13	0.13
1993	39.70	34.90	17.20	13.30	1.40	0.34	0.86	1.40	4.60	0.20	0.20
1994	41.30	36.98	12.60	19.30	1.38	0.40	0.45	1.38	4.00	0.32	0.13
1995	49.50	43.55	18.50	20.40	0.98	0.31	0.79	0.98	5.70	0.25	0.06
1996	58.74	50.45	19.40	25.10	1.61	0.33	1.21	1.61	7.50	0.79	0.09
1997	59.00	50.45	21.20	23.70	1.76	0.44	1.04	1.76	7.69	0.84	0.19
1998	49.71	39.68	13.10	20.90	1.66	0.32	0.94	1.66	9.08	0.95	0.13
1999	59.61	49.57	17.50	28.90	1.55	0.22	0.19	1.55	9.67	0.37	0.12
2000	55.30	42.71	15.35	24.59	0.73	0.16	0.20	0.73	12.16	0.43	0.16
2001	42.87	37.12	10.95	25.34	0.36	0.03	0.01	0.36	5.41	0.34	0.18
2002	54.64	42.84	8.87	30.42	2.47	0.15	0.34	0.48	11.08	0.72	0.09
2003	66.10	50.25	3.41	44.73	1.42	0.10	0.19	0.37	15.36	0.49	0.10
2004	91.17	73.41	11.21	60.15	1.35	0.08	0.30	0.26	17.28	0.48	0.05
2005	84.78	77.12	10.69	66.22	0.01	0.04		0.14	7.44	0.22	0.07
2006	98.29	80.96	9.81	70.31	0.48	0.02	0.07	0.24	17.05	0.28	0.04
2007	95.19	82.25	6.05	74.39	1.60	0.02	0.01	0.17	12.81	0.13	0.02
2008	96.40	87.48	6.59	78.71	1.91	0.01	0.08	0.14	8.81	0.11	0.02
2009	100.75	87.98	7.56	78.88	1.09	0.03	0.18	0.21	12.56	0.21	0.01
2010	97.98	84.93	6.25	77.77	0.50	0.01	0.13	0.27	12.91	0.15	0.02
2011	99.89	88.74	6.55	81.15	0.44	0.02	0.04	0.16	11.09	0.05	0.02
2012	101.07	88.99	8.02	80.38	0.24	0.01	0.20	0.11	12.05	0.03	0.02
2013	111.32	97.88	6.58	89.45	1.39	0.04	0.28	0.12	13.41	0.03	0.01
2014	109.41	95.27	6.62	87.48	0.75	0.04	0.16	0.15	14.12	0.02	0.01
2015	108.91	99.07	6.39	90.57	1.65	0.07	0.18	0.13	9.77	0.07	
2016	109.22	99.15	10.07	83.75	4.34	0.09	0.17	0.07	10.05	0.03	
2017	109.98	100.09	10.14	84.53	3.63	0.09	0.95	0.07	9.89		
2018	108.41	98.74	11.11	84.24	1.75	0.10	0.36		9.64	0.02	0.01
2019	109.47	104.03	6.99	92.28	1.93	0.08	0.31		5.41	0.03	0.02
2020	112.74	107.80	7.13	96.84	1.50	0.09	0.54		4.85	0.09	0.08

注：2007年-2017年数据已根据第三次农牧业普查结果进行修订。

11-12 历年主要经济作物产量

单位：万吨

年份	油料	#葵花籽	#胡麻籽	#油菜籽	甜菜	药材	蔬菜	瓜类
1949	0.80						0.50	
1950	0.80		0.03	0.13			0.50	
1951	0.90		0.07	0.13			0.50	
1952	1.00		0.05	0.12	1.60		1.20	
1953	1.00		0.04	0.26	1.60		1.00	
1954	1.30		0.08	0.33	1.70		1.00	
1955	0.90		0.06	0.20	1.70		1.60	
1956	1.40		0.05	0.43	2.20		3.20	
1957	0.90		0.04	0.20	1.60		4.50	
1958	0.40		0.14	0.08	1.10		6.00	
1959	1.80		0.26	1.11	2.70		10.00	
1960	0.50		0.17	0.20	2.40		17.00	
1961	0.40		0.15	0.08	0.40		16.00	
1962	0.40		0.02	0.10	0.40		15.80	
1963	0.50		0.02	0.91	1.20		14.71	
1964	0.90		0.03	0.17	4.20		18.00	
1965	0.60		0.03	0.04	3.80		19.86	
1966	0.30		0.02	0.01	3.40		23.99	
1967	0.60		0.02	0.09	7.40		20.33	
1968	0.50			0.06	3.10		17.53	
1969	0.60		0.02	0.14	5.90		18.70	
1970	0.70		0.02	0.15	4.40		24.32	
1971	0.50		0.17	0.22	3.10	0.02	23.64	
1972	0.50		0.16	0.14	4.40	0.01	25.43	
1973	0.50		0.13	0.20	4.10	0.01	27.28	
1974	0.80		0.16	0.44	2.40	0.01	24.48	
1975	0.50	0.10	0.12	0.20	2.60	0.03	27.63	
1976	0.90	0.08	0.14	0.57	2.30	0.02	28.90	
1977	1.00	0.22	0.19	0.45	4.50	0.02	26.57	
1978	0.60	0.15	0.12	0.16	4.30	0.03	27.30	
1979	1.00	0.25	0.13	0.57	1.60	0.01	29.34	
1980	1.30	0.70	0.15	0.33	1.70	0.02	23.95	
1981	2.80	2.21	0.18	0.26	1.50	0.04	20.75	
1982	2.90	2.23	0.12	0.48	1.50	0.09	27.59	
1983	3.50	3.04	0.23	0.18	2.80	0.20	29.07	

11-12　续　表

单位：万吨

年份	油料	#葵花籽	#胡麻籽	#油菜籽	甜菜	药材	蔬菜	瓜类
1984	2.30	1.27	0.23	0.57	7.40	1.27	30.11	
1985	3.10	1.28	0.66	1.01	27.60	0.89	28.45	
1986	3.10	2.13	0.75	0.18	13.40	0.23	28.96	
1987	3.10	2.35	0.74	0.05	8.50		29.52	
1988	3.20	2.26	0.62	0.30	12.60		27.38	
1989	4.20	3.72	0.38	0.07	17.00		31.81	
1990	4.90	3.71	0.58	0.73	19.80		33.28	
1991	3.80	3.04	0.68	0.08	25.50		31.91	
1992	6.30	5.04	0.86	0.35	25.50		37.50	
1993	6.00	4.98	0.78	0.21	26.90		39.48	
1994	3.90	2.90	0.60	0.18	12.40	0.05	36.36	
1995	5.80	4.32	0.70	0.76	26.90	0.25	39.48	
1996	5.52	3.59	1.00	0.93	29.00	0.11	41.70	2.96
1997	5.72	3.69	1.09	0.92	23.72	0.32	41.48	3.05
1998	4.04	2.19	0.70	0.70	14.87	0.42	43.62	3.13
1999	5.90	4.05	0.88	0.88	8.16	0.62	45.66	4.54
2000	7.41	5.36	0.81	0.81	9.40	2.12	57.89	13.78
2001	6.66	5.98	0.48	0.48	10.05	2.44	55.30	12.89
2002	7.63	5.69	0.60	1.23	10.79	1.69	62.15	9.66
2003	6.34	4.00	0.59	1.61	6.33	1.45	58.08	5.11
2004	6.53	3.70	0.40	1.91	9.47	1.89	44.45	5.73
2005	3.06	1.53	0.39	0.09	17.80	1.65	48.48	7.26
2006	4.46	2.39	0.36	0.75	25.33	2.14	55.29	8.28
2007	2.37	1.21	0.24	0.59	16.30		55.84	7.99
2008	3.49	1.63	0.37	1.10	13.33		61.92	7.88
2009	3.71	2.19	0.47	0.73	11.00		70.36	6.34
2010	3.21	2.59	0.41	0.03	8.71		76.80	5.49
2011	4.28	3.78	0.42	0.03	3.18		86.48	5.45
2012	5.23	4.09	0.27	0.82	0.62		95.42	5.43
2013	5.46	4.68	0.20	0.58	0.13		86.05	5.68
2014	7.72	4.40	0.29	3.01	0.04		88.41	6.76
2015	6.28	5.34	0.34	0.59	0.04		83.36	6.21
2016	10.79	7.45	0.55	2.73			86.90	5.53
2017	6.94	6.19	0.50	0.11	1.19		86.82	5.17
2018	7.13	6.50	0.20	0.43	10.78		84.37	6.03
2019	10.19	8.24	0.17	1.78	28.33		84.98	5.36
2020	12.49	9.69	0.09	2.71	30.06		87.81	5.04

注：2007年-2017年数据已根据第三次农牧业普查结果进行修订。

11-13　主要农作物总产量及单位面积产量

指　标	2017		2018		2019		2020	
	总产量（万吨）	单位面积产量（公斤/公顷）	总产量（万吨）	单位面积产量（公斤/公顷）	总产量（万吨）	单位面积产量（公斤/公顷）	总产量（万吨）	单位面积产量（公斤/公顷）
粮　食	109.98	5198	108.41	5673	109.47	5655	112.74	5715
谷　物	100.09	5791	98.74	5836	104.03	5876	107.80	5940
#小麦	10.14	2357	11.11	3223	6.99	2146	7.13	2280
玉米	84.53	8070	84.24	7227	92.28	7768	96.84	7815
高粱	0.62	5655	0.83	4043	1.85	6942	1.56	7725
谷子	0.09	2987	0.10	3093	0.08	3942	0.09	4140
莜麦	0.95	2198	0.36	1298	0.31	1381	0.54	945
糜黍	0.07	957						
荞麦	3.63	1966	1.75	1454	1.93	989	1.50	840
豆　类	0.00	1923	0.02	1392	0.03	1303	0.09	2160
#大豆	0.00	1867	0.01	1639	0.02	1676	0.08	2430
薯　类	9.89	2555	9.64	4436	5.41	3319	4.85	3210
油　料	6.94	983	7.13	1389	10.19	1569	12.49	1769
#葵花籽	6.19	1620	6.50	1709	8.24	1876	9.69	1950
油菜籽	0.10	38	0.43	351	1.78	886	2.71	1331
胡麻籽	0.48	1994	0.20	1763	0.17	1851	0.09	1526
甜　菜	1.19	61558	10.78	56138	28.33	57200	30.06	57046
蔬　菜	86.82	73248	84.37	74281	84.98	73395	87.81	73362
瓜类（果用瓜）	5.17	36543	6.03	36888	5.36	34137	5.04	33465
水　果	7.83	24115	8.57	24751	7.90	23388	7.53	22274

11-14 历年牲畜总头数

单位：万头（只）

年份	年中数				年末数			
	合计	大牲畜	羊	猪	合计	大牲畜	羊	猪
1949	54.26	11.36	37.10	5.80	41.30	9.70	27.60	4.00
1950	60.85	12.71	41.74	6.40	50.70	11.40	34.80	4.50
1951	70.71	14.06	50.15	6.50	60.60	13.40	42.70	4.50
1952	85.42	16.21	62.41	6.80	75.10	15.30	54.80	5.00
1953	107.21	18.90	79.21	9.10	88.90	17.30	65.30	6.30
1954	119.08	20.03	90.25	8.80	99.10	18.60	74.20	6.30
1955	121.81	20.78	92.43	8.60	106.90	19.40	80.20	6.30
1956	130.01	20.03	102.48	7.50	110.80	17.90	86.90	6.00
1957	117.94	18.92	91.12	7.90	99.60	17.60	76.40	5.60
1958	131.97	16.16	104.91	10.90	112.00	14.70	88.40	8.90
1959	149.96	16.73	122.83	10.40	132.60	16.10	105.80	10.70
1960	181.22	19.36	145.56	16.30	163.70	19.60	133.40	10.70
1961	189.72	19.41	156.11	14.20	159.70	19.50	131.50	8.70
1962	168.95	18.75	136.80	13.40	143.90	17.90	117.00	9.00
1963	195.54	19.82	161.42	14.30	165.40	19.20	136.20	9.90
1964	209.03	20.62	174.71	13.70	173.40	20.20	142.70	10.50
1965	219.30	21.62	181.88	15.80	156.30	19.60	125.80	10.90
1966	148.55	17.27	120.18	11.10	115.00	16.10	89.50	9.40
1967	157.37	17.33	127.44	12.60	130.90	16.60	101.60	12.70
1968	165.75	18.17	131.98	15.60	132.10	16.40	103.50	12.20
1969	175.45	19.12	142.13	14.20	146.40	18.00	117.60	10.80
1970	190.19	20.59	155.70	13.90	161.80	20.60	129.20	12.00
1971	184.76	21.82	150.64	12.30	166.10	20.90	133.40	11.80
1972	190.64	21.72	155.52	13.40	167.70	20.70	134.10	12.90
1973	211.63	20.97	174.16	16.50	174.60	19.90	141.00	13.70
1974	213.42	21.09	175.73	16.60	174.10	20.00	140.70	13.40
1975	216.16	21.97	175.79	18.40	174.30	20.90	138.60	14.80
1976	197.39	21.78	153.41	22.20	158.60	20.70	121.20	16.70
1977	196.41	21.78	152.83	21.80	157.10	20.70	118.90	17.50
1978	180.93	21.03	136.40	23.50	148.80	20.10	109.90	18.80
1979	194.29	21.28	148.51	24.50	161.60	20.10	123.20	18.30
1980	204.67	21.55	160.62	22.50	165.30	20.10	128.10	17.10
1981	193.91	20.53	154.48	18.90	158.50	19.50	124.80	14.20
1982	193.70	20.48	157.22	16.00	150.10	19.30	118.20	12.60
1983	169.54	19.78	135.86	13.90	129.50	18.70	100.80	10.00

11-14 续 表

单位：万头（只）

年份	年中数				年末数			
	合计	大牲畜	羊	猪	合计	大牲畜	羊	猪
1984	166.73	19.56	134.37	12.80	138.30	18.20	109.90	10.20
1985	184.29	19.49	148.30	16.50	159.30	18.40	127.60	13.30
1986	205.14	19.71	167.03	18.40	174.10	18.30	141.40	14.40
1987	225.23	18.93	191.00	15.30	168.10	14.30	143.00	10.80
1988	214.69	13.65	189.24	11.80	185.10	12.80	161.60	10.70
1989	250.06	13.41	223.05	13.60	195.30	12.30	171.60	11.40
1990	252.87	13.15	224.52	15.20	196.60	12.50	171.10	13.00
1991	262.64	13.56	229.78	19.30	192.90	12.50	166.00	14.40
1992	262.73	13.83	223.14	25.76	187.90	12.20	156.10	19.60
1993	262.99	13.79	214.30	34.90	187.60	12.30	152.60	22.70
1994	271.31	13.34	216.17	41.80	198.50	12.40	159.80	26.30
1995	298.97	14.19	232.30	52.48	210.80	12.70	170.10	28.00
1996	318.37	15.53	249.14	53.70	225.40	13.80	183.60	28.00
1997	339.42	16.32	263.16	59.94	226.99	13.80	182.72	30.47
1998	343.04	16.24	268.53	58.27	231.58	13.08	184.91	33.59
1999	340.13	16.28	269.58	54.27	218.07	12.00	175.54	30.53
2000	317.09	15.45	255.34	46.30	202.19	11.62	162.62	27.95
2001	290.29	14.98	234.25	41.06	178.94	12.35	140.14	26.45
2002	253.13	17.52	197.62	37.99	161.63	16.86	119.56	25.21
2003	250.47	25.39	190.06	35.02	176.44	29.43	123.85	23.16
2004	281.88	35.48	210.34	36.06	196.65	41.60	131.07	23.98
2005	359.49	46.63	275.04	37.81	202.71	49.85	128.51	24.35
2006	353.76	52.10	263.10	38.56	253.67	46.57	184.31	22.79
2007	375.39	49.25	288.27	37.87	249.04	45.27	180.04	23.73
2008	351.17	43.96	265.26	41.95	234.14	44.61	163.43	26.10
2009	351.19	41.71	266.26	43.22	226.71	40.67	159.20	26.84
2010	354.20	37.27	274.49	42.44	250.28	40.17	183.00	27.11
2011	355.99	37.26	275.71	43.02	256.03	39.70	189.22	27.11
2012	384.26	34.22	307.60	42.44	254.21	37.51	189.23	27.47
2013	402.85	32.52	326.05	44.28	257.18	32.38	203.31	21.49
2014	426.40	26.41	364.53	35.46	259.03	32.21	209.85	16.97
2015	433.83	26.00	374.07	33.76	268.89	26.33	225.98	16.58
2016	438.30	20.99	386.14	31.17	285.71	20.21	242.30	23.20
2017	434.29	20.00	382.89	31.40	273.20	21.24	230.32	21.64
2018	407.61	16.11	363.76	27.74	282.21	18.45	245.79	17.97
2019	375.39	16.29	338.10	21.00	269.73	15.92	237.77	16.04
2020					301.90	18.76	267.04	16.11

11-15 年末牲畜总头数

单位：万头（只）

指 标	2016	2017	2018	2019	2020
大牲畜和羊合计	**262.51**	**251.56**	**264.24**	**253.69**	**285.79**
大牲畜	20.21	21.24	18.45	15.92	18.76
牛	17.9	17.53	15.01	12.27	14.68
#良种及改良种乳牛	13.79	12.23	11.36	7.61	7.9
马	1.61	2.92	2.59	2.89	3.12
驴	0.53	0.61	0.64	0.6	0.83
骡	0.09	0.08	0.08	0.05	0.04
骆驼	0.08	0.10	0.13	0.11	0.09
羊	242.3	230.32	245.79	237.77	267.03
猪	**23.2**	**21.64**	**17.97**	**16.04**	**16.11**

11-16 年末能繁殖母畜、良种牲畜及改良种牲畜（2020年）

单位：万头（只）

指 标	能繁殖母畜	良种牲畜	改良种牲畜
大牲畜和羊合计	**164.51**	**90.41**	**158.61**
大牲畜	11.32	9.51	7.17
牛	9.61	7.60	5.35
马	1.46	1.56	1.39
驴	0.15	0.14	0.42
骡			
骆驼	0.08	0.08	0.01
羊	153.19	80.90	151.44
猪	**2.19**	**7.68**	**8.19**

11-17 年末牲畜增减

指　标	繁殖仔畜	成活仔畜	
	头数	头数	成活率(%)
大牲畜和羊合计	**202.58**	**198.79**	**98.13**
大牲畜	9.40	9.20	97.79
牛	8.15	7.98	97.92
#良种及改良种乳牛	4.30	4.24	98.46
马	1.11	1.08	96.99
驴	0.07	0.06	96.04
骡	0.004	0.004	94.87
骆驼	0.07	0.07	98.09
羊	193.18	189.60	98.14
绵羊	150.49	147.75	98.18
山羊	42.69	41.85	98.03
猪	**19.11**	**18.54**	**97.03**

变化情况（2020年）

单位：万头（只）

成幼畜死亡		自宰自食	出售		出栏率（%）
头数	死亡率(%)			#出售肉畜	
3.02	**1.19**	**43.16**	**442.48**	**405.23**	**176.75**
0.14	0.86	0.91	25.93	23.74	154.84
0.11	0.87	0.88	23.83	21.82	185.06
0.04	0.54	0.16	11.47	10.26	136.95
0.03	0.92	0.00	1.62	1.50	52.08
0.002	0.27	0.01	0.30	0.25	43.44
0.001	2.39	0.01	0.06	0.04	91.45
0.002	1.51	0.01	0.13	0.12	120.43
2.89	1.21	42.25	416.55	381.49	178.21
1.93	1.20	26.46	299.53	275.31	187.31
0.95	1.24	15.79	117.01	106.18	159.10
0.34	**2.14**	**14.53**	**45.44**	**40.29**	**341.74**

11-18　年末主要畜禽产品产量

指　标	2016	2017	2018	2019	2020
当年出栏肉猪头数（头）	343718	551062	663660	554862	548139
当年出栏和自宰的肉用牛（头）	227231	228961	244449	239317	227067
当年出栏和自宰的肉用羊（只）	4431171	4248866	4930715	4879658	4237409
当年肉类总产量（吨）	167104	162937	178966	173385	163045
#猪肉产量	29962	45442	50000	41763	43183
牛肉产量	37983	39958	39990	39546	38566
羊肉产量	73176	69552	79253	81726	70607
奶类产量（吨）	723684	633199	629667	638572	669911
#牛奶	723575	633094	629561	638465	669426
山羊毛产量（吨）	289	284	282	296	295
绵羊毛产量（吨）	3703	3461	3640	3844	399
山羊绒产量（吨）	263	250	248	254	4273
蜂蜜产量（吨）	31	24	23	20	10
禽蛋产量（吨）	24860	30849	41343	37963	46460
年末实有家禽（万只）	234.88	180.28	220.93	245.24	331.06
牛皮产量（张）	251303	225522	245831	240136	199303
绵羊皮产量（张）	3309368	2385992	2914378	2792974	2444092
山羊皮产量（张）	990727	1887030	1107153	2082240	1227250
驼绒产量（吨）	11				0.2
水产品（吨）	9102	9126	9171	8176	

11-19 生态建设基本情况

指　　标	2016	2017	2018	2019	2020
荒山荒(沙)地造林面积（公顷）	**38029**	**35033**	**30673**	**47504**	**52231**
人工造林	19561	23033	30673	21503	34898
无林地和疏林地新封	8468	9667		26001	17333
林业重点工程合计（公顷）	**25469**	**28065**	**28190**	**46812**	**47112**
天然林资源保护工程	5002	3866	2577	6400	8699
退耕还林工程	8000	12200	23481	17412	26726
荒山荒地造林	267				
京津风沙源治理工程	12467	11999	2132	23000	11687
三北及长江流域等防护工程					
当年造林面积（千公顷）	**38.03**	**35.03**	**30.67**	**47.50**	**52.23**
按经济成份分					
国有造林	5.77	5.47	1.22	8.61	6.86
集体造林	22.18	15.83	29.45	38.89	45.37
非公有制造林	0.08	11.40			
按主要林种用途分					
用材林					
经济林					
防护林	28.03	32.70	30.67	47.50	52.23
#农田防护林					
薪炭林					
其他林					
草场面积（千公顷）	1991.23	1991.23	2035.23	2024.21	2023.84
#承包到户面积	1753.91	1579.40	1517.31	1517.31	1517.31
围栏草场面积（万亩）	**830.52**	**899.02**	**887.77**	**907.77**	**914.53**
人工种草保有面积（千公顷）	**101.61**	**92.67**	**80.00**	**77.30**	**48.85**
#当年种草面积	91.43	78.73	66.27	67.71	38.68
年末实有自然保护区（个）	**3**	**4**	**6**	**6**	**5**
年末实有自然保护区面积（公顷）	**68262**	**105177**	**174778**	**190033**	**184332**

主要统计指标解释

农林牧渔业总产值 指以货币表现的农、林、牧、渔业全部产品和对农林牧渔业生产活动进行的各种支持性服务活动的价值总量，它反映一定时期内农林牧渔业生产总规模和总成果。1957年以前的农林牧渔业总产值中包括了厩肥和农民自给性手工业（如农民自制衣服、鞋、袜，自己从事粮食初步加工等）。1958年及以后，林业中增加了村及村以下竹木采伐产值；牧业中取消了厩肥产值；副业中取消了农民自给性手工业产值，增加了村及村以下办的工业产值；渔业中增加了海洋捕捞水产品产值。1980年及以后，在副业中增加了农民家庭兼营工业商品部分的产值。从1984年起村及村以下工业产值划归工业。从1993年起取消副业，将野生动物的捕猎划入牧业、野生植物采集和农民家庭兼营商品性工业划归农业。从2003年起，执行新的国民经济行业分类标准，农林牧渔业总产值中包括了农林牧渔服务业产值。林业中增加了森林采运业产值。农业中取消了家庭兼营商品性工业产值，将野生林产品的采集划归林业。第一次农业普查以后，由于畜牧业产品年报数据与普查数据之间存在一定的差距，国家统计局农调总队对畜牧业年报数据与普查数据进行衔接，相应的畜牧业产值进行调整。

农林牧渔业总产值的计算方法通常是按农、林、牧、渔业产品及其副产品的产量分别乘以各自单位产品价格求得；少数生产周期较长，当年没有产品或产品产量不易统计的，则采用间接方法匡算其产值；然后将四业产品产值相加即为农林牧渔业总产值。

粮食产量 指全社会的产量。包括国有经济经营的、集体统一经营的和农民家庭经营的粮食产量，还包括工矿企业办的农场和其他生产单位的产量。粮食除包括稻谷、小麦、玉米、高粱、谷子及其他杂粮外，还包括薯类和豆类。其产量计算方法，豆类按去豆荚后的干豆计算；薯类（包括甘薯和马铃薯，不包括芋头和木薯）1963年以前按每4公斤鲜薯折1公斤粮食计算，从1964年开始改为按5公斤鲜薯折1公斤粮食计算。城市郊区作为蔬菜的薯类（如马铃薯等）按鲜品计算，并且不作粮食统计。其他粮食一律按脱粒后的原粮计算。1989年以前全国粮食产量数据主要靠全面报表取得，1989年以后开始使用抽样调查数据。

油料产量 指全部油料作物的生产量。包括花生、油菜籽、芝麻、向日葵籽、胡麻籽（亚麻籽）和其他油料。不包括大豆、木本油料和野生油料。花生以带壳干花生计算。

水产品产量 指人工养殖的水产品和天然生长的水产品的捕捞量。包括海水的鱼类、虾蟹类、贝类和藻类以及内陆水域的鱼类、虾蟹类和贝类，不包括淡水生植物。水产品产量是通过各级水产和统计部门逐级上报取得数据。1995年及以前，贝类中牡蛎按鲜肉计算；蚶、蛤、蛙按5斤鲜品折1斤计算。1996年以后则统一按鲜品计算。

猪、牛、羊肉产量 指当年出栏并已屠宰、除去头蹄下水后带骨肉（即胴体重）的重量。包括全社会范围内的产量。1996年前为各级逐级上报数据。1996年第一次农业普查以后，由于畜牧业产品年报数据与普查数据之间存在一定的差距，国家统计局农调总队对畜牧业年报数据与普查数据进行衔接。1999年以后，国家统计局开展了猪、牛、羊、禽等主要畜禽品种的抽样调查，并用抽样数据作为国家定案数据使用。未开展抽样调查的品种，仍使用各级统计部门逐级上报数据。

期末畜禽存栏头(只)数 指报告期末农村各种合作经济组织和国营农场、农民个人、机关、团体、学校、工矿企业、部队等单位以及城镇居民饲养的大牲畜、猪、羊、家禽等畜禽的存栏数。数据上报方式及数据调整情况同猪、牛、羊肉产量。

常用耕地 是指耕地总资源中专门种植农作物并经常进行耕种、能够正常收获的土地。包括当年实际耕种的熟地；弃耕、休闲不满三年，随时可以复耕的地；开荒利用三年以上的土地。在统计口径上包括南方小于1米、北方小于2米宽的沟、渠、路和田埂。不包括临时种植农作物的坡度在25度以上的陡坡地；在河套、湖畔、库区临时开发的成片或零星土地；也不包括已列为国家和省（区、市）退耕计划但临时耕种的土地。常用耕地是国家需要重点保护的耕地，是反映我国农业综合生产能力的一个重要指标。

农作物播种面积 指实际播种或移植有农作物的面积。凡是实际种植有农作物的面积，不论种植在耕地上还是种植在非耕地上，均包括在农作物播种面积中。在播种季节基本结束后，因遭灾而重新改种和补种的农作物面积，也包括在内。农作物播种面积主要包括粮食、棉花、油料、糖料、麻类、烟叶、蔬菜和瓜类、药材和其他农作物九大类。

有效灌溉面积 指具有一定的水源，地块比较平整，灌溉工程或设备已经配套，在一般年景下当年能够进行正常灌溉的耕地面积。

农用化肥施用量 指本年内实际用于农业生产的化肥数量，包括氮肥、磷肥、钾肥和复合肥。化肥施用量要求按折纯量计算数量。折纯量是把氮肥、磷肥、钾肥分别按含氮、含五氧化二磷、含氧化钾的百分之一百成份进行折算后的数量。复合肥按其所含主要成分折算。

农业机械总动力 指主要用于农、林、牧、渔业的各种动力机械的动力总和。包括耕作机械、排灌机械、收获机械、农用运输机械、植物保护机械、牧业机械、林业机械、渔业机械和其他农业机械［内燃机按引擎马力折成瓦(特)计算、电动机按功率折成瓦(特)计算］。不包括专门用于乡、镇、村、组办工业、基本建设、非农业运输、科学试验和教学等非农业生产方面用的动力机械与作业机械。

12 工　业

Industry

资料整理：王晨　杨颖

12-1 规模以上工业企业可比价增加值增速

单位：%

项 目	2016	2017	2018	2019	2020
总 计	**8.9**	**6.0**	**11.0**	**11.2**	**11.0**
按行业分					
采矿业	**13.3**	**-19.7**	**2.0**	**-3.7**	**3.0**
煤炭开采和洗选业	14.4	-13.6	-4.6	-16.2	-23.5
黑色金属矿采选业	12.6	-41.0	-15.6	29.6	29.3
有色金属矿采选业	13.4	228.8	82.3	-17.2	-5.1
非金属矿采选业	9.7	-31.9	25.0	28.0	-17.4
制造业	**7.5**	**10.7**	**12.5**	**15.3**	**11.8**
农副食品加工业	-1.6	-39.1	6.2	40.3	15.1
食品制造业	-10.9	0.1	-3.8	18.4	0.5
酒、饮料和精制茶制造业	-0.6	-14.0	-14.6	-8.7	-8.2
纺织业	15.1	-53.9	-10.8	36.5	-0.9
纺织服装、服饰业	6.8	2.2	1.1	-17.0	-35.3
皮革、毛皮、羽毛及其制品和制鞋业	18.1	-25.8	-6.0	27.8	-47.7
木材加工和木、竹、藤、棕、草制品业	19.6	-88.3	6.4	-97.8	
造纸及纸制品业	11.3	-20.8	-34.0	21.4	37.3
印刷和记录媒介复制业	22.9	-95.8			
石油加工、炼焦和核燃料加工业	-14.2	108.2	19.6	18.3	-12.3
化学原料和化学制品制造业	-5.6	-3.1	2.2	15.7	29.8
医药制造业	1.8	-6.8	-35.5	23.4	18.5
化学纤维制造业	-92.6				
橡胶和塑料制品业	22.7	-95.4	-26.6	8.3	48.1
非金属矿物制品业	9.8	162.4	-34.9	75.6	74.8
黑色金属冶炼和压延加工业	6.5	7.8	20.3	8.9	5.1
有色金属冶炼和压延加工业	17.6	-2.5	29.6	8.4	-8.0
金属制品业	11.8	17.2	10.1	2.4	-6.6
通用设备制造业	-3.4	268.6	-29.7	71.2	-0.9
专用设备制造业	-4.0	25.0	-2.8	115.2	5.3
汽车制造业	11.7	62.0	-2.8	-39.0	3.6
铁路、船舶、航空航天和其他运输设备制造业	-11.4	-7.8	-20.5	16.7	-12.1
电气机械和器材制造业	5.5	-75.4	34.2	149.8	100.6
计算机、通信和其他电子设备制造业	-8.0	-40.9	17.6	30.9	119.6
仪器仪表制造业	10.2	-72.0		138.3	-38.5
其他制造业	129.6	-87.8			
废弃资源综合利用业	41.1	-16.4	36.9	32.8	91.1
金属制品、机械和设备修理业	-5.8	-14.6	21.2	32.8	11.5
电力、燃气及水的生产和供应业	**8.8**	**15.5**	**10.7**	**7.9**	**15.9**
电力、热力生产和供应业	2.3	21.4	17.5	8.5	14.7
燃气生产和供应业	24.3	-14.4	-6.7	0.4	28.3
水的生产和供应业	58.0	22.8	-41.9	11.9	13.6

12-2 规模以上工业企业

项目	企业单位数(个)	资产合计	流动资产合计	应收账款
总 计	**459**	**57121112**	**23017280**	**4690457**
在总计中:				
亏损企业	107	10195211	3319598	674648
按轻重工业分				
轻工业	41	1303462	691328	155003
重工业	418	55817650	22325952	4535454
按行业分				
采矿业	56	7780308	2221852	263056
制造业	310	42060444	18756257	3650191
电力、燃气及水的生产和供应业	93	7280360	2039172	777209
按企业规模分				
大型企业	24	39993188	14962364	2141811
中型企业	62	7201671	3603656	981141
小型企业	302	7710170	3799053	1259158
微型企业	71	2216083	652206	308347
按登记注册类型分组				
内资企业	446	56252336	22629581	4596576
国有企业	3	313361	189874	16467
中央企业	2	245199	122651	12857
地方企业	1	68162	67223	3610
集体企业	2	16643	15391	4893
有限责任公司	192	34801167	13140084	3145461
#国有独资公司	24	3461961	1393026	297203
股份有限公司	17	16511927	6613141	890115
私营企业	232	4609238	2671091	539641
港澳台商投资企业	3	454151	198633	18826
外商投资企业	10	414625	189066	75055

主要经济指标(2020年)

单位: 万元

存货	负债合计	所有者权益	营业收入	营业成本	营业利润	利润总额
5677170	**34043514**	**23060988**	**31478061**	**27426921**	**1378403**	**1412866**
592852	7218316	2959100	3416165	3097135	-359301	-336830
199839	702735	603958	975648	828952	46744	52330
5477331	33340780	22457029	30502413	26597969	1331659	1360536
156847	4380983	3399250	1669245	1152405	61250	54053
5471295	24445112	17598798	27797991	24710524	1214570	1230255
49028	5217420	2062939	2010826	1563991	102583	128558
4148292	22817184	17176004	18846474	16425935	771006	779481
820221	4642756	2558914	6178540	5449208	236515	245226
686833	4907152	2803014	5990669	5220860	274283	292535
21824	1676422	523055	462378	330918	96599	95624
5591394	33724896	22510831	30752045	26817892	1307348	1340144
15096	188009	125353	128234	96446	15232	15257
1977	146447	98752	76490	56350	8919	8934
13119	41562	26600	51744	40095	6313	6324
1117	9405	7238	20327	19064	617	662
2387908	20731929	14072079	18346029	15614996	928293	961668
223241	2145992	1315968	1361710	1026474	119169	112263
2469887	9476979	7034948	6757731	6017709	259027	253604
717387	3318575	1271212	5499726	5069678	104178	108953
47053	146890	307262	404111	351002	35890	36637
38724	171729	242896	321905	258026	35165	36085

12-3 国有及国有控股工业

项　目	企业单位数(个)	资产合计	流动资产合计	应收账款	存货
总 计	**100**	**42939945**	**15277774**	**2178531**	**4043844**
在总计中:亏损企业	20	8308744	2286154	446308	279271
在总计中:					
轻工业	6	252953	121846	12750	34247
重工业	94	42686993	15155928	2165781	4009596
在总计中:					
采矿业	5	7023829	1704233	151632	58858
制造业	54	31421678	12585010	1546850	3956366
电力、燃气及水的生产和供应业	41	4494439	988530	480049	28620
在总计中:					
大型企业	17	36943014	13083323	1388913	3759565
中型企业	20	2355378	1033461	284215	180316
小型企业	42	2387564	869935	306548	102702
微型企业	21	1253989	291055	198855	1260

12-4 规模以上民营工业

项　目	企业单位数(个)	资产合计	流动资产合计	应收账款	存货
总 计	**347**	**13342408**	**7378245**	**2436348**	**1550342**
在总计中:亏损企业	87	1886467	1033443	228340	313581
在总计中:					
轻工业	32	916027	508354	123272	158845
重工业	315	12426381	6869891	2313076	1391497
在总计中:					
采矿业	51	756479	517618	111424	97989
制造业	247	9972575	5865716	2056290	1432718
电力、燃气及水的生产和供应业	49	2613354	994911	268633	19635
在总计中:					
大型企业	7	3050174	1879041	752899	388728
中型企业	40	4597716	2419272	680663	590225
小型企业	251	4774524	2731930	896344	550827
微型企业	49	919994	348001	106442	20564

企业主要经济指标(2020年)

单位: 万元

负债合计	所有者权益	营业收入	营业成本	营业利润	利润总额
24986188	**17953757**	**17813633**	**15381752**	**560727**	**572505**
5532467	2776277	1601690	1327405	-273319	-251381
129266	123686	89129	63765	5676	5882
24856922	17830071	17724503	15317988	555051	566623
3934648	3089181	974318	600417	13840	7881
17749004	13672674	15501163	13702954	580151	588256
3302537	1191902	1338151	1078381	-33264	-23632
21020555	15922459	15419850	13484327	388033	403431
1581278	774100	1291357	1083407	51259	47538
1489700	897863	936329	726164	80508	82289
894655	359334	166097	87854	40928	39246

企业主要经济指标(2020年)

单位: 万元

负债合计	所有者权益	营业收入	营业成本	营业利润	利润总额
8747795	**4578003**	**12959001**	**11455487**	**747308**	**768368**
1685849	182823	1814475	1769730	-85982	-85449
517865	401393	685385	591227	28119	33230
8229930	4176610	12273616	10864260	719190	735138
446335	310069	694926	551988	47411	46172
6460525	3495516	11623091	10432783	576770	583866
1840935	772419	640984	470716	123127	138330
1796629	1253545	3426624	2941608	382974	376050
2938204	1659512	4465288	3977670	170290	182609
3264617	1509903	4776150	4295218	140092	155052
748344	155044	290939	240990	53952	54658

12-5　规模以上工业企业分行业

行　业	企业单位数(个)	资产合计	流动资产合计	应收账款
总 计	**459**	**57121112**	**23017280**	**4690457**
采矿业	**56**	**7780308**	**2221852**	**263056**
煤炭开采和洗选业	19	850073	459710	23747
黑色金属矿采选业	32	6798958	1724677	224114
有色金属矿采选业	2	109148	19138	5673
非金属矿采选业	3	22129	18326	9523
制造业	**310**	**42060444**	**18756257**	**3650191**
农副食品加工业	14	147001	81084	9197
食品制造业	7	341135	174721	37759
酒、饮料和精制茶制造业	4	219140	95591	-1640
纺织服装、服饰业	4	222374	184010	56708
皮革、毛皮、羽毛及其制品和制鞋业	1	6219	5946	54
造纸及纸制品业	2	21205	13242	7538
石油、煤炭及其他燃料加工业	2	707132	368271	8493
化学原料和化学制品制造业	23	1987292	556968	172580
医药制造业	1	22404	16659	2198
橡胶和塑料制品业	2	16653	11876	5974
非金属矿物制品业	48	2605227	1145898	274662
黑色金属冶炼和压延加工业	42	19198499	5989067	888339
有色金属冶炼和压延加工业	55	7573855	4013033	1096392
金属制品业	19	5810763	3757181	275105
通用设备制造业	16	304183	222039	124693
专用设备制造业	14	526746	371799	98756
汽车制造业	9	891470	693829	274612
铁路、船舶、航空航天和其他运输设备制造业	4	250913	217583	33625
电气机械和器材制造业	13	305383	217373	61778
计算机、通信和其他电子设备制造业	22	668979	449760	135984
其他制造业	2	32206	27017	16058
废弃资源综合利用业	5	166446	116921	53437
金属制品、机械和设备修理业	1	35221	26389	17889
电力、燃气及水的生产和供应业	**93**	**7280360**	**2039172**	**777209**
电力、热力生产和供应业	72	5891858	1384390	654849
燃气生产和供应业	12	619773	337594	60060
水的生产和供应业	9	768729	317187	62300

主要经济指标(2020年)

单位: 万元

存货	负债合计	所有者权益	营业收入	营业成本	营业利润	利润总额
5677170	**34043514**	**23060988**	**31478061**	**27426921**	**1378403**	**1412866**
156847	**4380983**	**3399250**	**1669245**	**1152405**	**61250**	**54053**
57826	240244	609828	691152	527125	74318	73948
90172	4067424	2731459	885678	569963	-27050	-33696
5371	61202	47946	65602	32020	13069	12943
3478	12113	10017	26812	23297	913	858
5471295	**24445112**	**17598798**	**27797991**	**24710524**	**1214570**	**1230255**
42392	85182	61819	263585	233266	7656	8187
12815	177953	163181	371251	310698	34358	35602
33080	127546	91594	76729	58097	4570	4896
60813	130807	91567	94041	84811	-779	1636
1496	661	5559	2557	2286	-63	-41
2372	10174	11030	31823	28147	1217	1164
163458	479973	227159	339338	287973	17300	16634
125952	690553	1296740	1293617	1047519	99384	92679
3103	14296	8108	7792	5117	-1	684
2934	10111	6542	14854	13947	5	-1
245899	1781008	823751	1837547	1537675	158508	159775
2180533	10592936	8605337	10664142	9808909	175792	163762
1369990	3964918	3589867	7339160	6516567	530534	530737
667578	4423550	1387213	2761047	2439047	104669	107095
43015	142079	162104	361546	286300	34450	35066
105925	235145	291600	306103	228618	21682	22227
158499	743617	147853	642770	587729	-35187	-12177
10185	100678	150236	142214	123326	8240	8275
66854	218752	89862	315246	278535	7272	8009
151169	404913	264066	551859	483935	25797	29072
559	15531	16675	28960	26938	507	532
16649	78498	87949	333856	306956	18307	16067
6026	16232	18989	17956	14127	353	376
49028	**5217420**	**2062939**	**2010826**	**1563991**	**102583**	**128558**
26405	4343436	1548421	1479676	1149112	76463	91063
16508	407169	212604	379349	331876	20529	31366
6115	466815	301914	151801	83003	5592	6130

12-6 国有及国有控股工业企业

行　业	企业单位数(个)	资产合计	流动资产合计	应收账款
总 计	**100**	**42939945**	**15277774**	**2178531**
采矿业	**5**	**7023829**	**1704233**	**151632**
煤炭开采和洗选业	1	702820	357355	4947
黑色金属矿采选业	3	6220745	1332580	141012
有色金属矿采选业	1	100264	14298	5673
制造业	**54**	**31421678**	**12585010**	**1546850**
酒、饮料和精制茶制造业	2	145503	76001	-5168
造纸及纸制品业	1	18774	13030	7460
石油、煤炭及其他燃料加工业	1	653874	343242	5509
化学原料和化学制品制造业	5	1091713	171573	11682
非金属矿物制品业	6	197918	69094	14739
黑色金属冶炼和压延加工业	6	17515444	4905047	565792
有色金属冶炼和压延加工业	8	4446269	2051075	312742
金属制品业	4	5558328	3588104	201749
通用设备制造业	2	87026	42559	12094
专用设备制造业	5	345594	240715	57165
汽车制造业	5	781477	629857	247265
铁路、船舶、航空航天和其他运输设备制造业	1	216937	189843	20563
电气机械和器材制造业	3	117407	102675	18573
计算机、通信和其他电子设备制造业	2	98120	70232	25919
废弃资源综合利用业	2	112073	65575	32876
金属制品、机械和设备修理业	1	35221	26389	17889
电力、燃气及水的生产和供应业	**41**	**4494439**	**988530**	**480049**
电力、热力生产和供应业	37	4114013	780407	478569
燃气生产和供应业	1	28691	12976	38
水的生产和供应业	3	351735	195148	1441

分行业主要经济指标(2020年)

单位: 万元

存货	负债合计	所有者权益	营业收入	营业成本	营业利润	利润总额
4043844	**24986188**	**17953757**	**17813633**	**15381752**	**560727**	**572505**
58858	**3934648**	**3089181**	**974318**	**600417**	**13840**	**7881**
16605	121821	580999	426834	291805	74974	74808
41227	3756009	2464737	486618	279289	-73290	-78992
1027	56818	43446	60866	29323	12156	12064
3956366	**17749004**	**13672674**	**15501163**	**13702954**	**580151**	**588256**
19886	76306	69197	28816	14401	5531	5724
2348	9675	9099	27454	24117	1107	1111
153248	460826	193049	186644	147336	12441	12602
63327	375602	716111	717260	606644	23191	16602
13620	160576	37342	112745	90575	1610	1719
1877564	9240340	8275105	8020854	7273565	176224	170483
914611	1993353	2452916	2726249	2323152	251319	250677
634267	4277884	1280444	2451043	2154215	97062	98529
6150	18942	68084	44064	32295	12859	13001
59895	169670	175923	199161	153441	5574	5947
150602	692887	88590	521382	482508	-42554	-19563
7705	89679	127259	120998	109178	6668	6668
30510	60830	56577	151426	135051	9129	9286
14338	69353	28767	103346	98935	-278	-180
2267	36848	75225	71767	43413	19916	15274
6026	16232	18989	17956	14127	353	376
28620	**3302537**	**1191902**	**1338151**	**1078381**	**-33264**	**-23632**
22501	3006539	1107474	1220612	998929	-25206	-15566
362	29167	-476	37952	34462	-381	-383
5757	266831	84904	79587	44991	-7677	-7683

12-7　规模以上民营工业企业

行　业	企业单位数(个)	资产合计	流动资产合计	应收账款
总 计	**347**	**13342408**	**7378245**	**2436348**
采矿业	**51**	**756479**	**517618**	**111424**
煤炭开采和洗选业	18	147253	102355	18800
黑色金属矿采选业	29	578213	392098	83102
有色金属矿采选业	1	8885	4840	0
非金属矿采选业	3	22129	18326	9523
制造业	**247**	**9972575**	**5865716**	**2056290**
农副食品加工业	13	139467	78016	8569
食品制造业	6	259583	122244	22201
酒、饮料和精制茶制造业	1	28240	14006	732
纺织服装、服饰业	4	222374	184010	56708
皮革、毛皮、羽毛及其制品和制鞋业	1	6219	5946	54
造纸和纸制品业	1	2431	212	78
石油、煤炭及其他燃料加工业	1	53258	25028	2984
化学原料和化学制品制造业	17	654407	307286	153872
医药制造业	1	22404	16659	2198
橡胶和塑料制品业	2	16653	11876	5974
非金属矿物制品业	41	2379247	1073673	258404
黑色金属冶炼和压延加工业	36	1683054	1084020	322547
有色金属冶炼和压延加工业	44	2940933	1850953	777474
金属制品业	15	252435	169078	73356
通用设备制造业	14	217157	179479	112600
专用设备制造业	8	105331	78926	28240
汽车制造业	4	109993	63972	27347
铁路、船舶、航空航天和其他运输设备制造业	3	33976	27740	13062
电气机械和器材制造业	10	187976	114699	43205
计算机、通信和其他电子设备制造业	20	570859	379528	110066
其他制造业	2	32206	27017	16058
废弃资源综合利用业	3	54374	51346	20562
电力、燃气及水的生产和供应业	**49**	**2613354**	**994911**	**268633**
电力、热力生产和供应业	32	1605278	548253	147753
燃气生产和供应业	11	591082	324618	60021
水的生产和供应业	6	416994	122039	60859

分行业主要经济指标(2020年)

单位: 万元

存货	负债合计	所有者权益	营业收入	营业成本	营业利润	利润总额
1550342	**8747795**	**4578003**	**12959001**	**11455487**	**747308**	**768368**
97989	**446335**	**310069**	**694926**	**551988**	**47411**	**46172**
41221	118423	28829	264319	235320	-655	-860
48946	311415	266723	399059	290674	46240	45296
4344	4384	4500	4737	2697	913	878
3478	12113	10017	26812	23297	913	858
1432718	**6460525**	**3495516**	**11623091**	**10432783**	**576770**	**583866**
41152	81858	57609	238618	213198	6536	7073
9342	158980	100603	238904	198345	23070	24214
11161	17934	10306	4093	2156	-1502	-1543
60813	130807	91567	94041	84811	-779	1636
1496	661	5559	2557	2286	-63	-41
24	499	1932	4368	4030	110	53
10210	19147	34111	152695	140637	4858	4032
61987	278212	376195	471902	368653	49128	49418
3103	14296	8108	7792	5117	-1	684
2934	10111	6542	14854	13947	5	-1
231569	1608178	770600	1713300	1438174	156106	157262
302968	1352596	330233	2643288	2535344	-432	-6721
404627	1858491	1063373	4300995	3898557	275253	275358
33311	145666	106769	310005	284832	7607	8566
36865	123136	94020	317482	254005	21591	22065
22667	47562	57769	62214	50356	3228	3520
7897	50730	59263	121388	105220	7367	7386
2480	10999	22977	21216	14149	1572	1606
36344	157922	33285	163820	143484	-1858	-1277
136830	335560	235299	448512	385001	26075	29251
559	15531	16675	28960	26938	507	532
14382	41649	12724	262088	263543	-1609	792
19635	**1840935**	**772419**	**640984**	**470716**	**123127**	**138330**
3130	1262949	342329	227374	135288	88949	92769
16146	378002	213080	341397	297415	20909	31749
358	199983	217011	72213	38013	13269	13812

12-8 历年主要工业

年 份	钢 （万吨）	铁 （万吨）	钢材 （万吨）	铝锭 （万吨）	发电量 （亿千瓦时）	原煤 （万吨）
1962	8.24	31.85	0.66	1.04	6.70	164.46
1965	34.22	51.03	1.34	2.43	10.19	161.91
1970	80.05	64.15	14.52	2.12	17.37	190.31
1975	41.40	44.28	32.45	1.09	19.18	229.23
1978	89.23	97.73	55.53	1.93	20.45	303.71
1980	130.83	128.12	84.07	2.67	21.24	290.92
1985	166.97	170.75	82.93	2.73	32.00	444.93
1990	261.90	258.24	146.64	5.91	44.19	476.77
1991	256.17	246.27	147.23	6.45	46.50	498.80
1992	289.80	274.68	167.84	7.18	55.12	532.16
1993	324.07	298.02	214.53	7.07	58.29	588.88
1994	316.00	296.37	234.46	7.18	56.49	631.00
1995	339.25	313.35	233.80	7.27	57.80	722.96
1996	412.71	396.30	269.26	7.59	55.89	701.03
1997	431.34	412.75	317.85	9.11	54.35	648.76
1998	385.91	373.15	319.44	11.43	55.85	447.76
1999	393.49	380.71	342.05	11.79	49.73	399.49
2000	399.67	392.87	355.42	11.84	49.60	375.45
2001	428.34	421.44	360.35	11.95	54.08	177.81
2002	489.31	498.41	457.34	14.23	61.59	248.99
2003	539.95	546.51	517.66	20.10	65.21	233.91
2004	576.42	565.46	567.56	34.40	75.75	285.99
2005	740.69	749.62	700.01	40.69	100.74	326.07
2006	799.22	871.84	742.82	49.52	165.99	181.66
2007	919.44	1032.82	862.25	66.69	242.52	180.08
2008	1052.73	1081.03	1010.21	81.19	262.78	241.45
2009	1108.42	1127.83	1051.51	83.60	274.86	1490.13
2010	1112.67	1135.35	1119.40	87.13	262.06	2235.00
2011	1176.53	1187.98	1187.29	101.71	353.26	1963.22
2012	1397.53	1126.13	1311.99	116.85	373.80	2174.39
2013	1565.52	1143.82	1388.14	120.08	395.90	1997.26
2014	1314.97	1183.70	1307.65	125.54	438.47	2041.62
2015	1479.68	1383.32	1406.99	131.94	461.59	1920.63
2016	1513.59	1386.40	1535.26	126.11	454.18	1974.43
2017	1643.40	1451.50	1588.40	145.00	497.23	1250.15
2018	1865.71	1563.20	1719.98	194.79	631.68	1707.55
2019	1995.67	2025.34	1842.19	217.99	713.69	2242.18
2020	2129.80	2000.70	2021.78	255.65	778.54	1675.84

产品产量

布（万米）	糖（万吨）	白酒（千升）	啤酒（万千升）	硫酸（吨）	电石（吨）	农用化肥（吨）	水泥（万吨）
37	0.12	973		43	2968	4945	0.86
232	2.52	927			3614	5595	
5352	2.73	1283		622	4963	14516	0.11
2936	1.27	1600		6186	5701	10437	2.02
5720	1.42	1797		8336	9270	22838	2.49
5889	2.59	2730		21611	10910	30011	6.20
4987	5.22	6077	1.39	27091	21833	30928	10.74
7775	2.89	9477	2.42	38445	33997	14446	14.98
7466	4.56	9962	2.71	41120	31487	14448	19.85
6507	6.14	10762	3.00	46352	37284	14289	23.76
526	5.28	15000	3.64	55500	31400	14800	31.53
5440	3.80	14939	3.65	65068	36239	16520	23.00
4839	2.18	10896	4.00	71443	60593	16366	25.74
5432	4.60	11652	4.30	59038	59039	17852	30.83
5292	4.19	15608	5.01	71475	57867	16664	38.17
4065	3.66	15206	4.77	85111	59719	16524	50.31
3146	3.79	19581	5.12	81801	69014	19983	54.01
392	3.21	18818	4.85	90772	72455	18948	46.93
2522	4.47	13351	5.61	103509	68077	22230	64.61
2941	4.50	10662	6.20	179076	138474	23734	60.03
2669	4.02	8315	6.91	118282	123423	22781	60.32
2053	2.74	8020	8.01	185864	149144	23473	138.17
2230	3.36	9192	12.80	215898	224071	32265	157.43
2564	3.71	9387	16.88	233524	223918	27468	200.80
1848	3.38	8878	20.01	157203	265695	25525	242.90
1268	1.90	6828	21.18	202288	316250	19540	272.94
203	1.00	8819	22.96	227059	254742	12389	309.80
	0.09	8050	17.21	162768	152833		476.18
	0.44	10196	15.86	82945	119518		442.47
		9121	13.92		18348		578.78
		8744	13.60		8782		730.21
		8568	11.39		96591		532.66
		7046	9.58		132366		544.20
		8695	9.76		120643		347.42
		6100	9.50				254.40
		5988	7.74				331.13
		7357	6.95	536059		6207	245.89
	8.70	5840	6.41	588174		7898	339.53

12-9 主要工业产品产量（2020年）

产品名称	计量单位	生产量合计	产品名称	计量单位	生产量合计
原煤	万吨	1675.8	毛纱	万吨	0.1
#一般烟煤	万吨	1675.8	服装	万件	52.6
洗精煤（用于炼焦）	万吨	786.1	#梭织服装	万件	0.3
铁矿石原矿	万吨	2769.3	针织服装	万件	52.4
铁矿石成品矿	万吨	1164.7	鞋	万双	9.6
#铁精矿	万吨	1092.5	硫酸（折100%）	万吨	58.8
稀有稀土金属矿	万吨	20.3	机制纸及纸板（外购原纸加工除外）	万吨	1.7
石灰石	万吨	515.4			
萤石	万吨	1.4	烧碱(折100%)	万吨	32.8
小麦粉	万吨	1.4	稀土化合物	万千克	3278.6
饲料	万吨	40.2	精甲醇	万吨	211.2
#配合饲料	万吨	36.3	硅	万吨	4.8
混合饲料	万吨	1.2	农用氮、磷、钾化学肥料（折纯）	万吨	0.8
精制食用植物油	万吨	1.6	初级形态塑料	万吨	111.4
成品糖	万吨	8.7	#高密度聚乙烯树脂(HDPE)	万吨	36.0
熟肉制品	吨	1834.4	聚丙烯树脂	万吨	34.0
乳制品	万吨	37.0	聚氯乙烯树脂	万吨	41.4
液体乳	万吨	36.5	稀土磁性材料	吨	4886.3
固体及半固体乳制品	万吨	0.6	化学试剂	万吨	0.8
#乳粉	万吨	0.6	单晶硅	万千克	2898.2
酱油	万吨	1.0	多晶硅	万千克	4406.6
饲料添加剂	万吨	2.8	中成药	吨	476.1
饮料酒	万千升	7.0	硅酸盐水泥熟料	万吨	254.8
#白酒(折65度，商品量)	万千升	0.6	水泥	万吨	339.5
啤酒	万千升	6.4	商品混凝土	万立方米	117.8
饮料	万吨	0.6	水泥混凝土排水管	千米	45.2
#包装饮用水	万吨	0.6			

12-9 续 表

产品名称	计量单位	生产量合计	产品名称	计量单位	生产量合计
石膏板	万平方米	1787.0	电工钢板(带)	万吨	15.2
钢化玻璃	万平方米	0.4	无缝钢管	万吨	142.4
夹层玻璃	万平方米	0.4	焊接钢管	万吨	15.5
中空玻璃	万平方米	17.6	其他钢材	万吨	353.0
玻璃包装容器	万吨	6.7	铁合金	万吨	27.8
耐火材料制品	万吨	6.3	十种有色金属	万吨	258.7
石墨及碳素制品	万吨	155.2	#精炼铜(电解铜)	万吨	2.9
生铁	万吨	2000.7	铅	万吨	0.2
粗钢	万吨	2129.8	原铝(电解铝)	万吨	255.6
钢材	万吨	2021.8	单一稀土金属	万千克	732.3
铁道用钢材	万吨	73.6	铝合金	万吨	29.4
#重轨	万吨	67.6	铝材	万吨	138.5
大型型钢	万吨	87.9	铸铁件	万吨	0.5
棒材	万吨	119.2	液压元件	万件	0.5
钢筋	万吨	210.9	改装汽车	辆	86
线材(盘条)	万吨	97.7	铁路货车	辆	2966
特厚板	万吨	19.8	发电机组(发电设备)	千瓦	60
厚钢板	万吨	68.4	#风力发电机组	千瓦	60
中板	万吨	78.2	电子元件	万只	3553
热轧薄板	万吨	0.3	自来水生产量	亿立方米	3.1
冷轧薄板	万吨	0.1	发电量	亿千瓦小时	778.5
中厚宽钢带	万吨	409.9	#火力发电	亿千瓦小时	668.0
热轧薄宽钢带	万吨	32.5	风力发电	亿千瓦小时	100.3
冷轧薄宽钢带	万吨	199.9	太阳能发电	亿千瓦小时	10.2
镀层板(带)	万吨	97.5			

主要统计指标解释

工业 指从事自然资源的开采，对采掘品和农产品进行加工和再加工的物质生产部门。具体包括：（1）对自然资源的开采，如采矿、晒盐、森林采伐等（但不包括禽兽捕猎和水产捕捞）；（2）对农副产品的加工、再加工，如粮油加工、食品加工、轧花、缫丝、纺织、制革等；（3）对采掘品的加工、再加工，如炼铁、炼钢、化工生产、石油加工、机器制造、木材加工等，以及电力、自来水、煤气的生产和供应等；（4）对工业品的修理、翻新，如机器设备的修理，交通运输工具（包括小卧车）的修理等。

工业统计调查单位 为独立核算法人工业企业。

独立核算法人工业企业指从事工业生产经营活动的单位。独立核算法人工业企业应同时具备以下条件：①依法成立，有自己的名称、组织机构和场所，能够承担民事责任；②独立拥有和使用资产，承担负债，有权与其他单位签订合同；③独立核算盈亏，并能够编制资产负债表。

本年鉴中涉及的企业登记注册类型：

国有及国有控股企业 指国有企业加上国有控股企业。国有企业（即原全民所有制工业或国营工业）指企业全部资产归国家所有，并按《中华人民共和国企业法人登记管理条例》规定登记注册的非公司制的经济组织。包括国有企业、国有独资公司和国有联营企业。1957年以前的公私合营和私营工业，后均改造为国营工业，1992年改为国有工业，这部分工业的资料不单独分列时，均包括在国有企业内。国有控股企业是对混合所有制经济的企业进行的“国有控股”分类。它是指这些企业的全部资产中国有资产（股份）相对其他所有者中的任何一个所有者占资（股）最多的企业。该分组反映了国有经济控股情况。

集体企业 指企业资产归集体所有，并按《中华人民共和国企业法人登记管理条例》规定登记注册的经济组织。是社会主义公有制经济的组成部分。包括城乡所有使用集体投资举办的企业，以及部分个人通过集资自愿放弃所有权并依法经工商行政管理机关认定为集体所有制的企业。

股份合作企业 指以合作制为基础，由企业职工共同出资入股，吸收一定比例的社会资产投资组建，实行自主经营，自负盈亏，共同劳动，民主管理，按劳分配与按股分红相结合的一种集体经济组织。

联营企业 指两个及两个以上相同或不同所有制性质的企业法人或事业单位法人，按自愿、平等、互利的原则，共同投资组成的经济组织。联营企业包括：

国有联营企业指国有企业与国有企业间的联营；

集体联营企业指集体企业与集体企业间的联营；

国有与集体联营企业指国有企业与集体企业间的联营。

有限责任公司 指根据《中华人民共和国公司登记管理条例》规定登记注册，由两个以上，五十个以下的股东共同出资，每个股东以其所认缴的出资额对公司承担有限责任，公司以其全部资产对其债务承担责任的经济组织。

有限责任公司包括国有独资公司以及其他有限责任公司。

股份有限公司 指根据《中华人民共和国企业法人登记管理条例》规定登记注册，其全部注册资本由等额股份构成并通过发行股票筹集资本，股东以其认购的股份对公司承担有限责任，公司以其全部资产对其债务承担责任的经济组织。

私营企业　指由自然人投资设立或由自然人控股，以雇佣劳动为基础的营利性经济组织。包括按照《公司法》、《合伙企业法》、《私营企业暂行条例》规定登记注册的私营有限责任公司、私营股份有限公司、私营合伙企业和私营独资企业。

港、澳、台商投资企业 指企业注册登记类型中的港、澳、台资合资、合作、独资经营企业和股份有限公司之和。

外商投资企业　指企业注册登记类型中的中外合资、合作经营企业、外资企业和外商投资股份有限公司之和。

“三资”企业系指港、澳、台商投资企业和外资企业的简称。

轻工业　指主要提供生活消费品和制作手工工具的工业。按其所使用的原料不同，可分为两大类：（1）以农产品为原料的轻工业，是指直接或间接以农产品为基本原料的轻工业。主要包括食品制造、饮料制造、烟草加工、纺织、缝纫、皮革和毛皮制作、造纸以及印刷等工业；（2）以非农产品为原料的轻工业，是指以工业品为原料的轻工业。主要包括文教休育用品、化学药品制造、合成纤维制造、日用化学制品、日用玻璃制品、日用金属制品、手工工具制造、医疗器械制造、文化和办公用机械制造等工业。

重工业　是指为国民经济各部门提供物质技术基础的主要生产资料的工业。按其生产性质和产品用途，可以分为下列三类：（1）采掘（伐）工业，是指对自然资源的开采，包括石油开采、煤炭开采、金属矿开采、非金属矿开采和木材采伐等工业；（2）原材料工业，指向国民经济各部门提供基本材料、动力和燃料的工业。包括金属冶炼及加工、炼焦及焦炭、化学、化工原料、水泥、人造板以及电力、石油和煤炭加工等工业；（3）加工工业，是指对工业原材料进行再加工制造的工业。包括装备国民经济各部门的机械设备制造工业、金属结构、水泥制品等工业，以及为农业提供的生产资料如化肥、农药等工业。

根据上述划分原则，修理业中以重工业产品为修理作业对象的划为重工业，反之划为轻工业。

资产总计　指企业拥有或控制的能以货币计量的经济资源，包括各种财产、债权和其他权利。资产按流动性分为流动资产、长期投资、固定资产、无形资产、递延资产和其他资产。该指标根据企业会计“资产负债表”中“资产总计”项目的期末数增列。

负债合计　指企业承担的能以货币计量，将以资产或劳务偿付的债务。负债一般按偿还期长短分为流动负债和长期负债、递延税项等。

（1）流动负债指企业在一年内或者超过一年的一个营业周期内需要偿还的债务合计，其中

包括短期借款、应付及预收款项、应付工资、应交税金和应交利润等。

（2）长期负债指企业在一年以上或者超过一年的一个营业周期以上需要偿还的债务合计，其中包括长期借款、应付债务、长期应付款项等。

所有者权益　指企业投资人对企业净资产的所有权。企业净资产等于企业全部资产减去全部负债后的余额，其中包括投资者对企业的最初投入，以及资本公积金、盈余公积金和未分配利润，对股份制企业即为股东权益。

营业收入　指企业销售产品和提供劳务

等经营业务取得的业务总额。

营业成本　指企业销售产品和提供劳务等经营业务的实际成本。

利润总额　指企业实现的利润。

13 投资和建筑业

Investment and Construction

资料整理：岳昕　庞秋　范晨

13-1 固定资产投资比上年增长

单位：%

指　标	2018	2019	2020
固定资产投资增速	**-26.2**	**2.0**	**1.6**
#民间投资	-10.7	-2.2	2.0
#房地产开发	18.7	21.9	7.2
#工业投资	-15.6	-2.0	-13.0
#基础设施投资	-54.9	7.5	19.0
#高技术产业投资	198.4	-82.8	43.0
按登记注册类型分			
内资投资	-26.4	0.0	2.6
国有	-54.3	7.2	0.9
集体	-69.2	-34.3	-95.0
股份合作	-71.5		
联营	-31.6		
#国有联营			
集体联营	-31.6		
国有与集体联营			
有限责任公司	-10.6	24.3	
#国有独资	5.6	6.8	0.6
股份有限公司	-25.0	-5.3	8.0
私营	-12.8	35.6	3.6
其他	-54.5	-70.5	422.3
港澳台商投资		789.0	-40.5
外商投资	-60.4	-30.7	-9.7
按产业分			
第一产业	-19.3	-46.6	-4.4
第二产业	-16.4	-2.0	-13.0
第三产业	-32.0	7.8	11.0
按构成分			
建筑安装工程	-30.8	-13.2	16.8
设备工器具购置	-24.1	-7.9	-12.2
其他费用	11.4	102.0	-26.0
按隶属关系分			
中央项目	155.5	-36.2	81.1
地方项目	-28.2	3.4	-0.3

注：固定资产投资统计范围为计划总投资500万元及以上建设项目（不含农户）（后同）。

13－2　国民经济各行业固定资产投资占比

单位：%

行　业	2018	2019	2020
全　　市	**100.0**	**100.0**	**100.0**
农、林、牧、渔业	2.1	4.4	2.6
采矿业	1.0	0.4	1.1
制造业	23.4	23.9	19.7
电力、燃气及水的生产和供应业	12.9	14.4	11.5
建筑业			
批发和零售业	0.02	0.1	0.2
交通运输、仓储和邮政业	6.5	4.1	7.7
住宿和餐饮业	0.7	0.2	0.3
信息传输、软件和信息技术服务业	1.1	0.6	0.8
金融业	0.4	1.3	0.5
房地产业	36.6	31.6	39.9
租赁和商务服务业	0.5	0.3	0.3
科学研究、技术服务业	0.3	0.6	0.2
水利、环境和公共设施管理业	10.7	13.2	11.7
居民服务、修理和其他服务业	0.05	0.1	0.1
教育	1.9	2.2	1.6
卫生、社会工作	1.3	1.0	0.9
文化、体育和娱乐业	0.3	0.8	0.7
公共管理、社会保障和社会组织	0.3	0.7	0.2
国际组织			

13-3 房地产开发情况

指　　标	2016	2017	2018	2019	2020
企业个数（个）	**345**	**319**	**310**	**240**	**164**
内资	342	317	307	238	163
#国有	10	12	11	11	10
集体					
港、澳、台投资	2	1	2	1	1
外商投资	1	1	1	1	
期末从业人员（人）	**8446**	**8915**	**7838**	**6201**	**5131**
内资	8350	8850	7746	6087	5041
#国有	248	304	286	228	1103
集体					
港、澳、台投资	9	4	36	85	90
外商投资	87	61	56	29	
土地开发及购置					
待开发的土地面积（万平方米）	41.52	9.72	35.29	27.10	44.56
本年土地购置面积（万平方米）	42.50	45.38	57.62	75.19	60.89
本年土地成交价款（万元）	66267	99249	190078	329811	288322
本年完成投资额（万元）	**1845728**	**1553863**	**1844529**	**2247554**	**2409353**
#住宅	1235309	1166520	1374590	1814060	1860834
年末实际到位资金（万元）	**2216852**	**2077022**	**2233000**	**2666159**	**2912740**
#国内贷款	118850	101148	76575	89300	24590
自筹资金	1306465	1080925	1156824	1244054	1488309
房屋建筑面积（万平方米）					
施工面积	2019.11	2505.70	1676.24	1898.09	1789.24
竣工面积	290.27	421.07	175.83	228.55	137.39
本年新开工面积	342.27	437.39	551.16	460.34	422.36
#住宅	241.69	336.75	376.31	374.70	314.12
竣工房屋价值（万元）	718503	1081173	395587	685133	377287
竣工房屋造价（元/平方米）	2475	2568	2250	2998	2746
商品房屋销售面积（万平方米）	**459.65**	**449.46**	**473.82**	**460.87**	**434.05**
#住宅	404.70	386.40	398.81	419.70	404.74
商品房屋销售价格（元/平方米）	**4765**	**5104**	**5683**	**6540**	**6460**
#住宅	4563	4851	5382	6524	6351

13-4　房地产开发建设投资总规模及完成情况

单位：万元

年 份	实际需要总投资	自开始建设至本年底累计完成投资	#本年完成投资	全部建成尚需投资
1997	64928	51784	33080	13144
1998	109192	72216	59348	36976
1999	142036	104783	60081	37253
2000	162831	101778	78058	61053
2001	260470	157860	112717	102610
2002	272976	188605	103755	84371
2003	421835	251462	179112	170373
2004	1092680	400604	297883	692076
2005	760056	498233	309976	261823
2006	1131260	733475	592948	397785
2007	1863608	1311973	819340	551635
2008	3295018	2119963	1396036	1175155
2009	3801114	2623127	1404316	1177987
2010	5869558	3892267	2028264	1977291
2011	7846489	5479813	2341741	2366676
2012	8418309	5091113	1585583	3327196
2013	9580831	6264967	2064694	3315864
2014	11322323	7702763	1978681	3619560
2015	12529732	9049387	1973219	3480345
2016	15379937	10276036	1845728	5103901
2017	16711705	11394886	1553863	5316819
2018	17022576	10599525	1844529	6423051
2019	14678222	10680205	2247554	3998017
2020	16122076	10825137	2409353	5296939

13-5 按用途分房地产开发企业投资完成额

单位：万元

年份	本年完成投资额	住宅	#别墅、高档公寓	办公楼	商业营业用房	其他
1997	33080	26348		849	5681	202
1998	59348	36499	50	1737	14943	6169
1999	60081	32050	1400	3250	14245	10536
2000	78258	60366	14149	2712	10557	4423
2001	112717	85433	7112	843	18531	7910
2002	103755	69241		671	14635	19208
2003	179112	117404		9906	41929	9873
2004	297883	201552		7435	84285	4611
2005	309976	201954	500	1988	101031	2003
2006	592948	477918		1195	111812	2023
2007	819340	682332	10286	18918	109671	8419
2008	1396036	1161665	24183	59580	164790	10001
2009	1404316	1121850	27105	66368	123174	92924
2010	2028264	1411621	29717	126665	362730	127248
2011	2341741	1682473	33037	98851	410815	149602
2012	1585583	1086398	13851	97337	240015	161833
2013	2064694	1423593	68444	101279	355236	184586
2014	1978681	1327232	64894	93506	399833	158110
2015	1973219	1397706	74077	61120	324118	190275
2016	1845728	1235309	55856	36837	403240	170342
2017	1553863	1166520	26438	33027	228902	125414
2018	1844529	1374590	57639	34396	256043	179500
2019	2247554	1814060	69531	4125	275896	153473
2020	2409353	1860834		8722	203703	336094

注：2020年住宅下的其中项别墅、高档公寓指标取消。

13-6　商品房屋销售情况

年　份	房屋销售面积（万平方米）	#住宅	商品房屋销售额（万元）	#住宅
1994	13.27	12.04	12730	11769
1995	15.21	14.16	16454	14440
1996	16.85	15.52	16348	14258
1997	24.68	22.02	23429	17854
1998	36.39	31.59	30748	23581
1999	55.49	45.06	48567	36633
2000	64.08	56.04	61546	49041
2001	67.95	64.81	68892	63328
2002	75.21	68.94	76286	61997
2003	114.04	99.05	127351	101913
2004	137.52	125.22	184962	156725
2005	217.49	182.54	376736	281228
2006	262.03	229.25	508412	387547
2007	306.86	265.63	940240	699922
2008	418.73	337.65	1353379	1008590
2009	570.05	517.66	1927244	1665846
2010	597.72	473.96	2665691	1624098
2011	730.65	591.97	3230772	2366622
2012	354.30	314.15	1618014	1348541
2013	408.28	352.30	2141525	1658466
2014	377.43	317.16	1941711	1525817
2015	399.71	332.81	1957793	1450910
2016	459.65	404.70	2190042	1846792
2017	449.46	386.40	2293913	1874595
2018	473.82	398.81	2692794	2146447
2019	460.87	419.70	3014113	2738017
2020	434.05	404.74	2803912	2570518

13-7 建筑业企业基本情况

年份	企业单位数（个）	#国有及国有控股	从业人员（万人）	#国有及国有控股	建筑业总产值（万元）	#国有及国有控股
1993	158	50	9.75	4.64	248690	132501
1994	136	29	9.22	4.05	296523	157437
1995	134	29	9.00	3.84	323217	164861
1996	163	31	10.30	4.00	335379	155975
1997	161	29	9.24	3.51	334703	157198
1998	172	28	8.27	3.19	289728	130629
1999	169	26	8.20	3.13	275700	131540
2000	168	25	8.02	3.20	284845	133509
2001	140	21	8.59	2.95	332437	159741
2002	104	20	8.48	1.25	377791	251046
2003	99	20	6.84	3.78	453070	325719
2004	91	19	5.95	3.05	674001	527589
2005	94	20	6.84	2.82	739986	512441
2006	91	20	6.78	2.53	837981	512130
2007	95	16	8.98	2.41	1086886	500053
2008	102	16	9.18	2.52	1346522	708853
2009	102	15	10.16	2.59	1624474	696748
2010	98	14	12.06	2.58	1922125	704562
2011	99	15	12.16	2.54	2380333	912483
2012	101	14	7.89	1.66	2355490	898510
2013	97	13	8.29	1.70	2387822	942884
2014	100	13	6.24	1.53	2218730	1013800
2015	100	15	5.80	1.43	1848024	737451
2016	114	15	6.19	1.33	2015111	638965
2017	113	13	6.10	1.05	2102614	712784
2018	126	12	5.32	0.99	2230103	878729
2019	122	13	4.03	1.03	2533854	1361704
2020	118	15	3.51	1.10	3249844	1776993

注：1.1996年起建筑业企业的统计范围是资质等级四级及四级以上建筑企业，2002年起建筑业按新资质统计，2002年之前为国有数据，之后为国有及国有控股数据，因此数据存在着与以前年度不可比因素；

2.2010年及以前年度从业人员为年平均人数，2011年为计算劳动生产率的平均人数，2012年-2019年为从事主营业务活动的平均人数，2020年为年末从业人员数。

13-8 建筑施工企业

指　标	企业单位数（个）	签订的合同额（万元）			建筑业总产值（万元）
			上年结转合同额	本年新签合同额	
总计	**118**	**18418918**	**8424867**	**9994051**	**3249844**
按企业登记注册类型分					
内资企业	118	18418918	8424867	9994051	3249844
国有企业	1	9392		9392	5940
集体企业					
股份合作企业					
联营企业					
有限责任公司	65	16096313	7523382	8572931	2188077
股份有限公司	4	327316	262851	64465	113335
私营企业	48	1985897	638634	1347263	942492
其他企业					
按行业类别分					
房屋建筑业	49	15855145	7497388	8357756	2044109
土木工程建筑业	42	2408939	887961	1520978	1110548
建筑安装业	13	112609	23748	88862	58383
建筑装饰、装修和其他建筑业	14	42225	15771	26454	36805
按企业资质等级分					
施工总承包	92	18307659	8391463	9910197	3165959
特 级	1	14894344	7129783	7764561	1522537
一 级	18	2803618	1091825	1711794	1294308
二 级	36	423867	136382	287485	211786
三 级	37	179830	33473	146357	137328
专业承包	26	117259	33404	83854	83885
一 级	8	57633	12252	45382	39187
二 级	16	51805	19838	31967	36662
三 级	1	3131	1171	1960	3483
其 他	1	4689	144	4545	4553

主要生产指标（2020年）

		按构成分		
其中：装饰装修产值	其中：在外省完成的产值	建筑工程产值	安装工程产值	其他产值
119590	**1826490**	**2546175**	**240401**	**463268**
119590	1826490	2546175	240401	463268
		5940		
98966	1481051	1700891	89414	397772
		113335		
20624	345439	726009	150987	65496
99461	1478758	1602452	44882	396775
453	344157	897827	150780	61941
845	3575	13643	44740	
18832		32252		4553
99914	1822915	2509925	201598	454436
63172	1462799	1098162	40086	384289
32520	355389	1106964	127017	60327
2199	2269	183138	23470	5178
2023	2458	121661	11025	4643
19676	3575	36250	38803	8832
16070	2848	16070	18837	4278
3606		20180	16482	
	727		3483	
				4553

13-8 续

指　标	竣工产值（万元）	房屋建筑施工面积（万平方米）	房屋竣工面积（万平方米）
总计	**1165515**	**3135.29**	**146.74**
按企业登记注册类型分			
内资企业	1165515	3135.29	146.74
国有企业			
集体企业			
股份合作企业			
联营企业			
有限责任公司	405143	3012.45	125.93
股份有限公司	66	0.08	0.08
私营企业	760307	122.76	20.74
其他企业			
按行业类别分			
房屋建筑业	306485	3123.62	144.84
土木工程建筑业	803999	9.82	0.05
建筑安装业	25627	0.08	0.08
建筑装饰、装修和其他建筑业	29404	1.77	1.77
按企业资质等级分			
施工总承包	1121249	3134.64	146.74
特 级	85428	2823.07	53.57
一 级	853817	212.51	56.12
二 级	92960	66.58	24.99
三 级	89044	32.48	12.07
专业承包	44266	0.65	
一 级	19429		
二 级	20284	0.65	
三 级			
其 他	4553		

表

自有机械设备			期末从业人员（万人）
净值（万元）	总台数（万台）	总功率（万千瓦时）	
28896	**0.80**	**20.56**	**3.51**
28896	0.80	20.56	3.51
3		0.02	0.01
15039	0.68	15.23	2.32
3508	0.02	1.63	0.09
10346	0.10	3.67	1.07
15613	0.61	13.51	1.59
11466	0.13	5.84	1.64
1815	0.06	1.19	0.13
1		0.01	0.14
28645	0.78	20.29	3.30
8674	0.36	10.06	0.45
13095	0.19	5.67	1.75
4300	0.14	2.91	0.74
2576	0.09	1.65	0.36
251	0.03	0.27	0.21
			0.05
251	0.03	0.27	0.05
			0.02
			0.09

13-9 建筑施工企业

指　标	资产合计	流动资产合计	#存货	固定资产原价
总计	**4055750**	**3389312**	**604764**	**393143**
按企业登记注册类型分				
内资企业	4055750	3389312	604764	393143
国有企业	13978	13063	6512	1514
集体企业				
股份合作企业				
联营企业				
有限责任公司	2821837	2319208	448006	320705
股份有限公司	277025	231935	3021	14580
私营企业	942910	825106	147225	56344
其他企业				
按行业类别分				
房屋建筑业	2394750	1952656	415141	179495
土木工程建筑业	1459064	1266193	157877	191476
建筑安装业	176968	147141	27156	20391
建筑装饰、装修和其他建筑业	24968	23322	4590	1781
按企业资质等级分				
施工总承包	3932504	3285064	587828	377334
特 级	1664362	1356584	313008	111010
一 级	1629375	1377373	195788	161611
二 级	440992	388167	44026	70666
三 级	197775	162940	35006	34047
其 他				
专业承包	123246	104248	16936	15809
一 级	54166	47895	9987	3452
二 级	61729	50422	6941	11145
三 级	6111	4691	8	1212
其 他	1240	1240		

主要财务指标（2020年）

单位：万元

累计折旧	#本年折旧	在建工程	负债合计	流动负债合计	所有者权益合计	#实收资本
196838	**19290**	**64134**	**3400862**	**3245500**	**654887**	**518270**
196838	19290	64134	3400862	3245500	654887	518270
601	493		12387	12387	1592	637
160773	14921	60278	2376696	2229943	445141	338439
6651	990	410	207238	207238	69787	52072
28813	2886	3446	804541	795932	138369	127122
83174	8643	48801	2001508	1851002	393242	254393
100930	8513	12203	1254400	1250210	204664	228239
12056	1976	3130	129549	128857	47419	25117
678	158		15407	15431	9562	10521
189118	18547	59986	3318799	3164129	613704	488238
50891	6428	38811	1409968	1290236	254393	128329
76063	4841	2493	1399132	1379040	230244	220461
45478	3824	15599	353915	346335	87076	104943
16686	3454	3083	155784	148518	41991	34505
7720	743	4148	82063	81371	41183	30032
988	183	2786	35486	35486	18681	16083
5625	531	1362	40901	40901	20828	13149
1107	29		4759	4067	1352	600
			917	917	322	200

13-9 续

指　标	主营业务收入	主营业务成本	主营业务税金及附加	其他业务利润	管理费用
总计	**3352913**	**3211564**	**13541**	**2601**	**93733**
按企业登记注册类型分					
内资企业	3352913	3211564	13541	2601	93733
国有企业	20159	18479		10	930
集体企业					
股份合作企业					
联营企业					
有限责任公司	2327443	2227593	8581	2302	71255
股份有限公司	109403	101035	377		3170
私营企业	895908	864457	4583	289	18378
其他企业					
按行业类别分					
房屋建筑业	2193848	2111017	7649	2394	49104
土木工程建筑业	1044008	995118	5388	108	34802
建筑安装业	81212	72644	320	81	7525
建筑装饰、装修和其他建筑业	33845	32785	184	18	2302
按企业资质等级分					
施工总承包	3261210	3128349	13130	2491	85811
特　级	1552584	1491182	3865	2025	29801
一　级	1282228	1226788	6722	215	30348
二　级	273323	262760	1732	275	17774
三　级	153074	147619	811	-24	7888
其　他					
专业承包	91703	83215	411	110	7922
一　级	47399	43299	222	90	3770
二　级	36544	32836	153	20	3614
三　级	3207	2656	13		496
其　他	4553	4424	23		42

表

单位：万元

财务费用	#利息支出	营业利润	利润总额	应付职工薪酬	应交增值税
22880	**19298**	**14439**	**11237**	**304818**	**56572**
22880	19298	14439	11237	304818	56572
-3		402	305	1329	3
19271	15203	3480	576	236712	37777
3387	3765	1471	1476	9426	1752
225	330	9086	8880	57351	17040
11893	11192	14337	8778	205514	28675
10871	8026	-1504	991	75008	24594
90	75	3182	3048	17305	2424
26	5	-1576	-1580	6991	879
22734	19198	13583	10344	291658	54310
10224	10220	14695	9521	53177	5508
8869	8576	10865	11427	169795	33954
3244	86	-8464	-7812	51380	10533
397	316	-3513	-2792	17306	4315
146	100	857	893	13161	2262
95	86	-126	-66	4298	900
29	14	898	882	4260	1126
18		25	17	528	100
4		60	60	4077	136

13-10　建筑业企业主要经济指标

指标名称	2018	2019	2020
建筑业企业个数（个）	126	122	118
签订的合同额（万元）	9491191	13578703	18418918
建筑业总产值（万元）	2230103	2533854	3249844
其中：装饰装修产值	78790	105779	119590
其中：在外省完成的产值	574229	1123332	1826490
竣工产值（万元）	897696	522044	1165515
房屋建筑施工面积（万平方米）	1511.40	1899.51	3135.29
房屋建筑竣工面积（万平方米）	268.28	196.78	146.74
房屋建筑面积竣工率（%）	17.8	10.4	4.7
自有机械设备净值(万元)	35158	34966	28896
自有机械设备总台数(万台)	1.48	0.80	0.80
自有机械设备总功率(万千瓦)	34.38	21.71	20.56
技术装备率（元/人）	6615	10081	8244
动力装备率（千瓦/人）	6.46	6.26	5.86
按总产值计算的劳动生产率（元/人）	419571	629029	796511
年末从业人员(万人)	4.64	3.47	3.51
其中：工程技术人员	0.89	0.84	0.64
利润总额(万元)	39462	15144	11237
税金总额（万元）	85050	68784	70758
产值利润率（%）	1.8	0.6	0.4
产值利税率（%）	5.6	3.3	2.5

主要统计指标解释

固定资产投资（不含农户） 指城镇和农村各种登记注册类型的企业、事业、行政单位及城镇个体户进行的计划总投资500万元及500万元以上的建设项目投资和房地产开发投资，包含原口径的城镇固定资产投资加上农村企事业组织项目投资，该口径自2011年起开始使用。

房地产开发投资 指房地产开发公司、商品房建设公司及其他房地产开发法人单位和附属于其他法人单位实际从事房地产开发或经营的活动单位统一开发的包括统代建、拆迁还建的住宅、厂房、仓库、饭店、宾馆、度假村、写字楼、办公楼等房屋建筑物和配套的服务设施，土地开发工程(如道路、给水、排水、供电、供热、通讯、平整场地等基础设施工程)的投资；不包括单纯的土地交易活动。

民间固定资产投资 是指具有集体、私营、个人性质的内资调查单位以及由其控股（包括绝对控股和相对控股）的调查单位建造或购置固定资产的投资。

基础设施投资 包括交通运输、邮政业，电信、广播电视和卫星传输服务业，互联网和相关服务业，水利、环境和公共设施管理业投资；为了避免工业和基础设施两大领域之间的数据重复，国家统计局通常发布的基础设施投资口径为基础设施投资（不含电力、热力、燃气及水的生产和供应业）。

高技术产业投资 包括医药制造、航空航天器及设备制造等六大类高技术制造业投资和信息服务、电子商务服务等九大类高技术服务业投资。

固定资产投资的资金来源 根据固定资产投资的资金来源不同，分为国家预算内资金、国内贷款、利用外资、自筹资金和其他资金来源。

（1）国家预算内资金：指中央财政和地方财政中由国家统筹安排的基本建设拨款和更新改造拨款，以及中央财政安排的专项拨款中用于基本建设的资金和基本建设拨款改贷款的资金等。

（2）国内贷款：指报告期内企、事业单位向银行及非银行金融机构借入的用于固定资产投资的各种国内借款。包括银行利用自有资金及吸收的存款发放的贷款、上级主管部门拨入的国内贷款、国家专项贷款(包括煤代油贷款、劳改煤矿专项贷款等)、地方财政专项资金安排的贷款、国内储备贷款、周转贷款等。

（3）利用外资：指报告期内收到的用于固定资产投资的国外资金，包括统借统还、自借自还的国外贷款，中外合资项目中的外资，以及对外发行债券和股票等。国家统借统还的外资指由我国政府出面同外国政府、团体或金融组织签订贷款协议、并负责偿还本息的国外贷款。

（4）自筹资金：指建设单位报告期内收到的，用于进行固定资产投资的上级主管部门、地方和企、事业单位自筹资金。

（5）其他资金来源：指报告期内收到的除以上各种拨款、借款、自筹资金之外，其他用于固定资产投资的资金。

固定资产投资按构成分 固定资产投资活动按其工作内容和实现方式分为建筑安装工程，设备、工具、器具购置，其他费用三个部分。

（1）建筑安装工程(建筑安装工作量)：指各种房屋、建筑物的建造工程和各种设备、装置的安装工程。包括各种房屋建造工程，各种用途设备基础和各种工业窑炉的砌筑工程；为施工而进行的各种准备工作和临时工程以及完工后的清理工作等；铁路、道路的铺设，矿井的开凿及石油管道的架设等；水利工程；防空地下建筑等特殊工程；以及各机械设备的安装工程；为测定安装工程质量，对设备进行的试运工作。在安装工程中，不包括被安装设备本身的价值；

（2）设备、工具、器具购置：指购置或自制达到固定资产标准的设备、工具、器具的价值，固定资产的标准按财务部门规定。新建单位、扩建单位的新建车间按照设计和计划要求购置或自制的全部设备、工具、器具，不论是否达到固定资产标准均计入“设备、工具、器具购置”中。

（3）其他费用：指在固定资产建造和购置过程中发生的，除建筑安装工程和设备、工具、器具购置以外的各种应摊入固定资产的费用。

房屋建筑面积 指从房屋外墙线算起的各层平面面积的总和，包括可供使用的有效面积和房屋结构(如柱、墙)占用的面积。多层建筑按各层(包括地下室)面积总和计算。

住宅建筑面积 指施工和竣工房屋建筑面积中供居住用的施工和竣工房屋建筑面积。

施工面积 指报告期内施工的全部房屋建筑面积。包括本期新开工的面积、上期跨入本期继续施工的房屋面积、上期停缓建在本期恢复施工的房屋面积、本期竣工的房屋面积及本期施工后又停缓建的房屋面积。

竣工面积 指在报告期内房屋建筑按照设计要求已全部完工，达到住人和使用条件，经验收鉴定合格，正式移交使用单位的建筑面积。

商品房销售面积 指报告期内出售商品房屋的合同总面积(即双方签署的正式买卖合同中所确定的建筑面积)。由现房销售建筑面积和期房销售建筑面积两部分组成。

商品房销售额 指报告期内出售商品房屋的合同总价款(即双方签署的正式买卖合同中所确定的合同总价)。该指标与商品房销售面积同口径，由现房销售额和期房销售额两部分组成。

建筑业统计单位 指从事房屋、构筑物建造和设备安装活动的法人企业。建筑业法人企业应具有建筑业资质并能够独立核算；同时应具备以下条件：①依法成立，有自己的名称、组织机构和场所，能够承担民事责任；②独立拥有和使用资产，承担负债，有权与其他单位签订合同；③独立核算盈亏，能够编制资产负债表。

建筑业总产值 是以货币形式表现的建筑业企业在一定时期内生产的建筑业产品和提供的服务的总和。建筑业总产值包括：

（1）建筑工程产值：指列入建筑工程预算内的各种工程价值。

（2）安装工程产值：指设备安装工程价值，不包括被安装设备本身的价值。

（3）其他产值：建筑业总产值中除建筑工程、安装工程以外的产值。包括房屋构筑物修理产值、非标准设备制造产值、总包企业向分包企业收取的管理费以及不能明确划分的施工活动所完成的产值。

a.房屋构筑物修理产值：指房屋和构筑物修理所完成的产值，但不包括被修理房屋、构筑物本身价值和生产设备的修理产值。

b.非标准设备制造产值：指加工制造没有定型的非标准生产设备的加工费和原材料价值（如化工厂、炼油厂用的各种罐、槽，矿井生产统一使用的各种漏斗、三角槽、阀门等）以及附属加工厂为本企业承建工程制作的非标准设备的价值。

房屋建筑施工面积 指在报告期内施过工的全部房屋建筑面积，包括本期新开工的房屋面积、上期施工跨入本期继续施工的房屋面积、上期停缓建在本期恢复施工的房屋面积、本期竣工的房屋面积及本期施工后又停缓建的房屋面积。

房屋建筑竣工面积 指在报告期内房屋建筑按照设计要求全部完工，达到了住人和使用条件，经验收鉴定合格，正式移交使用单位的房屋建筑面积。

营业收入 指企业经营主要业务和其他业务所确认的收入总额。营业收入合计包括“主营业务收入”和“其他业务收入”。根据会计“利润表”中“营业收入”项目的本期金额数填报。

营业成本 指企业经营主要业务和其他业务所发生的成本总额。包括企业（单位）在报告期内从事销售商品、提供劳务等日常活动发生的各种耗费。包括“主营业务成本”。根据会计“利润表”中“营业成本”项目的本期金额数填表。

利润总额 指企业从事生产经营活动所取得的利润。执行2006年《企业会计准则》的企业，营业利润为营业收入减去营业成本、营业税金及附加、销售费用、管理费用、财务费用、资产减值损失，再加上公充价值变动收益和投资收益。未执行2006年《企业会计准则》的企业，营业利润为主营业务收入减去主营业务成本、主营业务税金及附加，加上其他利润后，再减去销售费用、管理费用、财务费用后的金额。根据会计“利润表”中“营业利润”项目的本期金额数填报。

14 运输和邮电

Transportation, Postal and Telecommunication Services

资料整理：李建梅　周虎成

14-1 交通运输业基本情况

指　　标	2016	2017	2018	2019	2020
客运量总计（万人）	**1652.41**	**1746.36**	**1614.76**	**1681.3**	**942.7**
铁路	896	962	1011	1013	639.3
公路	657	675	498	549	185.5
民用航空（吞吐量）	99.41	109.36	105.76	119.3	117.9
货运量总计（万吨）	**36145.33**	**11254.34**	**46730.23**	**48576.3**	**20407.2**
铁路	6342	7890	10151	10365	10144.8
公路	29803	33664	36579	38211	10262
民用航空（吞吐量）	0.33	0.34	0.23	0.3	0.41
公路旅客周转量总计（亿人公里）	**12.09**	**10.80**	**7.70**	**8.66**	**2.96**
公路货物周转量总计（亿吨公里）	**559.74**	**638.70**	**690.30**	**711.92**	**179.77**
公路里程（公里）	**9004**	**9061**	**9169**	**9344**	**9567**
#可绿化里程	8554	8716	8817	8997	9240
在总计中：等级公路	8448	8692	8809	9007	9246
#高速公路	139	140	140	139	140
等外公路	556	369	360	336	321
在总计中：有铺装路面里程（高级）	6179	6522	6905	7017	7216
简易铺路面里程（次高级）	191	153	112	123	121
未铺装路面里程（中级、低级、无路面）	2634	2386	2264	2203	2230
在总计中：国道	756	756	757	757	764
省道	541	578	612	622	623
县道	1928	1948	1958	1989	2010
乡道	2331	2273	2291	2354	2464
专用公路	85	85	85	85	83
村道	3363	3421	3466	3537	3623
汽车拥有量（辆）	**573745**	**638316**	**685763**	**725762**	**766422**
载客汽车	503223	561826	605127	642864	679189
载货汽车	66941	72955	76916	79057	83302
其他类型汽车	3581	3535	3720	3841	3931
在总计中：个人汽车拥有量	512914	573535	617413	655174	694943
摩托车（辆）	**19737**	**29421**	**27347**	**25925**	**20997**
挂车拥有量（辆）	**15995**	**17760**	**17645**	**17371**	**15375**
其他类型（辆）	**12**		**1**	**1**	**1**

14-2　历年交通运输基本情况

年 份	铁路运输		民航运输		公路运输			
	货物发送量（万吨）	旅客发送人数（万人）	货运吞吐量（吨）	客运吞吐量（人）	货运量（万吨）	货物周转量（万吨公里）	客运量（万人）	客运周转量（万人公里）
1950	17	25			4	409	2	320
1952	15	18			13	937	5	677
1957	267	56			713	6015	56	6307
1962	348	260	13		246	2821	10	619
1965	457	110	6		429	6244	38	1609
1970	821		115	2299	403	4555	72	3072
1975	660	184	17	1003	547	7906	94	4486
1978	975	215	31	1209	634	9215	123	5935
1980	922	221	70	2815	515	8606	130	6449
1985	1213	300	37	589	1391	34929	150	8578
1990	1653	196	26	4425	2271	70051	306	22036
1991	1700	200	20	6193	2654	70224	304	23179
1992	1874	219	34	8906	2640	78181	300	22062
1993	1945	249	61	13155	3026	97078	324	22976
1994	2135	240	83	15608	3245	101474	354	26589
1995	2536	220	121	22900	3767	111287	415	32400
1996	2673	204	128	36500	3862	138262	465	45576
1997	2760	231	179	51900	4320	158461	774	54462
1998	2549	279	192	47400	4852	229909	876	59918
1999	2605	295	302	53300	5710	261910	920	66650
2000	2657	313	362	63737	6800	251014	950	71005
2001	2710	335	403	67370	7938	250374	1005	71589
2002	3685	337	567	70875	9497	684265	8429	334748
2003	3218	256	610	88711	12420	884700	9033	365028
2004	4163	327	954	142651	13729	1207696	10812	430019
2005	5374	434	570	168557	15118	1389986	11866	486769
2006	6088	486	628	172526	17539	1671097	13422	608808
2007	7235	508	1160	260500	21088	2177066	15503	751151
2008	8481	586	1482	374653	30360	3156745	20153	1051611
2009	8787	621	1362	533011	13706	3665702	1267	154530
2010	11446	643	1607	662538	16928	4543735	1406	169346
2011	10915	600	1497	674668	21475	5690200	1453	172200
2012	9324	587	2422	814267	26951	7120000	1417	163000
2013	9485	778	2830	857700	22949	8423000	1182	166000
2014	9257	743	3094	906850	24255	4549572	845	191087
2015	5801	839	3764	960893	27255	5171293	581	139018
2016	6342	896	3335	994092	29803	5597407	657	120882
2017	7890	962	3438	1093578	33664	6386829	675	108438
2018	10151	1011	2255	1057573	36579	6903095	498	76976
2019	10365	1013	2960	1192753	38211	7119203	549	86623
2020	10145	639	4114	1179200	10262	1797681	186	29577

14-3　公路交通运输工具

单位:辆

年 份	载货汽车	载客汽车	挂车
1991	13164	2865	5141
1992	13970	3472	5505
1993	14954	4488	5700
1994	13090	4954	5657
1995	16100	9706	6375
1996	18224	15111	7074
1997	21120	16477	5255
1998	20826	19289	5319
1999	22096	22038	5343
2000	24230	25216	5528
2001	21941	25709	4168
2002	25210	30966	5345
2003	27668	38656	2727
2004	38562	51195	11257
2005	34016	59382	8410
2006	36949	76687	9183
2007	40003	94119	10458
2008	45618	125481	14024
2009	57290	164278	15893
2010	70657	216825	22590
2011	79741	280113	23883
2012	72726	336718	25856
2013	70363	383012	26686
2014	71222	422743	16351
2015	65899	454432	15567
2016	66941	503223	15995
2017	72955	561826	17760
2018	76916	605127	17645
2019	79057	642864	17371
2020	83302	679189	15375

14-4 年末机动车保有量

单位：辆

指　标	2017		2018		2019		2020	
	合计	#个人	合计	#个人	合计	#个人	合计	#个人
汽车	**638316**	**573535**	**685763**	**617413**	**725762**	**655174**	**766422**	**694943**
载客	561826	534387	605127	575722	642864	611421	679189	647365
载货	72955	37863	76916	40369	79057	42361	83302	46099
其它	3535	1285	3720	1322	3841	1392	3931	1479
摩托车	**29421**	**29277**	**27347**	**27203**	**25925**	**25796**	**20997**	**20850**
普通	25324	25191	23269	23135	21868	21749	19843	19698
轻便	4097	4086	4078	4068	4057	4047	1154	1152
挂车	**17760**	**233**	**17645**	**175**	**17371**	**212**	**15375**	**235**

14-5 邮电通信水平

指　标	2015	2016	2017	2018	2019	2020
全市邮电通信水平						
平均每人每年发函件数（件）	0.3	0.1	0.1	0.1	0.1	0.1
平均每百人每年订报刊数（份）	6.8	5.9	6.1	6.4	6.6	6.3
平均每百人拥有电话机部数（部）	123.2	132.1	148.8	147.7	134.2	137.0
邮政储蓄市场占有率（%）	2.8	3.3	3.3	2.9	2.8	2.8

14-6 邮电业务基本情况

指　标	2016	2017	2018	2019	2020
邮政行业业务总量（亿元）	**2.92**	**3.77**	**4.65**	**5.42**	**7.21**
邮政服务业务总量	1.40	1.93	2.12	2.42	2.71
邮政行业业务收入（亿元）	**3.96**	**4.91**	**5.75**	**5.92**	**7.30**
邮政服务业务收入	1.92	2.06	2.18	2.03	2.26
电信业务收入（亿元）	**27.37**	**26.56**	**23.29**	**22.13**	**21.19**
邮政业务分项					
国内函件（万件）	38.55	19.78	18.84	15.22	14.67
国际及港澳台函件（万件）	0.20	0.05	0.07	0.04	0.03
国内包裹（万件）	24.17	39.90	112.25	223.85	122.22
国际及港澳台包裹（件）	613	557	480	352	284
国内特快专递信件（万件）	11.10	10.37	10.00	12.52	5.99
国际特快专递信件（件）	396	417	272	326	774
订阅报纸累计份数（万份）	2977	2900	2840	2777	2593
订阅杂志累计份数（万份）	95	100	110	114	111
报纸期发份数（万份）	12	12	12	12	11
杂志期发份数（万份）	5	6	7	7	7
邮政储蓄平均余额（亿元）	39.52	46.51	46.74	47.86	52.58
本地固定电话年末用户（万户）	**29.40**	**26.43**	**22.30**	**21.39**	**19.06**
#住宅电话	15.02	11.52	9.41	5.95	3.05
移动电话用户（万户）	**346.15**	**400.24**	**403.69**	**366.59**	**351.82**

注：邮政行业业务总量、收入包含邮政公司及其他快递公司的数据。

14-7　主要年份邮电业务基本情况

年 份	邮电局所数（个）	报刊期发数（万份）	国内长途电话（万次）	本市固定电话年末用户（户）
1950	28		2	372
1957	39		7	1427
1962	89	12	19	7413
1965	60	16	14	8352
1970	63	8	14	9812
1975	74	25	25	15574
1978	83	32	32	15175
1980	83	49	36	17807
1985	80	78	50	24578
1990	81	39	100	41996
1991	80	47	194	45763
1992	80	48	392	49143
1993	79	200	1011	59572
1994	93	55	1227	88264
1995	99	63	1422	139309
1996	121	175	1872	187489
1997	124	225	2340	214497
1998	166	28	2730	236688
1999	118	34	2813	277462
2000	122	29	2325	354302
2001	117	45	2946	410200
2002	116	35	3350	439322
2003	116	37	2780	491900
2004	109	23	5499	512600
2005	119	21	3544	499500
2006	120	22	3970	495600
2007	120	24	6334	496200
2008	114	25	3495	407743
2009	112	25	3045	364387
2010	108	26	1390	388645
2011	106	31	7553	399911
2012	107	23	29774	452690
2013	96	29	16354	466012
2014	95	249	16830	415760
2015	106	19	13623	366335
2016	109	17		293978
2017	109	18		264331
2018	108	19		223039
2019	109	19		213922
2020	109	17		190618

注：2016年起取消长途电话费，长途电信业务不单独统计。

14-8 邮电部门机构、邮路、电路

指　标	2016	2017	2018	2019	2020
邮政机构					
邮政局（所）总数（处）	109	109	108	109	109
邮政支局	66	66	60	61	61
自办邮政所	2	2	8	5	15
代办邮政所	41	41	40	43	33
邮政储蓄点（处）	64	62	60	61	61
邮政信筒信箱（个）	105	109	108	110	110
邮路					
邮路总条数（条）	50	53	49	126	127
邮路总长度（公里）	2395	2547	2511	3334	3590
自办汽车邮路	2395	2257	2222	3225	3481
委办汽车邮路		289	289	109	109
农村单程投递线路总长度（公里）	1249	1184	1184	1223	1283
电信机构					
电信局所总数（处）	1515	1798	1454	1227	891
#自办局所	138	153	146	138	132
电信委代办所	1377	1645	1308	1089	759
电信电路					
本地电话电缆长度（皮长公里）	2281	1273	679	614	579
本地中继光缆长度（皮长公里）	4179	4374	4374	4387	4419

14-9 邮电通信设备年末拥有量

指　标	2016	2017	2018	2019	2020
邮政设备					
邮政汽车（辆）	173	199	195	224	225
#邮运汽车	42	44	44	63	67
邮政储蓄专用汽车	19	16	19	18	19
速递业务专用汽车	82	86	80	102	88
邮政摩托车（辆）	13	21	7	3	3
本地电信设备					
局用交换机容量（万门）	30.54	29.10	29.30	29.10	29.10
#实占容量	11.58	11.02	11.01	10.87	11.40
出局用户线对数（万对）	1.47	1.27	1.27	1.27	1.27
#实占线对	0.61	0.41	0.35	0.35	0.35
接入网设备容量（万门）	53.82	104.70	114.16	119.97	123.61
#实占线对	28.19	40.77	44.39	46.57	47.49
移动通信设备					
GSM900交换机容量（万门）	824	824	824	824	620
GSM机站数（个）	3942	3193	3097	2941	1846
GSM话音信道数（个）	176651	154508	149256	131257	120749

主要统计指标解释

公路里程　指在一定时期内实际达到《公路工程技术标准JTJ01-88》规定的等级公路，并经公路主管部门正式验收交付使用的公路里程数。包括大中城市的郊区公路以及通过小城镇街道部分的公路里程和桥梁、渡口的长度，不包括大中城市的街道、厂矿、林区生产用道和农业生产用道的里程。两条或多条公路共同经由同一路段，只计算一次，不得重复计算里程长度。它是反映公路建设发展规模的重要指标，也是计算运输网密度等指标的基础资料。

货（客）运量　指在一定时期内，各种运输工具实际运送的货物（旅客）数量。它是反映运输业为国民经济和人民生活服务的数量指标，也是制定和检查运输生产计划、研究运输发展规模和速度的重要指标。货运按吨计算，客运按人计算。货物不论运输距离长短、货物类别，均按实际重量统计。旅客不论行程远近或票价多少，均按一人一次客运量统计；半价票、小孩票也按一人统计。

货物（旅客）周转量　指在一定时期内，由各种运输工具运送的货物（旅客）数量与其相应运输距离的乘积之总和。它是反映运输业生产总成果的重要指标，也是编制和检查运输生产计划，计算运输效率、劳动生产率以及核算运输单位成本的主要基础资料。计算货物周转量通常按发出站与到达站之间的最短距离，也就是计费距离计算。计算公式为：

货物（旅客）周转量=∑货物（旅客）运输量×运输距离

民用汽车拥有量　指报告期末，在公安交通管理部门按照《机动车注册登记工作规范》，已注册登记领有民用车辆牌照的全部汽车数量。汽车拥有量统计的主要分类：根据汽车结构分为载客汽车、载货汽车及其他汽车；根据汽车所有者不同分为个人（私人）汽车、单位汽车；根据汽车的使用性质分为营运汽车、非营运汽车和特种汽车；根据汽车大小规格不同载客汽车分为大型、中型、小型和微型，载货汽车分为重型、中型、轻型和微型。

移动电话用户　指通过移动电话交换机进入移动电话网、占用移动电话号码的各类电话用户。包括签约用户和智能网预付费用户。一个移动电话号码统计为一户。

本地电话用户　指接入本地电信运营商固定电话网上的电话用户。包括：住宅用户、单位用户、公用电话用户等。按电话用户位置又分为市内电话用户和农村电话用户。1997年以前，"市内电话用户"是指接入县城及县以上城市的电话网上的电话用户；"农村电话用户"是指接入县邮电局农话台及县以下农村电话交换点，以县城为中心（除市话用户外）联通县、乡（镇）、行政村、村民小组的用户。从1997年起，电话用户数分组调整为以用户所在区域划分为"城市电话用户"和"乡村电话用户"，与过去的按市内电话和农村电话划分方法不同。而电话用户总数、电话机总部数统计范围不变。

住宅电话用户　指话机装在居民住宅或农民家里并按照住宅电话用户登记注册和收费的电话用户。包括私人付费、单位付费和按规定免费安装的住宅电话用户。

局用交换机容量　指安装在电信运营企业内用于接续本地固定电话的电话交换机容量，包括现用和备用的人工或自动交换机的全部容量。不包括用户交换机容量。

15 国内贸易

Domestic Trade

资料整理：高志强

15-1 社会消费品零售总额（按销售单位所在地和行业分）

单位:万元

年 份	社会消费品零售总额	按地区分		按行业分		
		市	县及县以下	批发零售贸易业	住宿餐饮业	其它行业
1980	48410	41422	6988	45475	2178	757
1981	54311	46362	7949	50975	2479	857
1982	60043	50929	9114	56234	2903	906
1983	64796	55280	9516	60533	3186	1077
1984	80689	70929	9760	75423	3989	1277
1985	96515	86341	10174	92041	4474	1412
1986	111638	98804	12834	104476	5628	1534
1987	124258	109827	14431	115701	6799	1758
1988	163260	146545	16715	151748	9580	1932
1989	169664	153253	16411	159653	7799	2212
1990	178487	162436	16051	167582	8470	2435
1991	198918	181303	17615	186707	9392	2819
1992	238430	217577	20853	223137	11766	3526
1993	337245	306657	30588	312756	19114	5375
1994	432641	380487	52153	398161	27757	6723
1995	524002	419302	104700	472554	43510	7938
1996	612021	428580	183440	540670	62129	9221
1997	707197	597510	109686	618663	78774	9759
1998	791994	663242	128752	684543	94453	12998
1999	886514	755704	130810	763205	109131	14178
2000	1007081	864138	142943	860447	129795	16838
2001	1144256	994782	149473	965250	158148	20858
2002	1332357	1177821	154537	1110848	196122	25387
2003	1570357	1408305	162052	1282621	257836	29901
2004	2031470	1868937	162533	1632237	362993	36240
2005	2336067	2155198	180869	1856188	445809	34070
2006	2795364	2587835	207529	2198270	560695	36399
2007	3311047	3076849	234198	2586235	685380	39432
2008	4067881	3796300	271581	3130142	891515	46224
2009	4596683	4292276	304407	3523044	996992	76647

注：根据全国第四次经济普查结果对1992-2018年社会消费品零售总额数据进行了修订（后同）。

15-2　社会消费品零售总额（按销售单位所在地和消费形态分）

单位:万元

年 份	社会消费品零售总额	按销售单位所在地分				按消费形态分	
		城镇			乡村	商品零售收入	餐费收入
			城区	镇区			
2010	5339703	5202177	4926743	275434	137527	4458652	881051
2011	6140735	5990784	5612732	378052	149951	5139795	1000940
2012	6838079	6705241	6291413	413827	132839	5704006	1134073
2013	7471684	7335375	6750143	585233	136309	6253145	1218539
2014	8017097	7876032	7292146	583886	141065	6649618	1367479
2015	8486382	8275371	7275763	999608	211011	7139024	1347358
2016	9123960	8892309	7815357	1076952	231652	7600183	1523778
2017	9520701	9276235	8477222	799013	244466	7919961	1600740
2018	9948434	9694898	9264041	430857	253536	8307173	1641261
2019	10362200	9836848	7132502	2704345	525353	8672351	1689850
2020	9877995	9405670	6676287	2729383	472325	1608723	8269272

15-3　限额以上批发零售贸易业商品分类销售额

单位：万元

指　标	合计		批发		零售	
	2019	2020	2019	2020	2019	2020
类值合计	**5400212**	**5743810**	**3440536**	**4012304**	**1959676**	**1731505**
粮油、食品、饮料、烟酒类	725280	336296	520743	173279	204537	163018
粮油、食品类	231332	208780	77556	145744	153776	63036
饮料类	29453	37214	21915	26697	7538	10517
烟酒类	464495	462716	421272	420378	43223	42338
服装、鞋帽、针纺织品类	187327	152833	18839	15864	168487	136970
服装类	129765	102422		8	129765	102415
鞋帽类	28412	22438			28412	22438
针、纺织品类	29150	24177	18839	15856	10310	8321
化妆品类	31573	33916			31573	33916
金银珠宝类	49605	36535			49605	36535
日用品类	39769	47054	6396	11309	33373	35746
五金、电料类	3441	3595	3441	3593		3
体育、娱乐用品类	1428	1600			1428	1600
书报杂志类	14370	14674			14370	14674
电子出版物及音像制品类						
家用电器和音像器材类	208663	152915		49847	208663	103068
中西药品类	149635	194895	87398	120667	62237	74227
文化办公用品类	12290	13370	2	1269	12289	12101
家具类	10046	10812			10046	10812
通讯器材类	17388	94695		55182	17388	39513
煤炭及制品类	453439	712730	453439	712730		
石油及制品类	599272	664260	75296	294848	523975	369412
化工材料及制品类	36642	53727	36456	53727	186	
#化肥类						
金属材料类	1938509	1769250	1938509	1769250		
建筑及装潢材料类	12371		12371			
机电产品及设备类	52134	112942	52134	112942		
种子饲料类						
汽车类	742784	763826	136259	128213	606525	635613
其他类	114246	51308	99251	39864	14995	11444

注：以上数据为年快合一数据。

15-4 限额以上批发零售贸易企业主要

指　　标	资产合计	#流动资产	#固定资产净　额	负债合计
总　计	**4851881**	**3714105**	**293022**	**3160148**
批发业	**3858612**	**3119898**	**89423**	**2352121**
内资企业	3631204	2929932	89423	2189786
国有企业	210836	190216	13978	41274
有限责任公司	2483867	1958129	58127	1522925
国有独资公司	1144292	730179	22854	406894
其他有限责任公司	1339575	1227950	35273	1116031
股份有限公司	334887	214752	2368	127769
私营企业	601614	566835	14951	497818
私营有限责任公司	591399	556697	14873	489967
私营股份有限公司	10215	10138	77	7852
港、澳、台商投资企业	208445	171445		160888
港、澳、台商独资经营企业	208445	171445		160888
外商投资企业	18962	18521		1448
中外合资经营企业	18962	18521		1448
零售业	**993270**	**594207**	**203599**	**808027**
内资企业	991755	593458	202841	805953
国有企业	64141	12678	6076	41633
有限责任公司	456516	266527	137708	416091
国有独资公司	1074	701	373	1716
其他有限责任公司	455443	265826	137335	414376
股份有限公司	93359	70294	19138	45120
私营企业	377738	243959	39918	303108
私营独资企业	191	149	11	31
私营有限责任公司	373718	242846	38697	299011
私营股份有限公司	3828	964	1211	4066
港、澳、台商投资企业	1515	749	759	2074
合资经营企业(港或澳、台资)	1515	749	759	2074

财务指标（2020年，按登记注册类型分）

单位：万元

营业收入	营业成本	税金及附加	销售费用	营业利润
6079308	**5575142**	**65123**	**246174**	**103875**
4513354	**4189280**	**57613**	**132946**	**94857**
4071526	3790499	57239	101295	84263
417898	300286	51381	9238	50405
1503253	1440664	2635	36590	21724
328865	328698	213	2123	1077
1174388	1111967	2421	34467	20647
211681	196757	581	4881	7482
1938694	1852792	2642	50586	4652
1932891	1847385	2642	50586	4653
5804	5407	0.1		-0.2
420428	383440	212	30769	5941
420428	383440	212	30769	5941
21399	15341	163	883	4653
21399	15341	163	883	4653
1565954	**1385862**	**7509**	**113227**	**9019**
1565857	1385785	7496	113105	9156
96467	89852	290	6493	-1400
692846	592886	3402	57352	10437
414	342	3	47	-88
692432	592543	3399	57305	10525
100924	97476	604	7347	2356
675621	605571	3201	41914	-2237
1097	932	27	1	86
669825	600397	3109	41565	-1929
4699	4243	65	347	-395
97	78	13	122	-137
97	78	13	122	-137

15-5 限额以上批发零售贸易企业主要

指　标	资产合计	#流动资产小计	#固定资产净额	负债合计
总　计	**4851881**	**3714105**	**293022**	**3160148**
批发业	**3858612**	**3119898**	**89423**	**2352121**
农、林、牧、渔产品批发	297530	233386	37034	252221
谷物、豆及薯类批发	195793	160673	24151	168914
畜牧渔业饲料批发	1780	1765	15	1091
牲畜批发	53451	25108	12832	34421
其他农牧产品批发	46506	45840	36	47795
食品、饮料及烟草制品批发	204824	189464	12613	39980
米、面制品及食用油批发	8094	7032	1060	7544
糕点、糖果及糖批发	2001	1889	54	413
果品、蔬菜批发	6848	6609	48	6111
肉、禽、蛋、奶及水产品批发	14981	13887	857	14240
盐及调味品批发	3874	3286	521	2406
烟草制品批发	163749	152269	9297	5812
其他食品批发	5276	4492	776	3454
纺织、服装及家庭用品批发	21704	20969	661	5135
纺织品、针织品及原料批发	535	535		441
服装批发	1708	1647	4	570
化妆品及卫生用品批发	922	836	85	609
厨具卫具及日用杂品批发	1363	834	530	1034
日用家电批发	17176	17118	43	2482
医药及医疗器材批发	135871	128149	4678	114446
西药批发	75818	70702	3091	60206
中药批发	38637	36535	1489	35273
医疗用品及器材批发	21416	20913	98	18968
矿产品、建材及化工产品批发	2949709	2330453	27275	1707560
煤炭及制品批发	1050348	863401	5787	706609
石油及制品批发	92994	69008	10041	44279
非金属矿及制品批发	417	311	106	326
金属及金属矿批发	1525022	1120611	8808	716263
建材批发	122068	121465	597	111413
农用薄膜批发	24442	24414	29	24409
其他化工产品批发	134418	131243	1907	104261
机械设备、五金产品及电子产品批发	206536	201430	3355	177194
汽车及零配件批发	117358	112932	2809	93496
五金产品批发	2861	2830	31	2143
电气设备批发	3336	3215	121	3093
通讯设备批发	3121	3112	2	2549
其他机械设备及电子产品批发	79860	79342	392	75912
其他批发业	42438	16047	3808	55585
其他未列明批发业	42438	16047	3808	55585

财务指标情况（2020年，按行业分）

单位：万元

营业收入	营业成本	税金及附加	销售费用	营业利润
6079308	**5575142**	**65123**	**246174**	**103875**
4513354	**4189280**	**57613**	**132946**	**94857**
150811	157839	18	2657	-12076
118369	118545	12	1942	-2890
3829	3424	3	282	76
16576	24424	2		-9312
12037	11446	1	433	50
501149	377626	51542	12786	51226
15170	14523	18	4	60
15863	13149	62	2013	283
16185	15519	22		93
51647	45929	63	4320	170
15573	14325	43	663	66
372502	261095	51318	5065	50376
14209	13086	16	721	178
77210	74516	59	2678	-832
2309	2149	5	87	-37
1995	1405	14	268	234
5486	4734	7	576	12
5062	4620	5	344	25
62357	61608	29	1402	-1066
152850	138758	422	4666	1349
94610	86056	264	2984	437
35915	33197	66	662	653
22325	19505	92	1020	259
3047085	2900469	4368	84470	45726
820827	757454	1412	40623	36028
287012	272117	296	4671	4837
7079	5751	15	1090	100
1572180	1534180	2061	22168	-643
205201	192373	110	8536	841
24245	23255	29	930	29
130541	115338	444	6452	4533
486614	447902	1087	23011	8475
269890	253808	490	6746	6108
4780	4538	12		183
5812	5101	9	616	79
43317	41875	42	888	104
162815	142580	534	14761	2001
97636	92171	117	2678	987
97636	92171	117	2678	987

15-5 续

指　标	资产合计	#流动资产小　计	#固定资产净　额	负债合计
零售业	**993270**	**594207**	**203599**	**808027**
综合零售	279178	114596	76619	240796
百货零售	201387	66755	66579	159517
超级市场零售	76718	47140	9667	79563
其他综合零售	1074	701	373	1716
食品、饮料及烟草制品专门零售	15328	14644	477	11418
果品、蔬菜零售	15	15		31
肉、禽、蛋、奶及水产品零售	1316	1090	185	1120
酒、饮料及茶叶零售	9248	9099	116	5238
烟草制品零售	3790	3658	31	2492
其他食品零售	960	782	145	2537
纺织、服装及日用品专门零售	19461	19130	219	16798
纺织品及针织品零售	1927	1921	6	1716
服装零售	6929	6683	143	5791
化妆品及卫生用品零售	9353	9342	2	8316
钟表、眼镜零售	1252	1184	68	975
文化、体育用品及器材专门零售	45644	38721	5379	35035
体育用品及器材零售	233	233		170
图书、报刊零售	31924	25244	5262	26698
珠宝首饰零售	13487	13244	117	8167
医药及医疗器材专门零售	46507	44330	533	41567
西药零售	43433	41357	506	40185
中药零售	3073	2974	27	1382
汽车、摩托车、燃料及零配件专门销售	467111	307485	73074	364716
汽车新车零售	285169	236593	30943	229788
汽车旧车零售	1524	1373	30	1008
汽车零配件零售	4638	3993	529	3145
摩托车及零配件零售	1677	1656		940
机动车燃油零售	172418	63127	40630	129010
机动车燃气零售	1685	742	942	826
家用电器及电子产品专门零售	110753	48069	46214	91216
日用家电零售	101334	39290	45576	87804
计算机、软件及辅助设备零售	6738	6119	617	1658
通信设备零售	2680	2659	21	1754
五金、家具及室内装饰材料专门零售	2763	2538	11	2412
灯具零售	2442	2431	11	2092
家具零售	321	107		320
货摊、无店铺及其他零售业	6525	4696	1073	4070
互联网零售	4041	3953		3159
生活用燃料零售	2484	743	1073	912

表

单位：万元

营业收入	营业成本	税金及附加	销售费用	营业利润
1565954	**1385862**	**7509**	**113227**	**9019**
275284	217722	3028	40339	11586
121526	90044	2508	16835	13603
153345	127336	517	23458	-1930
414	342	3	47	-88
37126	30485	174	3480	914
615	540	23		45
3949	3630	15	258	-163
24412	19764	100	1956	1119
3613	3031	17	111	280
4537	3519	19	1154	-367
27813	22548	59	3406	154
2388	1708		475	29
15354	12727	29	1915	-24
8665	7490	14	1005	-145
1406	623	16	10	294
25143	17918	183	2758	1965
1774	1325	7	321	116
15470	10567	81	1690	1729
7899	6026	95	746	121
73609	64680	172	2958	-32
67526	60499	144	2135	-540
6083	4180	28	823	508
975184	908490	3107	45835	-4576
621202	588749	2065	19159	-6436
4776	4690	6	275	-316
5294	4838	37	14	105
5258	4559	6	97	238
335897	303777	986	25720	1741
2757	1878	6	570	93
145537	120000	743	13309	-1316
117842	94344	712	13125	-1707
9621	8377	19	166	304
18074	17279	11	18	87
1910	1839	10	7	9
1367	1317	0.2		4
543	522	10	7	5
4348	2181	36	1137	315
1845	679	25	336	318
2503	1502	10	801	-3

15-6 限额以上住宿餐饮企业主要财务指标

指　　标	法人企业（个）	资产合计	#流动资产小　计	#固定资产净　额
总　计	**78**	**122352**	**200440**	**419808**
住宿业	**33**	**21172**	**104415**	**149007**
按登记注册类型分				
内资企业	31	16910	77583	115226
有限责任公司	18	8978	72039	93139
国有独资公司	1	2095	8000	10095
其他有限责任公司	17	6883	64039	83044
股份有限公司	1	217	130	537
私营企业	12	7715	5415	21550
私营有限责任公司	12	7715	5415	21550
港、澳、台商投资企业	1	3919	26775	32818
港、澳、台商独资企业	1	3919	26775	32818
外商投资企业	1	342	57	963
外资企业	1	342	57	963
按住宿行业中类分				
旅游饭店	21	16691	104002	136994
旅游饭店	21	16691	104002	136994
一般旅馆	11	4139	356	11050
经济型连锁酒店	5	3176	145	5962
其他一般旅馆	6	963	212	5089
其他住宿业	1	342	57	963
其他住宿业	1	342	57	963
餐饮业	**45**	**101180**	**96025**	**270801**
按登记注册类型分				
内资企业	44	76257	88407	228617
国有企业	1	8887	35029	67030
联营企业	1	47	206	594
集体联营企业	1	47	206	594
有限责任公司	11	6698	16524	27800
其他有限责任公司	11	6698	16524	27800
股份有限公司	1	26057	12864	45799
私营企业	30	34568	23784	87393
私营独资企业	1	30		244
私营有限责任公司	28	32848	23784	83314
私营股份有限公司	1	1690		3836
外商投资企业	1	24923	7618	42184
外资企业	1	24923	7618	42184
按餐饮行业中类分				
正餐服务	45	101180	96025	270801
正餐服务	45	101180	96025	270801

情况（2020年，按登记注册类型和行业分）

单位：万元

负债合计	营业收入	营业成本	税金及附加	销售费用	营业利润
297771	**123272**	**66317**	**388**	**41211**	**-15632**
121435	**29921**	**12631**	**47**	**11893**	**-4257**
92694	23486	7590	31	11048	-5562
66401	14700	4314	42	8408	-4159
10051	2304	34	11	2303	-43
56350	12395	4281	31	6106	-4116
395	452	51	4	118	132
25899	8335	3225	-15	2521	-1535
25899	8335	3225	-15	2521	-1535
27521	5909	5012	15	382	1280
27521	5909	5012	15	382	1280
1220	525	29	0.4	463	25
1220	525	29	0.4	463	25
108570	25451	11041	38	10120	-4151
108570	25451	11041	38	10120	-4151
11645	3944	1560	9	1309	-131
4785	1716	505	5	630	99
6861	2228	1056	4	679	-231
1220	525	29	0.4	463	25
1220	525	29	0.4	463	25
176336	**93352**	**53686**	**342**	**29318**	**-11376**
142675	68404	38597	220	24255	-9077
31668	4902	1366	5	6276	-4504
2326	235	114		111	-40
2326	235	114		111	-40
25275	14102	10510	86	962	-885
25275	14102	10510	86	962	-885
10166	18720	9878	76	9509	-3251
73241	30447	16729	54	7397	-397
134	521	403	10	58	26
71353	29224	15885	42	7152	-433
1755	702	441	1	186	10
33660	24947	15089	121	5063	-2299
33660	24947	15089	121	5063	-2299
176336	93352	53686	342	29318	-11376
176336	93352	53686	342	29318	-11376

15-7 限额以上批发零售贸易业商品销售总额（2020年，按登记注册类型分）

指标	法人企业（个）	从业人员期末人数（人）	销售总额（万元）		
				批发额	零售额
总 计	**396**	**18720**	**7356851**	**5563278**	**1793573**
批发业	**200**	**5655**	**5515615**	**5497456**	**18159**
内资企业	198	5616	5018176	5000017	18159
国有企业	4	576	468398	468346	52
有限责任公司	62	2420	2146384	2132328	14056
国有独资公司	6	228	355043	355043	
其他有限责任公司	56	2192	1791341	1777285	14056
股份有限公司	2	92	234583	234583	
私营企业	130	2528	2168812	2164760	4051
私营有限责任公司	129	2463	2162255	2158475	3780
私营股份有限公司	1	65	6557	6285	272
港、澳、台商投资企业	1	3	475084	475084	
港、澳、台商独资企业	1	3	475084	475084	
外商投资企业	1	36	22355	22355	
中外合资经营企业	1	36	22355	22355	
零售业	**196**	**13065**	**1841236**	**65823**	**1775413**
内资企业	195	13053	1841131	65823	1775308
国有企业	2	301	110504	2778	107727
有限责任公司	76	5594	806411	46262	760149
国有独资公司	1	11	465		465
其他有限责任公司	75	5583	805947	46262	759684
股份有限公司	6	1108	177862		177862
私营企业	111	6050	746354	16783	729571
私营独资企业	2	12	1179		1179
私营有限责任公司	108	6004	739168	16783	722385
私营股份有限公司	1	34	6007		6007
港、澳、台商投资企业	1	12	105		105
与港澳台商合资经营企业	1	12	105		105

15-8 限额以上批发零售贸易业商品销售总额（2020年，按行业分）

指标	法人企业（个）	从业人员期末人数（人）	商品销售额（万元）		
				批发额	零售额
总计	**396**	**18720**	**7356851**	**5563278**	**1793573**
批发业	**200**	**5655**	**5515615**	**5497456**	**18159**
农、林、牧、渔产品批发	6	296	149526	149526	
谷物、豆及薯类批发	3	194	115164	115164	
畜牧渔业饲料批发	1	5	4184	4184	
牲畜批发	1	43	16576	16576	
其他农牧产品批发	1	54	13602	13602	
食品、饮料及烟草制品批发	13	1343	562160	559473	2687
米、面制品及食用油批发	3	38	15885	14061	1824
糕点、糖果及糖批发	2	169	17864	17053	811
果品、蔬菜批发	1	10	17617	17617	
肉、禽、蛋、奶及水产品批发	2	518	56595	56595	
盐及调味品批发	2	62	17439	17439	
烟草制品批发	1	416	420887	420835	52
其他食品批发	2	130	15873	15873	
纺织、服装及家庭用品批发	6	216	86044	86044	
纺织品、针织品及原料批发	1	9	2432	2432	
服装批发	1	25	2254	2254	
化妆品及卫生用品批发	1	75	5634	5634	
厨具卫具及日用杂品批发	1	94	5720	5720	
日用家电批发	2	13	70003	70003	
医药及医疗器材批发	20	1115	169013	156323	12691
西药批发	12	721	104568	103530	1039
中药批发	4	248	40186	28534	11652
医疗用品及器材批发	4	146	24259	24259	
矿产品、建材及化工产品批发	125	1847	3896839	3895249	1590
煤炭及制品批发	31	301	922638	922638	
石油及制品批发	11	379	309454	307864	1590
非金属矿及制品批发	2	9	7995	7995	
金属及金属矿批发	56	842	2253007	2253007	
建材批发	9	160	229780	229780	
农用薄膜批发	1	5	26642	26642	
其他化工产品批发	15	151	147322	147322	
机械设备、五金产品及电子产品批发	23	671	544470	544462	8
汽车及零配件批发	14	303	301688	301679	8
五金产品批发	1	3	5328	5328	
电气设备批发	1	11	6568	6568	
通讯设备批发	3	104	48938	48938	
其他机械设备及电子产品批发	4	250	181949	181949	
其他批发业	7	167	107563	106381	1182
其他未列明批发业	7	167	107563	106381	1182

15-8 续 表

指 标	法人企业（个）	从业人员期末人数（人）	商品销售额（万元）		
				批发额	零售额
零售业	**196**	**13065**	**1841236**	**65823**	**1775413**
综合零售	13	4700	404212	5	404207
百货零售	8	1555	233194		233194
超级市场零售	3	3134	170554	5	170549
其他综合零售	1	11	465		465
食品、饮料及烟草制品专门零售	13	486	41688	120	41568
果品、蔬菜零售	1	5	634		634
肉、禽、蛋、奶及水产品零售	3	32	4296		4296
酒、饮料及茶叶零售	5	282	27571		27571
烟草制品零售	1	32	4083	120	3963
其他食品零售	2	135	5104		5104
纺织、服装及日用品专门零售	17	402	31036		31036
纺织品及针织品零售	1	75	2698		2698
服装零售	9	183	17021		17021
化妆品及卫生用品零售	6	124	9728		9728
钟表、眼镜零售	1	20	1588		1588
文化、体育用品及器材专门零售	7	407	25337		25337
体育用品及器材零售	1	6	1737		1737
图书、报刊零售	1	177	14674		14674
珠宝首饰零售	5	224	8926		8926
医药及医疗器材专门零售	16	1425	81349	2989	78360
西药零售	15	1286	74548	2989	71559
中药零售	1	139	6801		6801
汽车、摩托车、燃料及零配件专门销售	112	4668	1099369	34361	1065009
汽车新车零售	77	2783	686846	660	686186
汽车旧车零售	1	22	5335		5335
汽车零配件零售	3	29	5982	1244	4738
摩托车及零配件零售	3	27	5932	342	5590
机动车燃油零售	26	1760	392269	32115	360155
机动车燃气零售	2	47	3006		3006
家用电器及电子产品专门零售	14	810	151682	26013	125669
日用家电零售	8	597	121024	22024	99000
计算机、软件及辅助设备零售	3	70	10190		10190
通信设备零售	3	143	20468	3989	16479
五金、家具及室内装饰材料专门零售	2	10	1925		1925
灯具零售	1	5	1368		1368
家具零售	1	5	557		557
货摊、无店铺及其他零售业	2	157	4638	2336	2303
互联网零售	1	60	2051	1021	1030
生活用燃料零售	1	97	2587	1315	1273

主要统计指标解释

社会消费品零售总额 指企业（单位、个体户）通过交易直接售给个人、社会集团非生产，非经营用的实物商品金额，以及提供餐饮服务所取得的收入金额。个人包括城乡居民和入境人员，社会集团包括机关、社会团体、部队、学校、企事业单位、居委会或村委会等。主要是用于全社会实物商品的非生产方面消费情况，即从商品流通环节入手，来观察进入城乡居民生活消费和社会集团公共消费的商品变化情况。

包括：（1）售给城乡居民和入境外国人、华侨、港澳台同胞的各类生活消费品；（2）售给行政事业单位、社会团体、军队和武警等机构的商品，以及以零售方式售给各类企业的商品。具体包括：用于非生产和社会交往的办公用品，如通讯设备、计算器具和设备、电讯网络设备、文印设备、音像视听器材和设备、纸张、本册、文具及装订文印材料、家具、日用电器、针纺织品、清洁卫生用品、文体用品、奖品、纪念品、礼品等；供内部人员乘坐的交通工具和燃料；用于办公设施修缮的各类配件、材料、工具等；用于取暖和防暑降温的设备、燃料、材料及食品等；专用于教学的用品和设备；非专用的劳动保护用品；不对外营业的内部食堂用的餐具、炊具、设备、清洁卫生工具和食品、燃料等；军队、武警用于其人员生活的衣着品和个人用品；其他各类非生产性设备和用品。

商品销售额 指对本单位以外的单位和个人出售的商品金额（包括售给本单位消费用的商品，含增值税），在批发和零售业中，本指标反映在国内市场上销售商品以及出口商品的总价。

包括：（1）售给个人和社会集团消费用的商品；（2）售给农业、工业、建筑业、服务业等国民经济各行业用于生产、经营用的商品，包括售予批发和零售业作为转卖或加工后转卖的商品；（3）对国（境）外直接出口的商品。

不包括：（1）未通过买卖行为付出的商品，如因机构变动移交给其他企业单位的商品、借出的商品、归还受其他单位委托代保管的商品、付出的加工原料和赠送给其他单位的样品等；（2）促销返券所销售的、不计入营业收入的商品；（3）经本单位介绍，由买卖双方直接结算，本单位只收取手续费的业务；（4）未发生所有权转移的商品预付卡销售，如加油卡；（5）汽车维修、电话卡销售等服务性经济活动；（6）购货退回的商品；（7）商品损耗和损失；（8）出售本单位自用的废旧物资；（9）期货交易商品；（10）自来水供应企业、电力企业、天然气供应企业提供的水、电、气。

批发业 指向其他批发或零售单位（含个体经营者）及其他企事业单位、机关团体等批量销售生活用品、生产资料的活动，以及从事进出口贸易和贸易经纪与代理的活动，包括拥有货物所有权，并以本单位（公司）的名义进行交易活动，也包括不拥有货物的所有权，收取佣金的商品代理、商品代售活动；还包括各类商品批发市场中固定摊位的批发活动，以及以销售为目的的收购活动。

零售业 指百货商店、超级市场、专门零售商店、品牌专卖店、售货摊等主要面向最终消费者（如居民等）的销售活动，以互联网、邮政、电话、售货机等方式的销售活动，还包括在同一地点，后面加工生产，前面销售的店铺（如面包房）；谷物、种子、饲料、牲畜、矿产品、生产用原料、化工原料、农用化工产品、机械设备（乘用车、计算机及通信设备除外）等生产资料的销售不作为零售活动；多数零售商对其销售的货物拥有所有权，但有些则是充当委托人的代理人，进行委托销售或以收取佣金的方式进行销售。

16 对外经济贸易和旅游

Foreign Trade, Economic and Tourism

资料整理：高志强

16-1 利用外资和外贸进出口贸易总额

单位:万美元

年 份	实际利用外资到位金额	进出口总额		
			出口总额	进口总额
1991		1632	1617	15
1992		4484	3630	854
1993		7713	4474	3239
1994		13088	8008	5080
1995		31540	17341	14199
1996	1983	35800	19420	16380
1997	2714	40700	23275	17425
1998	3224	28604	18190	10414
1999	3948	18171	14619	3552
2000	4277	31527	17189	14338
2001	5810	29960	19387	10573
2002	7144	34369	23928	10441
2003	12143	50037	32125	17912
2004	25000	80207	43388	36819
2005	40800	93321	52242	41079
2006	54000	121274	86746	34528
2007	61557	184120	119982	64138
2008	81500	233926	151301	82625
2009	94900	128356	66852	61504
2010	110000	195303	120403	74900
2011	124000	276915	181773	95142
2012	136500	209982	116358	93624
2013	141000	210508	111273	99235
2014	111900	180500	127000	53500
2015	82400	155300	88800	66500
2016	101000	172100	123100	49000
2017	20400	199600	128900	70700
2018	17713	248962	145528	103434
2019	18100	273170	140238	132932
2020	13800	227000	95000	132000

16-2　对外经济贸易

项　目	2016	2017	2018	2019	2020
进出口总额（人民币、亿元）	**119.5**	**129.9**	**171.2**	**190.7**	**157.3**
出口总额	85.5	83.9	100.1	97.9	65.8
进口总额	34.0	46.0	71.1	92.8	91.6
进出口总额（亿美元）	**17.2**	**20.0**	**24.9**	**27.3**	**22.7**
出口总额	12.3	12.9	14.6	14.0	9.5
进口总额	4.9	7.1	10.3	13.3	13.2
外商投资企业基本情况					
年底登记户数（户）	365	395	409	402	375
投资总额（万美元）	360887	360055	683364	631530	337344
注册资本（万美元）	145341	141510	180474	175535	127632
#外方	104878	102478	146932	141873	100954

16-3　年末登记外商投资企业行业分布

项　目	企业数（户）		投资总额（万美元）		注册资本（万美元）		#外方	
	2019	2020	2019	2020	2019	2020	2019	2020
总　计	**402**	**375**	**631530**	**337344**	**175535**	**127632**	**141873**	**100954**
农、林、牧、渔业	4	3	373	373	373	373	311	373
采掘业	1	1	470	470	235	235	235	235
制造业	52	46	176929	169857	67094	66066	55227	55294
电力、热力、燃气及水的生产和供应业	6	6	54401	54401	17236	17236	12618	11303
建筑业	1	1						
批发和零售贸易餐饮业	150	144	36369	41569	17513	22699	15363	20767
信息传输：软件和信息技术服务业	102	100	73	73	73	73	73	73
房地产业	11	10	5383	5383	4269	4269	3210	3210
其他	75	64	357532	65218	68742	16681	54836	9699

16-4 旅游事业发展情况

项　目	2016	2017	2018	2019	2020
旅行社总数（个）	**90**	**90**	**93**	**85**	**85**
出境资格旅行社	17	18	21	20	20
其他旅行社	73	72	72	65	65
旅行社总收入（亿元）	**3.27**	**4.85**	**3.69**	**3.17**	**0.57**
星级饭店总数（个）	**28**	**25**	**25**	**21**	**18**
星级饭店总收入（亿元）	**3.65**	**4.04**	**3.79**	**3.62**	**2.94**
入境旅游人数（人次）		**39954**	**40230**	**32445**	**11000**
国内旅游人数（万人次）	**1209**	**1428**	**1596**	**2240**	**1186**
旅游综合收入（亿元）	**403**	**505**	**580**	**620**	**235**
入境旅游收入（万美元）	7201	4602	4730	3582	425
国内旅游收入（亿元）	398.40	502.21	577.02	617.70	234.60

主要统计指标解释

进出口总额 指实际进出我国国境的货物总金额。包括对外贸易实际进出口货物，来料加工装配进出口货物，国家间、联合国及国际组织无偿援助物资和赠送品，华侨、港澳台同胞和外籍华人捐赠品，租赁期满归承租人所有的租赁货物，进料加工进出口货物，边境地方贸易及边境地区小额贸易进出口货物（边民互市贸易除外），中外合资经营企业、中外合作经营企业、外商独资企业进出口货物和公用物品，到、离岸价格在规定限额以上的进出口货样和广告品（无商业价值、无使用价值和免费提供出口的除外），从保税仓库提取在中国境内销售的进口货物，以及其他进出口货物。进出口总额用以观察一个国家在对外贸易方面的总规模。我国规定出口货物按离岸价格统计，进口货物按到岸价格统计。

利用外资 指我国各级政府、部门、企业和其他经济组织通过对外借款、吸收外商直接投资以及用其他方式筹措的境外现汇、设备、技术等。

外商投资 指外国企业和经济组织或个人（包括华侨、港澳台胞以及我国在境外注册的企业）按我国有关政策、法规，用现汇、实物、技术等在我国境内开办外商独资企业、与我国境内的企业或经济组织共同举办中外合资经营企业，合作经营企业或合作开发资源的投资（包括外商投资收益的再投资），以及经政府有关部门批准的项目投资总额内企业从境外借入的资金。

旅游者人数 （1）入境国际旅游者人数：指来中国参观、访问、旅行、探亲、访友、休养、考察、参加会议和从事经济、科技、文化、教育、宗教等活动的外国人、华侨、港澳同胞和台湾同胞的人数。不包括外国在我国的常驻机构，如使领馆、通讯社、企业办事处的工作人员；来我国常住的外国专家、留学生以及在岸逗留不过夜人员。

（2）出境居民人数：指大陆居民因公务活动或私人事务短期出境的人数。公务活动出境居民人数包括在国际交通工具上的中国服务员工，因私出境居民人数不包括在国际交通工具上的中国服务员工。

（3）国内旅游者人数：指我国大陆居民和在我国常住1年以上的外国人、华侨、港澳台同胞离开常住地在境内其他地方的旅游设施内至少停留一夜，最长不超过6个月的人数。

入境旅游收入 指入境旅游的外国人、华侨、港澳同胞和台湾同胞在中国大陆旅游过程中发生的一切旅游支出。

星级饭店 指已评定星级的饭店。

17 金融和保险

Finance and Insurance

资料整理：杨烨坤

17-1 金融系统机构、人员数（2020年）

项　目	机构数（个）	年末人数（人）
总　计	**660**	**13106**
中国人民银行	5	374
中国工商银行	59	1581
中国农业银行	64	1048
中国银行	42	977
中国建设银行	56	1142
中国光大银行	5	97
中国农业发展银行	5	110
交通银行	10	235
蒙商银行	80	2631
农村信用合作联社	74	1038
新时代信托投资公司	1	278
中国邮政储蓄银行	80	434
上海浦东发展银行	10	140
中信银行	8	156
招商银行	3	80
华夏银行	3	117
兴业银行	9	209
内蒙古银行	7	180
包头农村商业银行	89	1365
村镇银行	37	679
包钢集团财务有限责任公司	1	42
民生银行	1	47
渤海银行	1	34
鄂尔多斯银行	10	112

17-2 金融机构人民币信贷资金平衡表（2020年）

单位：万元

负债项目	2020	资产项目	2020
资金来源合计	**40933105**	**资金运用合计**	**40933105**
各项存款	34144268	各项贷款	25038086
境内存款	34139127	境内贷款	25037874
住户存款	20548166	住户贷款	10386086
非金融企业存款	7429633	短期贷款	2955688
广义政府存款	3500256	中长期贷款	7430398
非银行业金融机构存款	2661072	非金融企业及机关团体贷款	14651787
境外存款	5141	非银行业金融机构贷款	
金融债券		境外贷款	213
卖出回购资产		债券投资	3921757
借款及非银行业金融机构拆入	38500	股权及其他投资	4720551
联行往来		买入返售资产	1341015
应付及暂收款	1258472	存放非银行业金融机构款项	870
各项准备	1117273	联行往来	4356210
所有者权益	3743061	金银占款	
其它	631532	中央银行外汇占款	
		应收及预付款	526955
		投资性房地产	313
		固定资产	1027348

17-3 金融机构人民币存、贷款年末余额及保险业务收入

单位：万元

年 份	各项存款余额合计	#企业存款	#城乡居民储蓄余额	各项贷款余额合计	#工业贷款	#商业贷款	#农业贷款	保险收入小计	#企业财产险	#家庭财产险
1949	10	8	2		1			3		
1952	831	231	72	391	141	118	81			
1957	3123	1165	1023	8082	685	7057	193			
1962	11309	7067	889	27043	15583	10847	580			
1965	13811	6241	1752	21110	12186	8158	706			
1970	13356	5320	2088	57401	35802	20544	909			
1975	27291	16982	4078	56062	30793	23664	1431			
1978	30955	17251	6105	67225	35748	29044	2209			
1979	32895	17121	8061	67380	35512	28952	2801			
1980	37053	16096	11604	77263	36637	30962	7882			
1981	43525	18486	14012	78763	38859	27700	8529	52	49	
1982	53289	22449	17955	78292	35691	27294	7225	170	124	1
1983	56814	20029	22692	83987	39065	28327	9000	270	123	1
1984	92213	43433	31263	114500	50073	36948	8830	394	199	3
1985	95872	38373	41603	125825	58248	37040	3015	577	231	12
1986	121884	44409	56074	166289	80707	38469	3142	872	263	12
1987	147825	49509	72446	180454	85219	44763	3100	942	388	13
1988	185159	62039	93054	219547	102346	54428	2986	1384	470	33
1989	222898	58901	130079	261327	126429	66220	2924	2036	520	98
1990	290081	64400	184953	337695	168818	80705	2970	3518	571	80
1991	356097	71502	242651	423010	202775	91062	3625	4849	706	75
1992	566706	205698	308702	521669	217043	109785	5239	8772	837	57
1993	655026	174086	407237	644636	269882	139231	7819	13081	1294	942
1994	811130	199172	547001	812097	353130	133175	6309	12409	1782	401
1995	962643	222049	714101	975374	431048	163079	8009	17510	2590	568
1996	1175301	273764	869283	1249633	572491	199892	12361	22013	3886	399
1997	1403965	358222	997345	1460069	687448	220476	13478	27228	4204	443
1998	1862415	459485	1313633	1786748	829716	241573	38334	30300	4318	450
1999	2021079	452972	1454255	1873146	754085	270675	40170	30888	3109	324
2000	2328763	621958	1526830	1767827	597389	216481	43355	35233	3047	318

17-3 续 表

单位：万元

年 份	各项存款余额合计	#企业存款	#城乡居民储蓄余额	各项贷款余额合计	#工业贷款	#商业贷款	#农业贷款	保险收入	#企业财产险	#家庭财产险
2001	2797076	806105	1748623	1905282	707426	254389	41873	41836	3400	364
2002	3367217	1056292	1999792	2083831	745055	276611	55570	55151	3480	372
2003	4308288	1463170	2434595	2491122	870562	266395	70400	73969	3197	784
2004	5283194	1569773	2997616	2736468	952668	229943	90137	104404	2992	548
2005	6789213	2146159	3894793	3367626	949637	410134	110196	101088	2741	450
2006	8556975	2596971	4379926	4824822	1430782	404062	124938	112266	3596	475
2007	10210139	3274556	4740067	5445744	1399474	505175	151809	128639	3399	369
2008	12019765	3727678	5939716	6312534	1412355	614033	336067	228581	4764	533
2009	14962084	5160819	6860044	8140452	1344250	698658	423846	263134	5337	750
2010	17056150	5285371	7507459							

年 份	各项存款余额	#单位存款	#个人存款	各项贷款余额	#短期贷款	#中长期贷款	#票据融资	保费收入	#财产保险	#人寿保险
2010				10372879	3617073	6475509	277812	346134	153254	192880
2011	19929680	9359410	8499037	12796174	4974666	7483243	315404	352786	188322	164464
2012	20797880	8956370	10499472	14198606	6238115	7478946	454294	351491	180745	170746
2013	23265862	10109942	11900022	16290042	7705055	7888587	664593	366013	167613	198400
2014	24935956	9597758	12961987	18340852	8762036	8868899	688716	399528	164819	234709

年 份	各项存款余额	#非金融企业存款	#住户存款	各项贷款余额	#住户贷款	#非金融企业及机关团体贷款	#非银行业金融机构贷款	保费收入	#财产保险	#人身保险
2015	27096992	8541978	13079941	21925210	6511494	15328697	85000	504093	178913	325181
2016	32359986	9150070	13713081	24030526	7766557	16243473		650829	190511	460317
2017	38866061	11400491	14572170	29603937	9769104	19826646		707191	212615	494576
2018	37734200	13900205	16229534	29983519	10690258	19271112		846499	227567	618932
2019	32922978	7164828	18445537	29715364	11308685	18400304		862316	206641	655675
2020	34144268	7429633	20548166	25038086	10386086	14651787		841362	234973	606389

注：1、2009、2010、2015年金融机构存贷款余额分项内容均发生变化，表式做相应调整。
2、2019年起保费收入中人寿保险改为人身保险。

17-4 保险公司业务技术指标（2020年）

项　目	保费收入（万元）	赔款与给付（万元）
总　计	**841362.35**	**209324.04**
财产保险小计	**234973.09**	**126448.61**
企业财产保险	8325.04	8911.36
家庭财产保险	338.35	134.70
机动车辆保险	161544.45	79944.56
工程保险	768.65	232.24
责任保险	18511.65	6482.66
信用保险		26.08
保证保险	11324.97	8731.44
船舶保险		0.52
货物运输保险	920.17	126.78
特殊风险保险	-1858.07	90.18
农业保险	10673.11	4923.07
其他险	215.01	6.33
健康保险	17582.79	14079.03
意外伤害保险	6626.97	2759.66
人身保险小计	**606389.26**	**82875.43**
人寿保险	468821.51	56525.59
健康保险	128713.21	24451.26
意外伤害保险	8854.53	1898.58

17-5 保险公司主要指标

项　目	2019	2020	2020年比2019年增长（%）
财产保险公司			
保费收入（万元）	224939.1	234973.1	4.5
赔款与给付（万元）	123346.1	126455.0	2.5
市场份额（%）	26.1	27.9	1.8
人寿保险公司			
保费收入（万元）	637376.6	606389.3	-4.9
赔款与给付（万元）	100654.7	108711.0	8.0
市场份额（%）	73.9	72.1	-1.8

主要统计指标解释

信贷资金 指金融机构以信用方式积聚和分配的货币资金。金融机构信贷资金的来源有各项存款、金融债券、对国际金融机构负债、流通中现金、其他项目等；信贷资金的运用有各项贷款、有价证券及投资、黄金占款、外汇买卖、财政借款及在国际金融机构中的资产等。

存款 指企业、机关、团体或居民根据资金必须收回的原则，把货币资金存入银行或其他信贷机构保管并取得一定利息的一种信用活动形式。根据存款对象的不同可划分为住户存款、非金融企业存款、政府存款、非银行业金融机构存款等科目。它是银行信贷资金的主要来源。

贷款 指银行或其他信用机构根据资金必须归还的原则，按一定利率，为企业、个人等提供资金的一种信用活动形式。我国银行贷款分为短期贷款、中长期贷款、融资租赁、票据融资、各项垫款、境外贷款等。

保险公司 在中国境内的、经过保险监督管理部门批准设立，并依法登记注册的各类商业保险公司。

保费 指投保人为取得保险人在约定范围内所承担赔偿责任而支付给保险人的费用。

赔款 指保险人根据保险合同的规定，向被保险人支付的赔偿保险责任损失的金额。

给付 包括死伤医疗给付和满期给付。死伤医疗给付是指保险人根据人寿保险及长期健康保险合同的规定，因被保险人在保险期内发生保险责任范围内的保险事故支付给被保险人（或受益人）的金额。满期给付是指被保险人生存期满，保险人按人寿保险合同规定支付给被保险人的满期保险金额。

18 教育、科技和文化

Education, Science and Technology, Culture

资料整理：成雅志　蒋思楠

18-1　教育事业基本情况（2016-2020年）

指　标	2016	2017	2018	2019	2020
学校数（所）					
普通高等学校	5	5	5	5	5
普通中专	14	14	14	13	13
普通中学	94	94	96	97	97
高　中	37	37	39	39	38
初　中	57	57	57	58	59
职业高中	2	2	2	2	2
小　学	136	134	138	138	136
幼儿园	312	326	337	350	367
特殊教育	3	3	3	3	4
专任教师（人）					
普通高等学校	4484	4547	4563	4563	4683
普通中专	1151	1158	1144	1050	911
普通中学	10110	10340	10925	10361	10346
高　中	3898	4063	5241	4091	4038
初　中	6212	6277	5684	6271	6308
职业高中	171	190	183	177	173
小　学	8888	9239	8650	9340	9429
幼儿园	4648	4924	5141	5238	5296
特殊教育	89	84	82	84	92
招生数（人）					
普通高等学校	23125	23625	24672	22633	24428
普通中专	7686	8046	6144	4690	5838
普通中学	33410	37691	34168	35812	36335

18-1 续 表

指　标	2016	2017	2018	2019	2020
高　中	15070	14488	13221	12142	13844
初　中	18340	23203	20947	23670	22491
职业高中	1164	721	1007	680	664
小　学	24476	23801	23724	25337	23561
幼儿园	22088	22459	19302	16357	18984
特殊教育	41	43	67	57	61
在校学生（人）					
普通高等学校	80246	78064	76417	76417	86733
普通中专	23462	22402	20517	16373	15198
普通中学	108469	106398	104938	107481	106552
高　中	46224	45008	42747	39905	39484
初　中	62245	61390	62191	67576	67068
职业高中	3670	2431	2564	2270	2184
小　学	138601	138930	143268	146812	149829
幼儿园	58036	61334	59584	59009	59332
特殊教育	359	357	407	435	453
毕业生数（人）					
普通高等学校	27675	24262	21374	22586	21649
普通中专	7007	8405	6620	6378	6234
普通中学	42239	38775	35885	33123	37382
高　中	18028	15672	15466	15030	14493
初　中	24211	23103	20419	18093	22889
职业高中	1178	875	848	847	687
小　学	18516	23237	21049	23692	22543
幼儿园	17463	18527	19783	19543	20300
特殊教育	18	36	40	29	44

18-2　历年教育事业情况

单位：所、人

年份	普通高校		中等专业学校		职业中学	
	学校数	在校学生	学校数	在校学生	学校数	在校学生
1979	3	2367	9	3695		
1980	3	2573	8	4193		
1981	3	2686	9	3291		
1982	3	2872	11	2766		
1983	3	2868	11	3556		
1984	3	3192	12	4031	3	195
1985	3	3972	12	4920	3	334
1986	3	4392	13	5391	5	366
1987	3	4283	17	3721	15	9990
1988	3	4728	13	5966	16	9676
1989	3	6430	13	6371	16	10588
1990	3	4653	13	6284	18	9677
1991	3	4144	13	6600	18	10494
1992	3	4495	13	6761	19	13097
1993	3	5152	13	7769	28	12717
1994	3	5069	13	8388	31	13654
1995	3	4923	13	8361	26	13511
1996	3	5372	13	8557	17	9938
1997	3	5766	13	8587	17	8362
1998	3	6486	13	11475	19	10813
1999	4	9621	13	13971	17	10291
2000	4	12158	10	14735	17	9120
2001	4	16848	8	13992	13	9694
2002	4	21921	8	13590	11	7375
2003	3	28236	8	12986	10	7850
2004	3	34109	8	14550	9	6095
2005	3	31819	9	19049	9	7374
2006	3	40368	10	21341	9	8055
2007	3	38299	13	27460	9	9528
2008	3	42456	13	24920	9	9251
2009	3	52733	13	28055	2	1420
2010	3	56361	13	26030	2	2404
2011	5	67514	15	25764	2	2487
2012	5	68641	15	25840	2	1899
2013	5	70100	14	25775	2	2397
2014	5	70324	14	24299	2	3244
2015	5	72320	14	23937	2	3937
2016	5	80246	14	23462	2	3670
2017	5	78064	14	22402	2	2431
2018	5	76417	14	20517	2	2564
2019	5	76417	13	16373	2	2270
2020	5	86733	13	15198	2	2184

注：2011年起普通高等学校中包含高职（专科）院校。

18-2 续 表

单位：所、人

年 份	普通中学		小学		成人高校	
	学校数	在校学生	学校数	在校学生	学校数	在校学生
1979	146	167785	1475	235904		
1980	167	154996	1186	230417	14	7648
1981	134	136351	988	220508		
1982	147	126089	1117	210082	4	1083
1983	143	123518	916	196907	5	1176
1984	140	122258	772	195433	7	2593
1985	146	119912	764	188612	7	3593
1986	145	122080	718	179421	7	3624
1987	146	120570	731	171487	7	3394
1988	146	114889	719	164109	7	4147
1989	148	108005	890	160301	7	4832
1990	148	104819	885	156743	7	4696
1991	149	99798	880	157350	7	3479
1992	149	93380	857	162322	7	4225
1993	149	85785	836	166038	6	5002
1994	152	89196	814	170018	8	5990
1995	149	95548	774	170945	8	5990
1996	148	104572	638	174607	8	6240
1997	152	112392	633	176900	5	3666
1998	154	118064	621	174370	4	1907
1999	152	122680	629	169116	3	1795
2000	147	132326	595	164719	2	2299
2001	159	144541	554	159541	2	3610
2002	162	162519	531	155005	2	5516
2003	161	170562	474	149796	3	7765
2004	157	175087	437	146140	3	5722
2005	145	176780	369	140540	2	4830
2006	133	176610	317	136261	2	4101
2007	119	143937	249	164542	2	3985
2008	104	142222	219	157318	2	5545
2009	101	140002	198	151557	2	4527
2010	96	134852	185	142909	1	2634
2011	98	132858	183	141902		19268
2012	98	130521	162	135400		19632
2013	96	128945	153	133111		20367
2014	94	125433	153	131676		20892
2015	93	117914	138	133377		13336
2016	94	108469	136	138601		5141
2017	94	106938	134	138930		
2018	96	104938	138	143268		
2019	97	107481	138	146812		
2020	97	106552	138	149829		

18-3 规模以上工业企业研究与试验发展（R&D）人员情况（2020年）

指　标	R&D人员合计（人）	项目研究开发人员	管理和服务人员	全时人员	非全时人员	#研究人员
总计	**10451**	**9264**	**1187**	**7304**	**3147**	**3628**
#国有控股企业	7787	6782	1005	5254	2533	3116
按企业规模分						
大型	7463	6484	979	5108	2355	3000
中型	1793	1694	99	1379	414	361
小型	1191	1083	108	816	375	266
微型	4	3	1	1	3	1
按登记注册类型分						
内资企业	10407	9226	1181	7277	3130	3617
国有企业	621	520	101	559	62	294
有限责任公司	4723	4097	626	3363	1360	1570
国有独资公司	983	905	78	831	152	461
其他有限责任公司	3740	3192	548	2532	1208	1109
股份有限公司	1841	1664	177	668	1173	682
私营企业	1340	1234	106	1006	334	218
其他企业	1882	1711	171	1681	201	853
外商投资企业	18	14	4	16	2	7
港、澳、台商投资企业	26	24	2	11	15	4
按国民经济行业分						
黑色金属矿采选业	137	132	5	34	103	17
有色金属矿采选业	40	37	3	11	29	7
煤炭开采和洗选业	24	17	7	22	2	11
农副食品加工业	85	72	13	77	8	26
食品制造业	2	2		2		1
酒、饮料和精制茶制造业	40	38	2	31	9	5
纺织服装、服饰业	175	169	6	157	18	50
化学原料和化学制品制造业	785	742	43	482	303	119
医药制造业	5	2	3	1	4	3
橡胶和塑料制品业	32	32		29	3	13
非金属矿物制品业	481	438	43	372	109	85
黑色金属冶炼和压延加工业	1802	1659	143	518	1284	520
有色金属冶炼和压延加工业	1010	944	66	543	467	257
金属制品业	2681	2449	232	2365	316	1260
通用设备制造业	155	142	13	123	32	29
专用设备制造业	272	240	32	185	87	90
汽车制造业	728	620	108	631	97	339
铁路、船舶、航空航天和其他运输设备制造业	1293	867	426	1164	129	630
电气机械和器材制造业	133	118	15	103	30	29
计算机、通信和其他电子设备制造业	485	462	23	401	84	100
电力、热力生产和供应业	86	82	4	53	33	38

18-4 规模以上工业企业研究与试验

指　标	R&D经费内部支出合计（万元）	按资金来源分组				按活动
		政府资金	企业资金	境外资金	其他资金	基础研究支出
总计	486230	35408	450771	15	36	119
＃国有控股企业	362093	34022	328056	15		119
按企业规模分						
大型	364319	31523	332797			
中型	78173	2991	75167	15		
小型	43714	894	42783		36	119
微型	24		24			
按登记注册类型分						
内资企业	482707	35408	447248	15	36	119
国有企业	13028	400	12628			
有限责任公司	251250	30632	220603	15		119
国有独资公司	23491	16187	7304			
其他有限责任公司	227760	14446	213299	15		119
股份有限公司	138980	2122	136858			
私营企业	39873	761	39076		36	
其他企业	39576	1492	38084			
外商投资企业	652		652			
港、澳、台商投资企业	2871		2871			
按国民经济行业分						
黑色金属矿采选业	1903	3	1900			
有色金属矿采选业	2322		2322			
煤炭开采和洗选业	28		28			
农副食品加工业	2064		2064			
食品制造业	146		109		36	
酒、饮料和精制茶制造业	612		612			
纺织服装、服饰业	2905		2905			
化学原料和化学制品制造业	34766	92	34674			119
医药制造业	129		129			
橡胶和塑料制品业	1114		1114			
非金属矿物制品业	37910		37910			
黑色金属冶炼和压延加工业	157100	149	156951			
有色金属冶炼和压延加工业	68362	143	68220			
金属制品业	58653	17475	41178			
通用设备制造业	11218	129	11089			
专用设备制造业	12262	2232	10030			
汽车制造业	17757	1083	16674			
铁路、船舶、航空航天和其他运输设备制造业	64186	13481	50689	15		
电气机械和器材制造业	2649	244	2405			
计算机、通信和其他电子设备制造业	9290	361	8928			
电力、热力生产和供应业	856	15	840			

发展（R&D）经费情况（2020年）

类型分组		按支出用途分组					R&D经费外部支出合计（万元）
应用研究支出	试验发展支出	经常费支出	#人员劳务费	资产性支出	土建工程	仪器设备	
3471	482640	451362	79739	34868	261	34606	20120
2100	359875	337296	60678	24797	202	24595	19629
1922	362397	334663	60882	29657	226	29431	18059
349	77825	75227	12495	2946	27	2920	1903
1200	42394	41449	6361	2265	9	2256	159
	24	24	2				
3471	479117	448266	79421	34441	261	34179	20120
	13028	12046	4674	983		983	
1185	249946	231814	37545	19437	196	19241	19640
1	23490	23491	3627				1194
1184	226457	208323	33918	19437	196	19241	18446
1922	137058	131471	15634	7509	0	7509	221
365	39508	37434	8668	2439	9	2430	120
	39576	35502	12900	4073	56	4018	139
	652	652	175				
	2871	2444	143	427		427	
	1903	1892	348	12		12	
	2322	2322	238				
	28	28	19				893
	2064	1804	710	260		260	
	146	146	76				10
349	264	576	267	36	1	36	
	2905	2764	825	141		141	
119	34528	33123	6876	1643		1643	182
	129	125	71	4		4	2
177	937	1099	253	16		16	
	37910	33126	5368	4784	26	4759	189
1849	155251	151090	8716	6009		6009	20
961	67401	65793	16403	2569		2569	
1	58652	54571	14726	4082	56	4026	441
	11218	11218	554				38
	12262	11853	2176	409		409	1570
	17757	15849	6060	1908	24	1884	
	64186	51514	12547	12672	146	12526	16687
	2649	2649	407				88
16	9273	8967	2782	323	9	314	
	856	856	319				

18-5 规模以上工业企业办科技机构情况（2020年）

指　标	机构数（个）	机构人员合计（人）	#博士毕业	#硕士毕业	机构经费支出（万元）	仪器和设备原价（万元）
总计	74	7687	35	1176	155591	272677
#国有控股企业	45	6360	26	1110	108407	181289
按企业规模分						
大型	39	6602	27	1060	103059	224163
中型	13	697	2	91	38185	14566
小型	22	388	6	25	14348	33948
微型						
按登记注册类型分						
内资企业	72	7648	35	1172	151956	264399
国有企业	2	289	1	55	12697	2428
有限责任公司	47	4006	7	494	100635	126787
国有独资公司	11	1084	2	193	23450	57543
其他有限责任公司	36	2922	5	301	77184	69244
股份有限公司	6	584	17	263	15433	28147
私营企业	16	669	8	30	18214	57476
其他企业	1	2100	2	330	4977	49562
外商投资企业	1	10		3	210	364
港、澳、台商投资企业	1	29		1	3426	7913
按国民经济行业分						
黑色金属矿采选业						
有色金属矿采选业						
煤炭开采和洗选业						
农副食品加工业						
食品制造业						
酒、饮料和精制茶制造业	1	38	1	3	560	522
纺织服装、服饰业	1	168		1	2733	7205
化学原料和化学制品制造业	7	491	4	33	12913	22819
医药制造业	1	6			194	6
橡胶和塑料制品业						
非金属矿物制品业	2	133		5	14893	2233
黑色金属冶炼和压延加工业	4	430	4	46	12992	25931
有色金属冶炼和压延加工业	5	356	13	173	6676	12534
金属制品业	11	2842	4	514	22703	106093
通用设备制造业	2	36		2	350	3196
专用设备制造业	3	109		33	7407	1084
汽车制造业	6	482	2	59	19204	3090
铁路、船舶、航空航天和其他运输设备制造业	23	2290	3	283	49980	39533
电气机械和器材制造业	2	48	1	3	1298	544
计算机、通信和其他电子设备制造业	6	258	3	21	3689	47889
金属制品、机械和设备修理业						

18-6　科学研究与技术开发机构情况（2020年）

指　标	科学研究与技术服务事业单位
机构数（个）	13
从业人员（人）	660
科技活动人员（人）	541
博士	13
硕士	105
大学	393
其他	30
科技活动收入（万元）	14144
#政府资金	12639
科技经费内部支出（万元）	14135
日常性支出	13067
资产性支出	1068
R&D人员合计（人）	195
博士	12
硕士	59
大学	91
其他	33
R&D经费内部支出（万元）	4219
日常性支出	3926
资产性支出	293
课题情况	
课题数（个）	43
课题经费内部支出（万元）	3358
#R&D课题经费内部支出	2861
专利申请受理数（件）	16
专利授权数（件）	9
科技论文（篇）	14

指　标	转制为企业的研究机构
机构数（个）	3
从业人员（人）	762
专业技术人员（人）	339
#本科及以上学历	238
技术性收入（万元）	3818
#技术开发收入	958
科技活动支出（万元）	10447
人员人工费用（包含各种补贴）	5039
直接投入费用	4285
其他费用	1123
R&D人员合计（人）	272
博士	11
硕士	115
大学	106
其他	40
R&D经费内部支出（万元）	8556
经常费支出	6629
基本建设费	1927
专利申请受理数（件）	98
专利授权数（件）	59
科技论文（篇）	68

18-7　文化事业基本情况（2020年）

指　标	2020	指　标	2020
文化部门艺术表演团体		举办训练班次（次）	487
单位数（个）	5	训练班培训人数（人次）	36698
年末职工人数（人）	476	总收入（千元）	19905
本团原创首演剧目（个）	13	固定资产原值（千元）	10378
演出场次（次）	445	文化站	
#农村演出	155	机构数（个）	83
观众人次（千人次）	543	从业人员（人）	285
总收入（千元）	70518	举办展览个数（个）	199
#财政补助	68261	组织文艺活动次数（次）	1767
事业收入	993	举办训练班次（次）	496
#演出收入	845	公共图书馆	
总支出（千元）	67741	单位数（个）	10
固定资产原值（千元）	30052	职工人数（人）	180
艺术研究机构		实际持证读者数（个）	104171
单位数（个）	1	总流通人次（千人次）	553
职工人数（人）	26	#书刊外借人次	164
文化部门艺术表演场所		总收入（千元）	33784
单位数（个）	3	文物保护管理机构	
职工人数（人）	23	机构数（个）	9
群艺馆、文化馆		从业人员（人）	69
单位数（个）	12	博物馆	
职工人数（人）	136	机构数（个）	3
举办展览个数（个）	69	从业人员（人）	100
组织文艺活动次数（次）	304		

18-8　广播电视事业发展情况（2020年）

指　标	单　位	2020
广播电视台	**座**	**4**
调频电视转播发射台	座	23
广播		
广播人口覆盖率	%	99.80
节目套数	套	9
广播节目制作	小时	35674
新闻	小时	4378
专题	小时	8610
综艺	小时	15815
广告	小时	1928
其他	小时	3845
电视		
有线广播电视用户	户	209420
电视人口覆盖率	%	99.74
节目套数	套	6
电视节目制作	小时	3316
新闻	小时	1270
专题	小时	1376
综艺	小时	221
影视剧	小时	
广告	小时	282
其他	小时	166

主要统计指标解释

普通高等学校　指按照国家规定的设置标准和审批程序批准举办的，通过全国普通高等学校统一招生考试，招收高中毕业生为主要培养对象，实施高等教育的全日制大学、独立设置的学院和高等专科学校、高等职业学校和其他机构。

大学、独立设置的学院主要实施本科层次以上教育，高等专科学校、高等职业学校实施专科层次教育，其他机构是承担国家普通招生计划任务不计校数的机构。包括普通高等学校分校和批准筹建的普通高等学校等。

科技活动　指在自然科学、农业科学、医药科学、工程与技术科学、人文与社会科学领域（简称科学技术领域）中，与科技知识的产生、发展、传播和应用密切相关的有组织的活动。可分为研究与试验发展（R&D）、研究与试验发展成果应用及相关的科技服务三类活动。该定义是联合国教科文组织考虑成员国特别是发展中国家开展科技统计工作的需要，而对科技活动所作的统计界定。

科技活动人员　指直接从事科技活动、以及专门从事科技活动管理和为科技活动提供直接服务，累计的实际工作时间占全年制度工作时间10%及以上的人员。（1）直接从事科技活动的人员包括：在独立核算的科学研究与技术开发机构、高等学校、各类企业及其他事业单位内设的研究室、实验室、技术开发中心及中试车间（基地）等机构中从事科技活动的研究人员、工程技术人员、技术工人及其它人员；虽不在上述机构工作，但编入科技活动项目（课题）组的人员；科技信息与文献机构中的专业技术人员；从事论文设计的研究生等。（2）专门从事科技活动管理和为科技活动提供直接服务的人员，包括：独立核算的科学研究与技术开发机构、科技信息与文献机构、高等学校、各类企业及其他事业单位主管科技工作的负责人，专门从事科技活动的计划、行政、人事、财务、物资供应、设备维护、图书资料管理等工作的各类人员，但不包括保卫、医疗保健人员、司机、食堂人员、茶炉工、水暖工、清洁工等为科技活动提供间接服务的人员。该指标用来反映投入科技活动人力的规模。

研究与试验发展（R&D）　指在科学技术领域，为增加知识总量，以及运用这些知识去创造新的应用进行的系统的创造性的活动，包括基础研究、应用研究、试验发展三类活动。国际上通常采用R&D活动的规模和强度指标反映一国的科技实力和核心竞争力。

科学研究与技术开发机构　指有明确的任务和研究方向，有一定学术水平的业务骨干和一定数量的研究人员，具有研究、开发、开展学术工作的基本条件，主要进行科学研究与技术开发活动，并且在行政上有独立的组织形式，财务上独立核算盈亏，有权与其他单位签订合同，在银行有单独户头的单位。包括国务院各部门、中国科学院、中国社会科学院和各省、自治区、直辖市以及地（市）以上［含地（市）］各部门所属的国有科学研究与技术开发机构。

专业技术人员　指已取得科学技术职称，或大学、中专的理、工、农、医科系毕业，以及国民经济各部门从工作实践中提拔，从事理、工、农、医等自然科学技术的研究、教学、生产的专业人员和在机关、企业、事业中从事科学技术业务管理工作的专业人员。

科学研究人员　指在国民经济各行业中从事科学技术活动的自然科学技术专业人员，包括正副研究员、助理研究员、研究实习员、技术员和未评定职称的技术人员。

文化事业机构 指从事专业文化工作和为专业文化工作服务的独立建制的单位。不包括这些单位另外举办独立核算的其他机构和各部门的业余文化组织。

艺术表演团体 指从事戏曲、音乐、舞蹈、杂技等专业艺术表演，有独立帐户的单位，不包括半工半艺、半农半艺和民间职业剧团。

艺术表演观众人数（人次） 指售票、包场演出或民族地区免费演出的艺术表演观众人次数，不包括彩排审查和内部观摩演出的观看人次数。

19 体育、卫生、社会福利

Sports,Public Health, Social Welfare

资料整理：成雅志　蒋思楠

19-1 等级运动员分项发展情况（2020年）

单位：人

项目	健将级	一级	二级
总计		48	152
田径		1	45
拳击			5
跆拳道			1
柔道			1
篮球		10	14
排球		6	11
乒乓球		9	9
网球			25
羽毛球			1
橄榄球		22	8
高尔夫球			1
曲棍球			6
游泳			10
轮滑			1
武术			14

19-2 自治区青少年锦标赛成绩统计（2020年）

单位：块

项目	金牌	银牌	铜牌
总计	73	77	81
田径	10	14	8
国际式摔跤	0	1	2
柔道	0	2	3
拳击	3	4	8
举重	2	1	3
跆拳道	3	3	5
射击	1	1	0
篮球	3	2	1
排球	1	1	2
乒乓球	3	3	3
羽毛球	4	5	1
网球	6	5	9
高尔夫	1	1	1
曲棍球	1	1	0
橄榄球	0	0	1
藤球	0	0	5
速度轮滑	2	1	2
速度滑冰	1	3	1
游泳	17	19	19
铁人三项	3	1	0
现代五项	2	1	1
武术	10	8	6

19-3　医疗卫生机构

机构分类	机构个数（个）	实有床位数（张）	合计（人）	小计	执业（助理）医师	#执业医师
总　　计	**1993**	**19996**	**30230**	**25503**	**9658**	**8711**
医院	**102**	**17015**	**20620**	**17330**	**5852**	**5545**
综合医院	36	9728	12727	10720	3742	3624
中医医院	19	886	681	567	230	193
中西医结合医院	4	320	301	223	80	60
民族医院	11	1539	1762	1496	494	435
专科医院	30	4472	5119	4309	1301	1228
护理院	2	70	30	15	5	5
基层医疗卫生机构	**1836**	**2746**	**8185**	**7171**	**3434**	**2813**
社区卫生服务中心(站)	186	1618	2620	2244	846	721
卫生院	64	1128	1054	897	440	322
村卫生室	449		650	292	206	69
门诊部	143		1355	1288	599	489
诊所.卫生所.医务室	994		2506	2450	1343	1212
专业公共卫生机构	**39**	**35**	**1124**	**830**	**304**	**288**
疾病预防控制中心	12		407	303	156	151
健康教育所(站、中心)	4		22	7	2	2
妇幼保健院(所、站)	10	35	339	250	119	109
急救中心(站)	1		27	13	8	8
采供血机构	1		96	73	19	18
卫生监督所(中心)	11		233	184		
计划生育技术服务机构						
其他卫生机构	**16**	**200**	**301**	**172**	**68**	**65**
疗养院	2	200	136	68	25	23
卫生监督检验(监测、检测)所(站)						
医学科学研究机构	2		52	36	23	23
医学在职培训机构						
临床检验中心（所、站）	2		33	27	9	8
统计信息中心	1		8			
其他	9		72	41	11	11

注：本表人员合计中包括乡村医生342人和卫生员16人；不含乡镇卫生院在村卫生室工作的执业（助理）医师、注册护士数。

基本情况（2020年）

在岗职工								
卫生技术人员						其他技术人员	管理人员	工勤技能人员
注册护士	药师（士）	技师（士）	#检验师	其它	#见习医师			
11932	**1348**	**1123**	**813**	**1442**	**332**	**994**	**2120**	**1255**
9017	**792**	**811**	**588**	**858**	**300**	**697**	**1676**	**917**
5502	445	483	367	548	161	417	1041	549
266	42	25	17	4		20	42	52
100	12	12	9	19		12	33	33
740	87	85	49	90	16	67	126	73
2400	205	206	146	197	123	181	432	197
9	1						2	13
2758	**532**	**176**	**98**	**271**	**26**	**151**	**245**	**260**
1092	134	82	52	90	8	81	132	163
243	39	40	24	135	16	54	44	59
86								
600	33	45	22	11		6	37	24
737	326	9		35	2	10	32	14
113	**12**	**106**	**100**	**295**	**5**	**106**	**135**	**53**
11		59	56	77	4	41	37	26
2				3		7	8	
64	8	28	25	31	1	24	45	20
5						10	4	
31	4	19	19			17	4	2
				184		7	37	5
44	**12**	**30**	**27**	**18**	**1**	**40**	**64**	**25**
11	8	17	14	7	1	8	43	17
7		6	6			13	1	2
11		7	7			1	1	4
						6	2	
15	4			11		12	17	2

19-4 医疗卫生事业情况

年份	机构（个）	床位数（张）	医疗卫生工作人员（人）	
			合计	#卫生技术人员
1979	484	6595	12591	9719
1980	442	6748	13207	10094
1981	479	6861	14099	10967
1982	458	6992	14733	11377
1983	452	7321	15134	11832
1984	433	7438	15388	12065
1985	465	7444	15666	12341
1986	477	7489	15728	12366
1987	501	7919	16206	12634
1988	525	8255	16685	13182
1989	517	8296	16797	13453
1990	498	8319	17044	13505
1991	500	8569	17379	13637
1992	501	8607	17609	13771
1993	459	8676	18076	13910
1994	462	8695	18422	14608
1995	462	9339	18393	14080
1996	749	8885	17788	14246
1997	761	9132	18540	14469
1998	744	9359	17923	13932
1999	806	9745	18405	14397
2000	854	9462	18596	14639
2001	888	9509	18481	14694
2002	805	9491	17324	13015
2003	1031	9768	16831	13841
2004	1116	9846	16762	13913
2005	1123	9731	16767	13916
2006	1159	9607	17048	14176
2007	1142	9727	17843	15002
2008	1233	11024	18976	15852
2009	2120	11995	20589	16309
2010	2017	12791	21610	17023
2011	2030	13590	21498	17020
2012	1621	15124	22176	18063
2013	1645	15195	24401	19450
2014	1620	15382	24418	19774
2015	1723	16008	25807	20941
2016	1742	17334	27685	22668
2017	1779	18845	28758	23854
2018	1910	20616	28890	24129
2019	1966	20051	29397	24585
2020	1993	19996	30230	25503

注：2009年起卫生数据汇总包含村卫生室数据，以往年度不包括。

19-5　生育情况

项　目	单位	2016	2017	2018	2019	2020
出生人数合计	人	**20303**	**21033**	**19968**	**20764**	**15547**
出生率	‰	7.38	7.57	7.08	7.37	5.53
一孩	人	13762	12517	11581	12276	9063
比重	%	67.78	59.51	58.00	59.12	58.29
二孩	人	6266	8131	8011	8094	6147
比重	%	30.86	38.66	40.12	38.98	39.54
多孩	人	275	385	376	394	337
比重	%	1.35	1.83	1.88	1.90	2.17
死亡人数	人	**8547**	**8703**	**8996**	**5889**	**6434**
死亡率	‰	3.11	3.13	3.19	2.05	2.20
自然增长人数合计	人	**11756**	**12330**	**10972**	**14875**	**9805**
自然增长率	‰	4.27	4.44	3.89	5.32	3.26
已婚育龄妇女人数	人	**522509**	**515008**	**509387**	**499410**	**487780**

19-6 交通事故情况（2020年）

项　目	次数（起）	死亡人数（人）	受伤人数（人）	财产损失（万元）
总　计	**843**	**51**	**808**	**153.48**
死亡事故	48	51	14	83.74
伤人事故	644		794	53.77
财产损失事故	151			15.97
机动车（涉及）	772	50	728	147.64
#汽车	727	47	675	144.78
摩托车	120	9	132	8.82
拖拉机	4		4	0.11
非机动车（涉及）	367	19	393	32.15
#自行车	100	7	99	8.70
电动自行车	238	11	261	21.20
行人乘车人	274	22	403	101.28

19-7 火灾事故情况（2020年）

项　目	按事故发生程度分				
	合 计	特 大	重 大	较 大	一 般
发　生（起）	2052				2052
死　亡（人）	5				5
受　伤（人）	12				12
损失折款（万元）	905.5				905.5
平均每起事故损失（元）	4413				4413

注：火灾数据依据新版《消防救援警情与火灾统计工作规定》，采用“全口径”统计方式，与之前年份数据不具备可比性。

19-8 社会福利事业、企业单位基本情况（2020年）

项　目	单位数（个）	年末职工人数（人）	年末床位数（张）	年末收养人数（人）
社会工作机构	**663**	**4954**		
提供住宿的社会工作机构	**61**	**1511**	**8937**	**5927**
养老机构	58	1476	8864	5899
#社会福利院	3	55	992	389
儿童福利和救助机构	1	5	23	3
其他提供住宿的机构	2	30	50	25
生活无着人员救助管理站	2	30	50	25
不提供住宿的社会工作机构	**602**	**3443**		
社区服务机构	**280**	**2572**		
社区服务指导中心	1	4		
社区服务中心	41	733		
社区服务站	231	1828		
社区专项服务机构和设施	7	7		
社区养老服务机构和设施	**314**	**670**	**6793**	**2273**
未登记和挂靠的特困人员供养机构	2	22	156	98
全托服务社区养老服务机构和设施	13	88	339	
日间照料社区养老服务机构和设施	195	434	1340	
互助型社区养老设施	104	126	4958	2175
其他社区服务机构和设施				
殡仪服务类	**22**	**336**		

19-9 低保、救济情况

项　目	单位	2019	2020
城市居民最低生活保障人数	**人**	**10923**	**10488**
# 女性	人	4958	4724
# 残疾人	人	4165	4008
# 重度残疾人	人	2539	2460
按年龄分类			
老年人	人	2804	2674
成年人	人	7169	6962
未成年人	人	950	852
城市居民最低生活保障户数	**户**	**6781**	**6587**
农村居民最低生活保障人数	**人**	**21243**	**21898**
# 女性	人	10488	10870
# 残疾人	人	3736	3963
# 重度残疾人	人	2385	2549
按年龄分类			
老年人	人	12300	12884
成年人	人	7775	7847
未成年人	人	1168	1167
农村居民最低生活保障户数	**户**	**12612**	**13188**

19-10　社会保险情况（2020年）

项　目	2020	项　目	2020
养老保险情况		工伤保险情况	
城镇职工基本养老保险		参保人数（万人）	50.87
参保人数（万人）	108.86	基金收入（万元）	4697
企业职工	60.71	基金支出（万元）	11616
机关事业单位职工	7.58		
纳入统筹的离退休人员	40.57	医疗保险情况	
基金收入（万元）	1786910	城镇职工医疗保险	
养老金支出（万元）	1691939	参保人数（万人）	91.35
城乡居民养老保险		基金收入（万元）	327289
参保人数（万人）	44.49	基金支出（万元）	279682
基金收入（万元）	57750	城乡居民医疗保险	
养老金支出（万元）	41333	参保人数（万人）	116.31
失业保险情况		基金收入（万元）	100846
参保人数（万人）	43.50	基金支出（万元）	76352
基金收入（万元）	25646		
基金支出（万元）	64943		

注：2020年生育保险参保人数、基金收支并入医疗保险。

主要统计指标解释

等级运动员人数　指经考核正式批准授予等级运动员称号的人数。运动员等级分为国际级运动健将，运动健将、一级运动员、二级运动员、三级运动员、少年级运动员。该指标主要反映运动员队伍的技术水平。

卫生机构　包括医疗机构、疾病预防控制中心（防疫站）、采供血机构、卫生监督及监测（检验）机构、医学科研和在职培训机构、健康教育所等。

医疗机构　包括医院、社区卫生服务中心（站）、疗养院、卫生院、门诊部、诊所（卫生所、医务室）、妇幼保健院（所、站）、专科疾病防治院（所、站）、急救中心（站）和临床检验中心。医疗机构分为非赢利性医疗机构和赢利性医疗机构。

医院　包括综合医院、中医医院、中西医结合医院、民族医院、各类专科医院和护理院。

卫生技术人员　指卫生机构中医生、护理人员、药剂人员、检验人员等卫生技术人员。

医生　指在医疗、预防保健机构工作且取得《执业医师证书》的执业医师和执业助理医师。

社会福利事业单位　指集中收养社会孤老、残、幼的机构，包括由民政部门管理的社会福利院、儿童福利院、精神病人福利院和城镇集体举办的福利院及农村集体举办的敬老院以及优抚医院和具有收养能力的社区服务中心等。该指标主要反映我国在社会福利性单位投入的水平。

社会福利事业单位收养人数　包括民政部门管理和城镇、农村集体举办的社会福利事业单位中收养的老人、少年儿童、缺乏生活自理能力的残疾人员和精神病人。

社会福利企业单位　指以安置城镇有一定劳动能力的盲、聋、哑和肢体残疾人员就业为目的，享受国家减免税待遇的国有或集体企业。包括福利工厂、福利商业和服务业、假肢厂和安置农场等单位。

基本养老保险

1.（参保）职工人数：指报告期末按照国家法律、法规和有关政策规定参加基本养老保险并在社保经办机构已建立缴费记录档案的职工人数，包括中断缴费但未终止养老保险关系的职工人数，不包括只登记未建立缴费记录档案的人数。

2.（参保）离退休人员人数：指报告期末参加基本养老保险的离休、退休和退职人员的人数。基本医疗保险

参保人数：指报告期末按国家有关规定参加基本医疗保险的人数。包括参加保险的职工人数和退休人员人数。

失业保险

1.参保人数：指报告期末按照国家法律、法规和有关政策规定参加了失业保险的城镇企业事业单位的职工及地方政府规定参加失业保险的其他人员的人数。

2. 失业保险基金收入：指按照规定从企业、事业及其他单位筹集的失业保险费及其他并入失业保险基金收入的总额。包括单位和个人缴纳的失业保险费、失业保险基金利息收入、上级补助收入、下级上解收入、转移收入、财政补贴和其他收入。

3. 失业保险基金支出：指报告期内为保障失业人员和下岗职工基本生活、促进其再就业等支出的基金总额。包括失业救济金、医疗费、死亡丧葬补助费、抚恤救济费、转业训练费支出、失业保险经办机构管理费、补助下级支出、上解上级支出、转移支出和其他支出。

工伤保险

参加保险人数:指报告期末依据国家有关规定参加工伤保险的职工人数。

20 旗县区资料

Statistics of Banners, Counties and Districts

资料整理：李志伟

20-1 稀土高新区主要经济指标

指　　标	单 位	2020	2020年比2019年增长（±%）
行政区域土地面积	**平方公里**	**116**	
人口			
年末户籍户数	户	38044	4.6
年末户籍人口	人	96903	4.1
国民经济综合指标			
生产总值	万元	3854878	4.5
第一产业	万元	38368	1.8
第二产业	万元	2078390	9.8
第三产业	万元	1738120	-1.2
人均生产总值	元	212566	1.4
一般公共预算收入	万元	225531	-16.0
一般公共预算支出	万元	320073	16.4
农村牧区经济			
高标准农田面积	公顷		
农作物总播种面积	公顷	1738	19.0
粮食产量	吨	3707	2.9
油料产量	吨	493	732.4
规模以上工业			
工业企业单位数	个	101	
工业总产值	万元	5320865	5.1
投资			
固定资产投资	%		2.7
房地产开发投资	万元	333960	-1.3
贸易			
社会消费品零售总额	万元	756192	-4.8
交通通讯			
公路里程	公里	413	
移动电话用户	户	173679	0.1
互联网宽带接入用户	户	35981	0.1
教育科技文化卫生社会保障			
小学学校数(所)	所	9	
普通中学学校数(所)	所	6	
体育场馆数(个)	个		
全年专利授权(件)	件		
剧场、影剧院(个)	个	1	
医疗卫生机构床位数(张)	张		
医疗卫生机构技术人员(人)	人		
城乡居民基本养老保险参保人数(人)	人	6048	1.5
基本医疗保险参保人数(人)	人	77873	13.0
居民生活			
全体居民人均可支配收入(元)	元	54185	1.4
城镇常住居民人均可支配收入(元)	元	54185	1.4
农村牧区常住居民人均可支配收入(元)	元		

20-2 昆都仑区主要经济指标

指　标	单 位	2020	2020年比2019年增长（±%）
行政区域土地面积	**平方公里**	**301**	
人口			
年末户籍户数	户	189606	1.8
年末户籍人口	人	523311	0.5
国民经济综合指标			
生产总值	万元	8339595	3.0
第一产业	万元	33121	1.7
第二产业	万元	3287875	11.2
第三产业	万元	5018599	-1.9
人均生产总值	元	105967	2.5
一般公共预算收入	万元	265899	-7.9
一般公共预算支出	万元	340549	1.9
农村牧区经济			
高标准农田面积	公顷		
农作物总播种面积	公顷	1277	0.6
粮食产量	吨	8022	1.2
油料产量	吨	18	
规模以上工业			
工业企业单位数	个	58	-1.7
工业总产值	万元	8703387	2.5
投资			
固定资产投资	%		6.0
房地产开发投资	万元	547630	50.4
贸易			
社会消费品零售总额	万元	3213521	-4.5
交通通讯			
公路里程	公里	521	
移动电话用户	户	857152	
互联网宽带接入用户	户	187765	0.7
教育科技文化卫生社会保障			
小学学校数(所)	所	34	
普通中学学校数(所)	所	26	
体育场馆数(个)	个	6	
全年专利授权(件)	件	1066	55.8
剧场、影剧院(个)	个	5	
医疗卫生机构床位数(张)	张	5952	0.7
医疗卫生机构技术人员(人)	人	7935	5.1
城乡居民基本养老保险参保人数(人)	人	9772	1.5
基本医疗保险参保人数(人)	人	239270	3.8
居民生活			
全体居民人均可支配收入(元)	元	54393	1.0
城镇常住居民人均可支配收入(元)	元	54393	1.0
农村牧区常住居民人均可支配收入(元)	元		

20-3 东河区主要经济指标

指　　标	单 位	2020	2020年比2019年增长（±%）
行政区域土地面积	**平方公里**	**470**	
人口			
年末户籍户数	户	161772	0.4
年末户籍人口	人	403163	-0.9
国民经济综合指标			
生产总值	万元	3370369	1.9
第一产业	万元	74227	1.9
第二产业	万元	1073492	11.3
第三产业	万元	2222650	-2.3
人均生产总值	元	69557	2.0
一般公共预算收入	万元	104057	0.7
一般公共预算支出	万元	231297	16.8
农村牧区经济			
高标准农田面积	公顷		
农作物总播种面积	公顷	8682	2.5
粮食产量	吨	38989	2.4
油料产量	吨	184	
规模以上工业			
工业企业单位数	个	39	14.7
工业总产值	万元	3178684	3.3
投资			
固定资产投资	%		-7.7
房地产开发投资	万元	280573	-7.8
贸易			
社会消费品零售总额	万元	1767101	-4.9
交通通讯			
公路里程	公里	265	
移动电话用户	户	404400	0.4
互联网宽带接入用户	户	90300	0.4
教育科技文化卫生社会保障			
小学学校数(所)	所	21	-4.8
普通中学学校数(所)	所	17	
体育场馆数(个)	个	2	
全年专利授权(件)	件	264	82.1
剧场、影剧院(个)	个	4	
医疗卫生机构床位数(张)	张	4877	-3.3
医疗卫生机构技术人员(人)	人	5838	-0.9
城乡居民基本养老保险参保人数(人)	人	29538	1.9
基本医疗保险参保人数(人)	人	217594	
居民生活			
全体居民人均可支配收入(元)	元	44667	1.7
城镇常住居民人均可支配收入(元)	元	46375	1.3
农村牧区常住居民人均可支配收入(元)	元	26362	7.5

20-4 青山区主要经济指标

指 标	单 位	2020	2020年比2019年增长（±%）
行政区域土地面积	**平方公里**	**280**	
人口			
年末户籍户数	户	134756	2.2
年末户籍人口	人	375200	0.9
国民经济综合指标			
生产总值	万元	5664137	3.2
第一产业	万元	34523	1.7
第二产业	万元	2103040	12.3
第三产业	万元	3526574	-1.7
人均生产总值	元	106489	2.0
一般公共预算收入	万元	224338	0.2
一般公共预算支出	万元	280663	9.6
农村牧区经济			
高标准农田面积	公顷	267	
农作物总播种面积	公顷	364	51.7
粮食产量	吨	1276	2.3
油料产量	吨	135	964.7
规模以上工业			
工业企业单位数	个	36	
工业总产值	万元	1302750	10.2
投资			
固定资产投资	%		5.5
房地产开发投资	万元	469017	-3.4
贸易			
社会消费品零售总额	万元	2639120	-4.3
交通通讯			
公路里程	公里	310	
移动电话用户	户	709000	1.4
互联网宽带接入用户	户	182600	4.0
教育科技文化卫生社会保障			
小学学校数(所)	所	21	
普通中学学校数(所)	所	21	
体育场馆数(个)	个	5	
全年专利授权(件)	件	1374	169.9
剧场、影剧院(个)	个	5	
医疗卫生机构床位数(张)	张	5055	1.0
医疗卫生机构技术人员(人)	人	6704	1.1
城乡居民基本养老保险参保人数(人)	人	9119	1.9
基本医疗保险参保人数(人)	人	193556	3.7
居民生活			
全体居民人均可支配收入(元)	元	54291	1.0
城镇常住居民人均可支配收入(元)	元	54291	1.0
农村牧区常住居民人均可支配收入(元)	元		

20-5　石拐区主要经济指标

指　　标	单 位	2020	2020年比2019年增长（±%）
行政区域土地面积	**平方公里**	**761**	
人口			
年末户籍户数	户	22579	-1.9
年末户籍人口	人	46231	-2.1
国民经济综合指标			
生产总值	万元	574556	0.2
第一产业	万元	9041	2.6
第二产业	万元	427080	0.6
第三产业	万元	138434	-1.4
人均生产总值	元	229822	2.4
一般公共预算收入	万元	42484	4.5
一般公共预算支出	万元	95993	6.8
农村牧区经济			
高标准农田面积	公顷	200	
农作物总播种面积	公顷	1961	-6.0
粮食产量	吨	8750	1.5
油料产量	吨	42	21.1
规模以上工业			
工业企业单位数	个	31	19.2
工业总产值	万元	1539700	9.3
投资			
固定资产投资	%		13.7
房地产开发投资	万元	50366	216.2
贸易			
社会消费品零售总额	万元	59182	-6.0
交通通讯			
公路里程	公里	324	
移动电话用户	户	24468	-15.8
互联网宽带接入用户	户	2384	-47.0
教育科技文化卫生社会保障			
小学学校数(所)	所	2	
普通中学学校数(所)	所	4	
体育场馆数(个)	个	2	
全年专利授权(件)	件	23	130.0
剧场、影剧院(个)	个	0	
医疗卫生机构床位数(张)	张	41	
医疗卫生机构技术人员(人)	人	120	42.9
城乡居民基本养老保险参保人数(人)	人	13100	2.6
基本医疗保险参保人数(人)	人	35809	5.0
居民生活			
全体居民人均可支配收入(元)	元	39901	1.5
城镇常住居民人均可支配收入(元)	元	44648	0.8
农村牧区常住居民人均可支配收入(元)	元	19042	8.3

20-6　白云矿区主要经济指标

指　　标	单 位	2020	2020年比2019年增长（±%）
行政区域土地面积	**平方公里**	**303**	
人口			
年末户籍户数	户	6696	-1.3
年末户籍人口	人	14991	-2.9
国民经济综合指标			
生产总值	万元	313926	1.2
第一产业	万元	563	1.6
第二产业	万元	225271	3.8
第三产业	万元	88093	-5.1
人均生产总值	元	137386	2.8
一般公共预算收入	万元	22888	39.1
一般公共预算支出	万元	43406	1.5
农村牧区经济			
高标准农田面积	公顷		
农作物总播种面积	公顷	2	
粮食产量	吨		
油料产量	吨		
规模以上工业			
工业企业单位数	个	12	20.0
工业总产值	万元	76598	-2.2
投资			
固定资产投资	%		3.6
房地产开发投资	万元		
贸易			
社会消费品零售总额	万元	76911	-4.6
交通通讯			
公路里程	公里	79	
移动电话用户	户	29134	-5.4
互联网宽带接入用户	户	6877	-0.3
教育科技文化卫生社会保障			
小学学校数(所)	所	3	
普通中学学校数(所)	所	2	
体育场馆数(个)	个	3	
全年专利授权(件)	件	6	200.0
剧场、影剧院(个)	个	1	
医疗卫生机构床位数(张)	张	110	
医疗卫生机构技术人员(人)	人	153	2.7
城乡居民基本养老保险参保人数(人)	人	322	3.9
基本医疗保险参保人数(人)	人	8056	3.9
居民生活			
全体居民人均可支配收入(元)	元	54061	0.6
城镇常住居民人均可支配收入(元)	元	54061	0.6
农村牧区常住居民人均可支配收入(元)	元		

20-7 九原区主要经济指标

指　标	单 位	2020	2020年比2019年增长（±%）
行政区域土地面积	平方公里	734	
人口			
年末户籍户数	户	54343	2.1
年末户籍人口	人	129383	1.7
国民经济综合指标			
生产总值	万元	2555652	3.9
第一产业	万元	135962	2.2
第二产业	万元	1054369	10.4
第三产业	万元	1365321	-0.9
人均生产总值	元	104783	2.3
一般公共预算收入	万元	147089	-3.9
一般公共预算支出	万元	215790	7.3
农村牧区经济			
高标准农田面积	公顷	1333	
农作物总播种面积	公顷	20027	3.0
粮食产量	吨	66453	2.2
油料产量	吨	3006	4.4
规模以上工业			
工业企业单位数	个	46	24.3
工业总产值	万元	1904476	1.5
投资			
固定资产投资	%		9.1
房地产开发投资	万元	659776	24.8
贸易			
社会消费品零售总额	万元	596840	-4.5
交通通讯			
公路里程	公里	817	
移动电话用户	户	268701	4.6
互联网宽带接入用户	户	26003	1.1
教育科技文化卫生社会保障			
小学学校数(所)	所	15	
普通中学学校数(所)	所	8	
体育场馆数(个)	个	2	
全年专利授权(件)	件	166	71.1
剧场、影剧院(个)	个	1	
医疗卫生机构床位数(张)	张	1850	0.2
医疗卫生机构技术人员(人)	人	2338	7.4
城乡居民基本养老保险参保人数(人)	人	24311	3.6
基本医疗保险参保人数(人)	人	130450	2.1
居民生活			
全体居民人均可支配收入(元)	元	45674	3.0
城镇常住居民人均可支配收入(元)	元	52997	1.6
农村牧区常住居民人均可支配收入(元)	元	25047	7.9

20-8　土默特右旗主要经济指标

指　　标	单 位	2020	2020年比2019年增长（±%）
行政区域土地面积	**平方公里**	**2368**	
人口			
年末户籍户数	户	159605	-2.9
年末户籍人口	人	352741	-2.7
国民经济综合指标			
生产总值	万元	1649397	1.5
第一产业	万元	418505	1.9
第二产业	万元	499013	5.4
第三产业	万元	731880	-1.3
人均生产总值	元	68955	3.3
一般公共预算收入	万元	70293	10.1
一般公共预算支出	万元	224812	-2.4
农村牧区经济			
高标准农田面积	公顷	11900	
农作物总播种面积	公顷	108994	
粮食产量	吨	802334	3.5
油料产量	吨	25961	-14.5
规模以上工业			
工业企业单位数	个	37	37.0
工业总产值	万元	759440	4.7
投资			
固定资产投资	%		2.1
房地产开发投资	万元	59152	-34.1
贸易			
社会消费品零售总额	万元	413774	-5.5
交通通讯			
公路里程	公里	2513	2.2
移动电话用户	户	247000	0.4
互联网宽带接入用户	户	26939	0.5
教育科技文化卫生社会保障			
小学学校数(所)	所	20	-5.0
普通中学学校数(所)	所	7	
体育场馆数(个)	个	1	
全年专利授权(件)	件	102	142.9
剧场、影剧院(个)	个	3	
医疗卫生机构床位数(张)	张	883	0.6
医疗卫生机构技术人员(人)	人	1214	19.7
城乡居民基本养老保险参保人数(人)	人	169900	4.6
基本医疗保险参保人数(人)	人	278818	-3.3
居民生活			
全体居民人均可支配收入(元)	元	29246	5.3
城镇常住居民人均可支配收入(元)	元	40020	1.6
农村牧区常住居民人均可支配收入(元)	元	20795	7.7

20-9 固阳县主要经济指标

指　标	单 位	2020	2020年比2019年增长（±%）
行政区域土地面积	**平方公里**	**5025**	
人口			
年末户籍户数	户	97435	–0.2
年末户籍人口	人	197112	-0.6
国民经济综合指标			
生产总值	万元	634946	4.6
第一产业	万元	149283	2.4
第二产业	万元	296029	10.0
第三产业	万元	189633	-1.0
人均生产总值	元	52497	9.2
一般公共预算收入	万元	40026	6.9
一般公共预算支出	万元	220044	-3.3
农村牧区经济			
高标准农田面积	公顷	5333	
农作物总播种面积	公顷	109038	6.3
粮食产量	吨	111373	1.6
油料产量	吨	65306	40.9
规模以上工业			
工业企业单位数	个	38	18.8
工业总产值	万元	1438869	59.4
投资			
固定资产投资	%		1.0
房地产开发投资	万元	2653	-87.2
贸易			
社会消费品零售总额	万元	193888	-5.8
交通通讯			
公路里程	公里	1260	
移动电话用户	户	115990	-10.8
互联网宽带接入用户	户	23066	15.3
教育科技文化卫生社会保障			
小学学校数(所)	所	5	
普通中学学校数(所)	所	3	
体育场馆数(个)	个	1	
全年专利授权(件)	件	28	600.0
剧场、影剧院(个)	个	1	
医疗卫生机构床位数(张)	张	614	0.3
医疗卫生机构技术人员(人)	人	630	15.8
城乡居民基本养老保险参保人数(人)	人	108318	0.7
基本医疗保险参保人数(人)	人	158772	-3.1
居民生活			
全体居民人均可支配收入(元)	元	23168	5.9
城镇常住居民人均可支配收入(元)	元	34309	1.8
农村牧区常住居民人均可支配收入(元)	元	16602	8.6

20-10 达尔罕茂明安联合旗主要经济指标

指 标	单 位	2020	2020年比2019年增长（±%）
行政区域土地面积	**平方公里**	**17410**	
人口			
年末户籍户数	户	53159	-0.2
年末户籍人口	人	109520	-0.9
国民经济综合指标			
生产总值	万元	916119	0.3
第一产业	万元	158733	2.0
第二产业	万元	485225	2.1
第三产业	万元	272161	-4.1
人均生产总值	元	129395	4.2
一般公共预算收入	万元	59043	6.0
一般公共预算支出	万元	211642	3.4
农村牧区经济			
高标准农田面积	公顷	1667	
农作物总播种面积	公顷	56536	12.5
粮食产量	吨	86454	1.1
油料产量	吨	29776	35.3
规模以上工业			
工业企业单位数	个	55	5.8
工业总产值	万元	662189	4.9
投资			
固定资产投资	%		6.0
房地产开发投资	万元	6226	-93.8
贸易			
社会消费品零售总额	万元	161466	-5.9
交通通讯			
公路里程	公里	3085	2.9
移动电话用户	户	85041	-13.9
互联网宽带接入用户	户	18072	-0.2
教育科技文化卫生社会保障			
小学学校数(所)	所	6	
普通中学学校数(所)	所	3	
体育场馆数(个)	个	1	
全年专利授权(件)	件	11	-35.3
剧场、影剧院(个)	个	1	
医疗卫生机构床位数(张)	张	614	0.8
医疗卫生机构技术人员(人)	人	571	4.8
城乡居民基本养老保险参保人数(人)	人	74505	0.4
基本医疗保险参保人数(人)	人	89667	-4.6
居民生活			
全体居民人均可支配收入(元)	元	33670	6.7
城镇常住居民人均可支配收入(元)	元	43466	1.9
农村牧区常住居民人均可支配收入(元)	元	18628	9.9

21 附录

Appendix

资料整理：袁斌　奥德

21-1　西部城市国民经济和社会发展主要指标（一）

城市名称	地区生产总值(亿元)		第一产业增加值		第二产业增加值		第三产业增加值	
	2020	位次	2020	位次	2020	位次	2020	位次
成　都	17716.7	1	655.2	1	5418.5	1	11643.0	1
自　贡	1458.4	29	231.4	22	567.9	28	659.2	30
攀枝花	1040.8	39	96.9	44	558.4	29	385.5	43
泸　州	2157.2	20	256.5	20	1038.1	16	862.7	25
德　阳	2404.1	17	272.7	17	1128.7	13	1002.7	19
遂　宁	1403.2	30	218.3	25	634.1	25	550.8	36
绵　阳	3010.1	11	371.0	8	1174.4	11	1464.8	11
宜　宾	2802.1	14	344.6	10	1349.3	9	1108.3	17
内　江	1465.9	28	269.1	19	479.1	34	717.7	28
贵　阳	4311.7	5	178.3	32	1552.6	7	2580.8	5
遵　义	3720.1	7	489.6	4	1615.6	6	1614.8	9
六盘水	1339.6	34	170.8	36	600.0	26	568.8	34
安　顺	966.7	40	176.3	34	292.6	44	497.8	39
毕　节	2020.4	23	486.6	5	533.5	30	1000.4	20
昆　明	6733.8	3	312.4	13	2102.9	4	4318.5	3
曲　靖	2959.4	12	553.5	2	1094.9	14	1310.9	14
玉　溪	2058.1	22	207.3	26	864.3	21	986.6	21
拉　萨	678.2	49	22.5	53	290.4	45	365.3	44
西　安	10020.4	2	312.8	12	3328.3	2	6379.4	2
宝　鸡	2277.0	18	205.1	28	1261.2	10	810.6	27
延　安	1601.5	27	190.4	30	885.7	20	525.3	37
咸　阳	2204.8	19	339.5	11	972.0	17	893.3	24
榆　林	4089.7	6	272.5	18	2555.6	3	1261.6	15
渭　南	1866.3	25	373.7	7	651.5	24	841.0	26
兰　州	2886.7	13	57.4	48	933.4	18	1895.9	7
金　昌	358.6	55	29.1	51	227.4	52	102.1	56
白　银	497.3	53	100.5	43	170.3	57	226.4	52
银　川	1964.4	24	75.7	46	832.6	22	1056.0	18

注：地区生产总值及三次产业增加值总量均按现行价格计算，本表中数据均为年快报数据（后同）。

21-1 续 表

城市名称	地区生产总值(亿元)		第一产业增加值		第二产业增加值		第三产业增加值	
	2020	位次	2020	位次	2020	位次	2020	位次
石嘴山	541.6	52	37.3	50	259.2	48	245.1	51
中卫	440.3	54	68.0	47	175.0	55	197.4	53
吴忠	621.8	50	85.1	45	273.0	46	263.6	50
西宁	1373.0	32	57.2	49	418.7	36	897.1	23
格尔木	305.9	56	6.7	56	200.5	53	98.7	57
乌鲁木齐	3337.3	9	27.1	52	907.9	19	2402.4	6
克拉玛依	886.9	42	17.3	55	598.0	27	271.6	49
呼和浩特	2800.7	15	126.5	40	815.7	23	1858.5	8
包头	**2787.4**	**16**	**105.2**	**42**	**1153.0**	**12**	**1529.2**	**10**
乌海	563.1	51	6.0	57	363.1	40	194.0	54
巴彦淖尔	874.0	43	221.5	24	256.6	50	395.9	42
通辽	1276.6	36	304.6	14	370.1	39	601.9	32
鄂尔多斯	3533.7	8	135.7	39	2005.5	5	1392.5	13
乌兰察布	826.9	44	138.2	38	333.5	42	355.1	45
呼伦贝尔	1172.2	37	290.6	15	326.7	43	555.0	35
阿拉善	304.8	57	17.7	54	173.6	56	113.5	55
南宁	4726.3	4	534.4	3	1084.3	15	3107.7	4
柳州	3176.9	10	231.4	21	1501.1	8	1444.4	12
桂林	2130.4	21	484.5	6	486.5	32	1159.5	16
梧州	1081.3	38	173.8	35	383.3	38	524.2	38
玉林	1761.1	26	345.4	9	460.9	35	954.8	22
钦州	1388.0	31	282.8	16	390.1	37	715.0	29
北海	1276.9	35	206.6	27	485.7	33	584.7	33
贵港	1352.7	33	226.6	23	491.7	31	634.5	31
来宾	705.7	48	176.7	33	191.6	54	337.5	47
防城港	732.8	47	111.1	41	348.1	41	273.7	48
贺州	754.0	46	144.2	37	257.6	49	352.2	46
崇左	809.0	45	180.4	31	232.6	51	396.0	41
河池	927.7	41	198.7	29	264.0	47	465.0	40

21-2　西部城市国民经济和社会发展主要指标（二）

城市名称	地区生产总值增速（%）		第一产业增加值增速		第二产业增加值增速		第三产业增加值增速	
	2020	位次	2020	位次	2020	位次	2020	位次
成　都	4.0	23	3.3	44	4.8	24	3.6	26
自　贡	3.9	24	5.6	15	4.8	24	2.4	35
攀枝花	3.9	24	5.1	25	4.4	27	2.4	35
泸　州	4.2	22	5.6	15	3.3	37	5.2	7
德　阳	2.5	37	3.6	42	1.3	42	3.7	25
遂　宁	4.3	21	5.3	22	4.3	29	3.8	22
绵　阳	4.4	19	5.4	21	4.0	33	4.5	10
宜　宾	4.6	15	5.7	14	4.9	23	3.9	19
内　江	3.9	24	5.8	12	4.2	31	3.0	29
贵　阳	5.0	14	6.4	3	5.5	21	4.4	13
遵　义	4.6	15	6.2	6	4.2	31	4.7	9
六盘水	4.5	17	5.9	10	4.4	27	4.3	15
安　顺	3.1	32	6.4	3	2.8	38	2.1	37
毕　节	4.4	19	6.3	5	3.8	34	3.9	19
昆　明	2.3	40	5.6	15	1.4	40	2.5	34
曲　靖	6.6	6	5.9	10	7.0	15	6.5	4
玉　溪	2.1	42	5.8	12	-0.6	45	4.4	13
拉　萨	7.8	3	11.2	1	16.5	1	2.1	37
西　安	5.2	11	3.0	47	7.4	12	4.2	16
宝　鸡	3.3	29	3.4	43	4.3	29	1.7	39
延　安	-0.8	51	4.2	37	-3.1	50	1.4	41
咸　阳	0.1	50	3.1	45	-1.1	46	0.4	44
榆　林	4.5	17	2.3	49	5.6	20	2.6	33
渭　南	0.2	48	3.7	41	-1.2	47	-0.1	45
兰　州	2.4	38	5.0	27	3.7	36	1.5	40
金　昌	8.7	1	5.2	23	10.9	4	3.8	22
白　银	2.8	35	6.0	9	0.1	43	4.1	18
银　川	3.2	31	0.7	55	2.8	38	3.8	22

注：地区生产总值及三次产业增加值增速均按不变价计算。

21-2 续 表

城市名称	地区生产总值增速（%）		第一产业增加值增速		第二产业增加值增速		第三产业增加值增速	
	2020	位次	2020	位次	2020	位次	2020	位次
石嘴山	6.0	10	2.5	48	7.1	13	5.2	7
中卫	0.3	46	4.6	32	-4.1	51	2.9	30
吴忠	6.2	8	4.3	34	8.8	7	3.9	19
西宁	1.8	44	4.3	34	6.1	19	-0.2	46
格尔木	-2.9	55	5.1	25	-3.0	49	-3.2	55
乌鲁木齐	0.3	46	1.4	52	8.1	9	-2.2	52
克拉玛依	2.3	40	4.6	32	3.8	34	-0.5	47
呼和浩特	0.2	48	1.2	54	1.4	40	-0.5	47
包头	**3.0**	**33**	**2.0**	**51**	**9.8**	**5**	**-1.8**	**51**
乌海	2.9	34	6.1	8	7.0	15	-4.2	57
巴彦淖尔	-1.5	54	3.8	40	-5.7	53	-1.3	50
通辽	-0.9	52	1.4	52	-4.9	52	0.6	43
鄂尔多斯	-2.9	55	3.1	45	-6.0	54	1.3	42
乌兰察布	2.4	38	0.6	56	8.4	8	-2.7	53
呼伦贝尔	-3.3	57	0.3	57	-6.1	55	-3.7	56
阿拉善	3.8	27	9.5	2	8.0	10	-3.0	54
南宁	3.7	28	4.7	31	5.3	22	2.9	30
柳州	1.5	45	4.0	38	-1.3	48	4.2	16
桂林	2.1	42	6.2	6	4.6	26	-0.7	49
梧州	8.0	2	5.5	19	14.0	2	4.5	10
玉林	3.3	29	5.0	27	-0.3	44	4.5	10
钦州	2.6	36	4.3	34	-12.3	57	12.7	1
北海	-1.3	53	2.1	50	-11.5	56	8.1	2
贵港	7.0	4	5.0	27	8.9	6	6.1	6
来宾	6.3	7	5.5	19	7.1	13	6.3	5
防城港	5.1	12	3.9	39	6.8	18	3.2	28
贺州	7.0	4	5.6	15	6.9	17	7.6	3
崇左	6.1	9	5.0	27	12.6	3	2.9	30
河池	5.1	12	5.2	23	7.6	11	3.5	27

21-3　西部城市国民经济和社会发展主要指标（三）

城市名称	一般公共预算收入（亿元）		一般公共预算支出（亿元）		进出口总额（亿元）		#出口总额	
	2020	位次	2020	位次	2020	位次	2020	位次
成　都	1520.40	1	2158.00	1	7154.20	1	4106.80	1
自　贡	63.45	42	238.80	42	31.81	39	23.31	33
攀枝花	68.25	38	159.47	50	30.43	41	11.91	41
泸　州	170.10	14	450.10	20	89.80	25	45.30	22
德　阳	132.10	22	309.50	33	116.40	20	82.40	14
遂　宁	79.92	30	268.84	41	36.88	35	18.38	36
绵　阳	140.96	19	446.50	21	216.27	13	78.28	17
宜　宾	200.03	12	546.13	10	183.04	15	123.91	11
内　江	66.34	40	276.55	39	19.79	44	13.25	39
贵　阳	398.13	6	676.42	8	446.94	8	357.98	6
遵　义	258.66	9	755.49	5	44.95	33	31.69	28
六盘水	108.95	25	314.76	32	9.56	53	0.13	57
安　顺	67.03	39	295.99	37	106.29	21	86.47	13
毕　节	131.96	23	748.35	6	5.85	55	5.74	51
昆　明	650.47	3	875.05	3	1043.84	4	503.43	4
曲　靖	155.00	17	532.20	12	96.66	24	94.89	12
玉　溪	134.53	20	301.57	36	236.60	10	225.55	9
拉　萨	107.26	26	346.23	29	15.95	49	11.14	43
西　安	724.13	2	1352.69	2	3473.84	2	1775.98	2
宝　鸡	88.93	29	364.18	28	78.60	26	35.50	25
延　安	163.84	15	456.73	18	24.92	43	0.89	55
咸　阳	90.72	28	412.26	24	103.99	22	47.95	21
榆　林	406.22	5	707.32	7	12.00	51	8.50	47
渭　南	76.03	35	483.62	14	16.20	48	13.40	38
兰　州	247.13	10	485.73	13	102.50	23	32.70	27
金　昌	22.50	54	60.96	56	131.50	19	3.70	53
白　银	33.38	52	200.08	48	64.70	28	5.90	50
银　川	157.25	16	335.76	30	62.96	30	45.27	23

21-3 续 表

城市名称	一般公共预算收入（亿元）		一般公共预算支出（亿元）		进出口总额（亿元）		#出口总额	
	2020	位次	2020	位次	2020	位次	2020	位次
石嘴山	21.79	55	121.35	52	39.01	34	28.54	30
中卫	20.86	56	181.58	49	18.22	45	10.19	44
吴忠	35.60	50	232.60	44	2.83	56	2.53	54
西宁	133.51	21	329.51	31	16.81	47	7.05	48
格尔木	16.83	57	46.47	57	0.36	57	0.31	56
乌鲁木齐	392.64	7	536.87	11	455.87	7	288.51	7
克拉玛依	79.30	33	111.40	54	13.47	50	11.39	42
呼和浩特	217.10	11	435.74	22	147.00	18	72.40	18
包头	**145.18**	**18**	**379.14**	**27**	**157.30**	**17**	**65.80**	**19**
乌海	54.02	45	113.22	53	5.90	54	5.10	52
巴彦淖尔	56.91	43	306.12	35	208.20	14	42.20	24
通辽	76.50	34	385.96	26	33.40	38	27.50	31
鄂尔多斯	464.88	4	663.70	9	46.00	31	22.00	34
乌兰察布	56.33	44	387.41	25	30.30	42	25.30	32
呼伦贝尔	79.80	31	467.62	17	160.80	16	35.10	26
阿拉善	31.10	53	110.70	55	36.30	36	6.10	49
南宁	372.25	8	819.86	4	515.19	6	470.82	5
柳州	173.12	13	468.25	16	228.12	11	79.67	16
桂林	111.49	24	471.93	15	72.14	27	64.71	20
梧州	76.00	36	288.09	38	63.27	29	31.44	29
玉林	101.77	27	421.19	23	31.32	40	20.50	35
钦州	65.04	41	237.58	43	217.65	12	81.67	15
北海	79.41	32	212.69	47	268.14	9	128.76	10
贵港	75.27	37	306.53	34	35.42	37	16.66	37
来宾	39.41	49	220.51	46	11.06	52	9.40	46
防城港	53.69	46	154.66	51	709.64	5	242.08	8
贺州	40.87	48	229.22	45	17.35	46	11.93	40
崇左	33.82	51	272.65	40	1843.17	3	1238.88	3
河池	50.78	47	451.98	19	45.00	32	9.93	45

21-4 西部城市国民经济和社会发展主要指标（四）

城市名称	规模以上工业							
	增加值增速（%）		产销率（%）		营业收入增速（%）		利润总额增速（%）	
	2020	位次	2020	位次	2020	位次	2020	位次
成　都	5.0	27	100.2	7	7.9	10	29.5	11
自　贡	5.1	24	97.5	24	6.1	16	32.0	10
攀枝花	4.0	33	97.9	22	3.6	23	23.4	14
泸　州	5.0	27	94.5	44	6.0	17	33.1	9
德　阳	1.8	39	96.0	40	-1.2	34	-7.2	36
遂　宁	4.9	30	97.1	29	3.6	23	6.0	26
绵　阳	5.1	24	97.3	26	8.0	9	-0.6	33
宜　宾	5.6	23	96.6	35	14.0	3	10.4	24
内　江	5.0	27			7.2	13	16.8	23
贵　阳	6.1	20	89.3	49	-0.7	32	34.7	8
遵　义	6.0	21	97.2	28	-2.9	41	21.5	16
六盘水	5.1	24	98.0	21	-7.4	45	-10.3	38
安　顺	1.5	41			-21.7	51	-37.3	48
毕　节	3.2	35	97.3	25			-53.2	50
昆　明	0.9	42			-1.3	35	29.4	12
曲　靖	6.8	17	97.3	26	3.3	25	6.3	25
玉　溪	-0.3	45	96.9	31	-2.1	38	5.8	27
拉　萨	11.3	7						
西　安	7.0	16	93.0	46	4.7	22	46.9	6
宝　鸡	4.8	31	94.0	45	1.3	28	-9.2	37
延　安	-5.0	52	85.4	51	6.0	17	19.7	18
咸　阳	0.1	43	95.9	41	-7.3	44	-30.9	45
榆　林	6.0	21	96.5	38	0.6	30	4.8	28
渭　南	-0.3	45	97.7	23	-5.0	43	-31.2	46
兰　州	3.2	35	99.7	12	-2.8	40	140.6	1
金　昌	14.2	2	104.3	1	24.6	1	-18.6	41
白　银	0.1	43	103.2	2	12.3	4	-1.5	34
银　川	1.6	40	97.1	29	-0.1	31	-6.6	35

21-4 续 表

城市名称	规模以上工业							
	增加值增速（%）		产销率（%）		营业收入增速（%）		利润总额增速（%）	
	2020	位次	2020	位次	2020	位次	2020	位次
石嘴山	8.8	12	99.1	16	−1.0	33	92.1	3
中　卫	-0.5	47	98.5	19	-22.6	52	-92.6	52
吴　忠	11.6	6	95.1	43	-2.0	36	0.2	32
西　宁	3.5	34	99.1	17	7.0	14	-145.0	53
格尔木	-8.0	55	96.4	39	-2.1	38	102.4	2
乌鲁木齐	8.0	13	101.4	3	9.7	7	-38.6	49
克拉玛依	3.0	37	99.4	13	-18.4	49	-13.3	39
呼和浩特	4.6	32	98.6	18	5.0	20	-15.0	40
包　头	**11.0**	**9**	**100.1**	**9**	**-4.0**	**42**	**44.2**	**7**
乌　海	7.7	15	100.0	10	8.4	8	58.1	4
巴彦淖尔	-6.6	54	101.2	4	-9.9	46	-64.3	51
通　辽	-1.2	48	100.2	7	4.8	21	21.0	17
鄂尔多斯	-6.0	53	100.0	10	-10.7	48	-24.8	44
乌兰察布	10.5	10	98.3	20	7.8	11	54.5	5
呼伦贝尔	-3.2	51	100.8	6	1.4	27	-18.9	42
阿拉善	12.5	4	99.4	13	6.5	15	-22.9	43
南　宁	3.0	37	99.2	15	1.2	29	1.5	31
柳　州	-2.2	50	96.5	37	-2.0	36	17.4	22
桂　林	6.7	18	95.2	42	11.7	5	18.2	20
梧　州	13.9	3						
玉　林	-1.8	49	96.6	36	6.0	17	19.7	18
钦　州	-14.3	57			-19.7	50	4.3	29
北　海	-13.5	56	96.7	34	-10.1	47	-36.4	47
贵　港	11.2	8	91.4	48				
来　宾	7.8	14	96.8	32				
防城港	6.5	19	100.9	5	20.1	2	27.8	13
贺　州	11.9	5	96.8	32	9.9	6	3.0	30
崇　左	17.9	1	92.8	47	7.4	12	22.4	15
河　池	9.3	11	88.0	50	2.5	26	17.7	21

21-5 西部城市国民经济和社会发展主要指标（五）

城市名称	固定资产投资增速（%）		社会消费品零售总额增速（%）		城镇常住居民人均可支配收入（元）		农村常住居民人均可支配收入（元）	
	2020	位次	2020	位次	2020	位次	2020	位次
成　都	9.9	19	−2.3	20	48593	4	26432	1
自　贡	10.4	13	-2.6	22	38781	22	18788	13
攀枝花	10.0	16	-2.2	19	44209	8	19938	10
泸　州	10.8	11	-1.8	16	39547	18	18035	17
德　阳	8.0	24	-4.8	31	39360	20	19790	11
遂　宁	10.4	13	-2.4	21	37117	34	17815	19
绵　阳	10.0	16	-1.8	16	39680	17	19303	12
宜　宾	11.3	9	-1.7	15	39166	21	18569	15
内　江	10.9	10	-3.2	25	38337	26	17918	18
贵　阳	2.7	38	6.6	2	40305	15	18674	14
遵　义	3.3	35	6.6	2	37190	31	14718	37
六盘水	5.2	30	5.6	4	34634	44	12004	52
安　顺	-7.1	53	4.1	6	33930	51	11768	53
毕　节	3.0	37	3.8	7	34274	47	11238	54
昆　明	8.0	24	-3.6	26	48018	5	17719	22
曲　靖	10.6	12	2.2	9	38657	23	14793	36
玉　溪	-1.5	50	-2.9	23	42125	14	16835	25
拉　萨	5.3	29	-3.8	27	43640	11	18268	16
西　安	12.8	7	-2.9	23	43713	10	15749	34
宝　鸡	3.3	35	-11.3	51	36209	38	14189	43
延　安	3.8	32	-6.5	40	36577	37	12845	50
咸　阳	6.0	27	7.1	1	37975	28	12879	49
榆　林	8.6	22	-5.9	35	35682	41	14319	41
渭　南	-4.9	52	-11.9	52	35304	42	13741	46
兰　州	3.4	34	-1.8	16	40152	16	14652	40
金　昌	9.8	20	-1.3	14	42662	13	16789	27
白　银	16.0	4	1.5	10	33103	54	10711	56
银　川	1.1	45	-7.1	41	39416	19	16428	30

21-5 续 表

城市名称	固定资产投资增速（%）		社会消费品零售总额增速（%）		城镇常住居民人均可支配收入（元）		农村常住居民人均可支配收入（元）	
	2020	位次	2020	位次	2020	位次	2020	位次
石嘴山	0.2	47	-8.0	43	34158	48	16405	31
中卫	10.1	15	-6.2	36	30479	57	12123	51
吴忠	16.1	3	-7.6	42	31160	55	14698	38
西宁	-25.9	56	-9.3	49	36959	35	13487	47
格尔木	-25.5	55	-15.5	54	36801	36	20543	8
乌鲁木齐	0.3	46	-19.8	56	42769	12	22829	3
克拉玛依	1.2	44	-20.6	57	46963	6		
呼和浩特	-8.5	54	-4.0	28	49789	3	20489	9
包头	**1.6**	**42**	**-4.7**	**29**	**50981**	**1**	**20710**	**6**
乌海	2.6	39	-8.0	43	45497	7	21812	4
巴彦淖尔	2.6	39	-8.7	47	33657	52	20684	7
通辽	-32.2	57	-5.6	32	34782	43	16671	28
鄂尔多斯	6.0	27	-5.7	34	50306	2	21576	5
乌兰察布	7.6	26	-6.2	36	33534	53	13009	48
呼伦贝尔	1.5	43	-8.5	46	36168	40	17796	20
阿拉善	-1.2	49	-18.8	55	44009	9	23144	2
南宁	-2.5	51	-6.3	38	38542	24	16130	32
柳州	-1.0	48	-4.7	29	38479	25	15848	33
桂林	4.0	31	-8.1	45	38145	27	17345	23
梧州	13.2	6	-5.6	32	34591	45	14660	39
玉林	2.2	41	2.4	8	37362	30	17721	21
钦州	11.8	8	0.3	11	37126	33	15352	35
北海	16.9	1	-8.8	48	37956	29	16797	26
贵港	3.7	33	-0.2	13	34002	50	16619	29
来宾	16.5	2	-10.9	50	36173	39	13950	44
防城港	8.8	21	-13.1	53	37185	32	17223	24
贺州	8.1	23	4.9	5	34075	49	13832	45
崇左	10.0	16	0.3	11	34562	46	14306	42
河池	13.8	5	-6.4	39	30881	56	11074	55

21-6 西部城市国民经济和社会发展主要指标（六）

城市名称	居民消费价格指数（%）		金融机构存款余额（亿元）		金融机构贷款余额（亿元）	
	2020	位次	2020	位次	2020	位次
成　都	102.5	23	43654.49	1	41147.94	1
自　贡	102.4	26	2378.07	27	1403.03	30
攀枝花	104.0	2	1115.09	44	706.97	49
泸　州	103.2	7	3107.60	23	2367.20	19
德　阳	104.1	1	3301.90	21	1921.70	25
遂　宁	102.5	23	1875.64	32	1309.40	33
绵　阳	103.1	8	5100.20	10	2823.72	16
宜　宾	104.0	2	3722.11	18	2513.62	17
内　江	103.4	5	2022.74	28	1180.71	36
贵　阳	102.4	26	12523.52	4	15861.75	5
遵　义	101.5	47	5251.39	9	4431.29	11
六盘水	102.6	16	1385.37	38	1615.93	27
安　顺	102.6	16	1099.04	45	1275.92	34
毕　节	102.6	16	1960.47	30	2183.87	21
昆　明	103.1	8	16459.47	3	20072.26	3
曲　靖	103.4	5	2765.60	25	1793.90	26
玉　溪	103.5	4	2010.90	29	1512.60	28
拉　萨	102.0	37	3139.28	22	3391.35	14
西　安	102.1	35	26045.87	2	25792.89	2
宝　鸡	102.8	11	3365.66	20	2037.04	23
延　安	102.8	11	1824.88	33	1410.93	29
咸　阳	102.6	16	3889.97	17	2065.75	22
榆　林			4637.88	11	2320.18	20
渭　南			2879.29	24	1398.25	31
兰　州	102.0	37	9083.88	7	13167.60	6
金　昌	102.4	26	456.73	55	309.63	55
白　银	102.3	32	899.11	47	742.45	46
银　川	101.8	44	4488.01	12	5535.00	9

21-6 续 表

城市名称	居民消费价格指数（%）		金融机构存款余额（亿元）		金融机构贷款余额（亿元）	
	2020	位次	2020	位次	2020	位次
石嘴山	101.5	47	700.50	53	627.80	51
中卫	101.5	47	619.54	54	504.19	53
吴忠	101.4	51	796.30	52	669.60	50
西宁	102.7	14	4382.50	14	5354.38	10
格尔木	101.8	44	247.44	57	180.60	56
乌鲁木齐	100.9	53	9667.16	6	8693.35	8
克拉玛依	101.5	47	1606.10	35	837.90	42
呼和浩特	102.0	37	6165.53	8	8969.01	7
包头	**101.1**	**52**	**3430.07**	**19**	**2505.84**	**18**
乌海	102.1	35	856.80	49	527.66	52
巴彦淖尔	100.9	53	1186.80	43	884.80	41
通辽	102.3	32	1402.33	37	1059.08	38
鄂尔多斯	102.0	37	4019.92	16	3398.72	13
乌兰察布	101.6	46	1356.88	39	809.45	44
呼伦贝尔	100.6	55	1894.16	31	112.28	57
阿拉善	101.9	42	408.90	56	368.60	54
南宁	102.3	32	11498.25	5	15868.84	4
柳州	102.4	26	4384.19	13	3730.19	12
桂林	102.6	16	4023.56	15	3256.41	15
梧州	103.0	10	1500.72	36	1244.47	35
玉林	102.4	26	2492.24	26	1964.32	24
钦州	102.5	23	1308.43	41	1078.61	37
北海	102.7	14	1315.74	40	971.66	39
贵港	102.8	11	1670.96	34	1390.53	32
来宾	102.0	37	828.20	51	723.15	47
防城港	102.6	16	884.21	48	831.37	43
贺州	102.6	16	840.48	50	719.47	48
崇左	102.4	26	1040.01	46	758.05	45
河池	101.9	42	1296.27	42	919.75	40

中国统计出版社有限公司最新图书简目

（仅供参考，以实际出版为准）

统计资料

中国统计年鉴 中国统计摘要 中国第三产业统计年鉴
中国第三次全国农业普查综合资料 国际统计年鉴 金砖国家联合统计手册
中国-东盟国家统计手册 中国农村统计年鉴 中国县域统计年鉴
中国农产品价格调查年鉴 中国城市统计年鉴 中国价格统计年鉴
中国贸易外经统计年鉴 中国零售和餐饮连锁企业统计年鉴 中国商品交易市场统计年鉴
大中型批发零售和住宿餐饮企业统计年鉴 中国住户调查年鉴 中国工业统计年鉴
中国环境统计年鉴 中国能源统计年鉴 中国建筑业统计年鉴
中国房地产统计年鉴 中国投资领域统计年鉴 长江经济带发展统计年鉴
中国人口和就业统计年鉴 中国劳动统计年鉴 中国社会统计年鉴
中国科技统计年鉴 中国高技术产业统计年鉴 全国企业创新调查年鉴
中国文化及相关产业统计年鉴 中国妇女儿童状况统计资料 中国青年发展状况统计年鉴
中国基本单位统计年鉴 中国教育统计年鉴 中国教育经费统计年鉴
中国民族统计年鉴 中国残疾人事业统计年鉴 中国电力统计年鉴

省级综合统计年鉴系列

北京 天津 河北 山西 内蒙古 辽宁 吉林 黑龙江 上海 江苏 浙江 安徽 福建 江西 山东 河南 湖北 湖南
广东 广西 海南 重庆 四川 贵州 云南 西藏 陕西 甘肃 青海 宁夏 新疆 新疆生产建设兵团

市(县)级综合统计年鉴系列

滨海新区 石家庄 唐山 邯郸 邢台 保定 承德 沧州 衡水 太原 大同 晋城 晋中 长治 忻州 朔州 临汾 运城
阳泉 吕梁 呼和浩特 包头 鄂尔多斯 赤峰 大连 长春 四平 延吉 延边 哈尔滨 齐齐哈尔 黑龙江垦区 浦东新区
南京 无锡 徐州 常州 苏州 南通 淮安 盐城 扬州 镇江 宿迁 江阴 丹阳 海门 张家港 通州 如东 杭州 宁波
绍兴 台州 温州 金华 嘉兴 湖州 丽水 舟山 合肥 安庆 福州 厦门 漳州 宁德 龙岩 莆田 泉州 三明 南平 思明
南昌 上饶 抚州 赣州 九江 景德镇 宁都 济南 青岛 枣庄 潍坊 聊城 郑州 洛阳 三门峡 南阳 商丘 平顶山
信阳 济源 武汉 宜昌 十堰 荆州 荆门 咸宁 黄冈 长沙 广州 东莞 惠州 深圳 汕尾 珠海 南宁 桂林 柳州
防城港 贵港 梧州 玉林 钦州 海口 三亚 儋州 成都 贵阳 毕节 黔南 昆明 文山 德宏 西安 安康 延安 汉中
渭南 商洛 榆林 银川 兰州 庆阳 乌鲁木齐

调查年鉴系列

天津 内蒙古 上海 河南 湖北 湖南 广西 重庆 四川 云南 甘肃 宁夏 南宁 桂林 贵港 昆明

统计方法应用/实用手册

Python数据分析基础（第二版） 非参数统计（第五版） 现代金融投资统计分析（第四版）
国民经济核算初级教程（第二版） 国民经济核算教程（第五版） 概率统计基础
全国统计专业技术资格考试系列考试用书：统计业务知识（第四版修订版） 统计业务知识学习指导与习题
全国统计专业技术资格考试系列考试用书：统计相关知识（第四版） 统计相关知识学习指导与习题

统计通俗读物/统计科普图书

领导干部统计知识问答（第二版） 统计公文写作及会议办理实用手册 大数据在统计工作中的应用案例汇编
中国国民经济核算知识问答（修订版） 地区生产总值核算国际比较研究 新中国统计制度方法的发展与改革

重点图书

第七次全国人口普查年鉴 第四次全国经济普查地图集 中国经济普查年鉴2018
新编英汉汉英统计大词典 中国国民经济核算体系2016 国民经济行业分类注释
挑大学选专业2020—考研择校指南 挑大学选专业2020—高考志愿填报指南 中华医学统计百科全书

发行部电话：（010）63376907 63376908 63376909 同榻行书店电话：（010）68783171 68783172
地址：北京市丰台区西三环南路甲6号 邮政编码：100073 网址：http://www.zgtjcbs.com